中华人民共和国史研究文库

理论与方法视野下的新中国史探微

王爱云 著

当代中国出版社
Contemporary China Publishing House
2020年·北京

图书在版编目(CIP)数据

理论与方法视野下的新中国史探微 / 王爱云著. --
北京：当代中国出版社，2020.8
ISBN 978-7-5154-1050-0

Ⅰ. ①理…　Ⅱ. ①王…　Ⅲ. ①中国历史—现代史—研究　Ⅳ. ① K270.7

中国版本图书馆 CIP 数据核字(2020)第 154673 号

出 版 人　曹宏举
责任编辑　陈　莎
责任校对　康　莹
印刷监制　刘艳平
封面设计　胡椒书衣
出版发行　当代中国出版社
地　　址　北京市地安门西大街旌勇里 8 号
网　　址　http://www.ddzg.net　邮箱：ddzgcbs@sina.com
邮政编码　100009
编 辑 部　(010)66572264　66572154　66572132　66572180
市 场 部　(010)66572281　66572161　66572157　83221785
印　　刷　北京润田金辉印刷有限公司
开　　本　720 毫米 × 1020 毫米　1/16
印　　张　20.75 印张　2 插页　309 千字
版　　次　2020 年 8 月第 1 版
印　　次　2020 年 8 月第 1 次印刷
定　　价　62.00 元

《中华人民共和国史研究文库》

编辑委员会

《中华人民共和国史研究文库》

总　序

历史研究是一切社会科学的基础，重视历史、研究历史、借鉴历史是中华民族5000多年文明史的优秀文化传统。中国共产党继承了这一优秀文化传统，积极倡导学习历史、研究历史，尤其是学习中共党史、中华人民共和国史（或简称“新中国史”）、改革开放史和社会主义发展史。习近平总书记指出：“重视历史、研究历史、借鉴历史，可以给人类带来很多了解昨天、把握今天、开创明天的智慧。”

党的历史、新中国的历史，是中国共产党为中国人民谋幸福、为中华民族谋复兴的奋斗史，是我们党、国家和民族的宝贵精神财富。中华人民共和国的成立，开启了中华民族发展进步的历史新纪元。从那时起，即有学者开始对中华人民共和国史进行研究。1956年6月，黄炎培在一届全国人大三次会议上提出，应“及时收集和保存建国史料”，并“加以整理”。

党的十一届三中全会后，伴随党的思想路线的重新确立和对中华人民共和国正反两方面历史经验的深刻总结，新中国史研究逐渐引起党和国家以及学术界的高度关注。经过多年的艰辛探索与开拓创新，新中国史研究取得了众多学术成果，成为中国历史研究中一个最年轻的学科。

党的十八大以来，以习近平同志为核心的党中央高度重视历史，特别是党史和新中国史。习近平总书记强调："历史是最好的教科书。""学习党史、国史，是坚持和发展中国特色社会主义、把党和国家各项事业继续推向前进的必修课。这门功课不仅必修，而且必须修好。"在开展"不忘初心、牢记使命"的主题教育中，党中央专门印发通知，要求各地区各部门各单位把学习党史、新中国史作为主题教育重要内容，不断增强守初心、担使命的思想自觉和行动自觉。

当代中国研究所于 1990 年 6 月 28 日经中共中央批准成立，研究和编纂中华人民共和国史、收集和编辑国史资料、出版国史研究著作，是当代所的主要职责，也是当代所人的崇高使命。当代中国研究所成立 30 年来，撰写并经中央审定出版了《中华人民共和国史稿》序卷和一至四卷，目前正在撰写五至七卷；编纂出版了每卷 100 万字的《中华人民共和国史编年》，该书为集资料性、研究性和学术性为一体的大型编年史书。在此期间，当代中国研究所和其主管的当代中国出版社，还参与组织编辑出版了 152 卷、210 册、总计 1 亿字的大型史料性丛书——《当代中国》丛书；与中国大百科全书出版社合作编写了《中华人民共和国国史百科全书》。为迎接新中国成立 70 周年，受中央委托，当代中国研究所组织编写出版了《新中国 70 年》《中华人民共和国简史（1949—2019）》《新中国社会主义发展道路 70 年》等新中国史基本著作和六卷本《中华人民共和国史研究丛书》。此外，为了普及国史知识和消除历史虚无主义的影响，还编写出版了大众读物《中华人民共和国史小丛书》，并计划到 2022 年出版 80 种，向党的二十大献礼。上述图书均在国内外产生了重要影响，树立了新中国史研究的学术标杆，成为全国干部群众学习新中国史的基础性教材。

今天，我们已经进入中国特色社会主义新时代，正在向着社会主义现代化强国迈进，并日益走近世界舞台的中心，为整个人类社会做出越来越大的贡献。新中国的发展不是一帆风顺的，在探索建设社会主义的过程中，中国共产党遇到许多困难，也遭遇不少挫折。一些别有用心的人抓住新中国史上的曲折失误不放并夸大渲染，使一些领域成为历史虚无主义的重灾区。当代中国正经历着我国历史上最为广泛、深刻而急剧的社会变革，也正进行着人类历史上最为宏大而独特的实践创新。习近平总书记指出："当代中国是历史中国的延续和发展。新时代坚持和发展中国特色社会主义，更加需要系统研究中国历史和文化，更加需要深刻把握人类发展历史规律，在对历史的深入思考中汲取智慧、走向未来。"

历经 30 年不懈努力，当代中国研究所已经成为以马克思主义为指导、具有一流学术水平、汇聚一流科研人才的国史研究基地。30 年来，当代所人始终以为国家写史、为人民立传为己任，牢记党和人民重托，真实记录中国共产党带领全国人民进行社会主义革命、建设和改革的光辉历程，全面反映中华民族从站起来、富起来到强起来的历史性进步，科学总结新中国每个历史阶段各方面建设的经验教训。

今年是当代中国研究所的"而立之年"，为进一步落实中央赋予当代中国研究所"存史、资政、育人、护国"的神圣职责，当代中国研究所决定设立《中华人民共和国史研究文库》（以下简称《文库》），为当代中国研究所以及国内外从事新中国史研究的专家学者提供一个发表学术成果的平台。入选本《文库》的标准为：以毛泽东思想、邓小平理论、“三个代表”重要思想、科学发展观和习近平新时代中国特色社会主义思想为指导，坚持辩证唯物主义和历史唯物主义的立场、观点、方法，坚持实事求是、论从史出的原则，书写和记录中国共产党领导中国人民进行社会主义和新中国建设与发展的理论创新和伟大实践，总结历史经验。《文库》的目标是打造一个能够充分展示中华人民共和国史研究成果，发挥经世致用、资政育人功能的高端权威学术平台。

“装点此关山，今朝更好看。”伴随着新中国前进的步伐，中华人民共和国史研究空间广阔，任重道远。我们希望中华人民共和国史研究工作者继承优良传统，以高度的历史自觉和历史意识、宽广的历史视野和唯物史观、强烈的文化自信和历史担当，总结历史经验，揭示历史规律，把握历史趋势，服务当代，垂鉴后世，承先启后，继往开来。当代中国研究所作为党中央赋予职能、中国社会科学院直接领导的专门研究中华人民共和国史的科研机构，有责任努力构建中华人民共和国史的学科体系、学术体系、话语体系，打造史学研究的中国学派。这一目标的实现，不仅有赖于所内全体人员的不懈奋斗，也需要所外各个方面的支持和参与。本《文库》就是这样一个服务于上述目标的开放的、持久的学术成果前沿阵地，我们期待所内外的学者写出无愧于时代和人民的历史著作并列入本《文库》，在存史、资政、育人、护国工作中做出更大贡献。

姜　辉

2020年5月22日

目　录

前　言

新中国史，是指1949年中华人民共和国成立以来的历史，这是中国共产党领导全国各族人民进行中国革命、建设和改革的历史，是马克思主义基本原理与新中国的具体实际相结合的历史，是人民的创业史、探索史和奋斗史。新中国史研究以此为研究对象，逐渐形成一门与中国古代、近代历史研究相衔接，与中共党史研究相联系而又相对独立的历史学科。中国共产党在领导全国各族人民进行社会主义建设和推动马克思主义中国化的历史进程中，对于中华人民共和国成立以来中国革命、建设和改革的历史进程与经验，进行了实事求是的归纳总结，党和国家主要领导人所发表的关于新中国史的诸多论述，集中体现了中国共产党对于新中国史的理论认识。尤其是中共十八大以来，以习近平同志为核心的党中央，对于新中国史上的许多重大理论问题，包括历史虚无主义的本质和危害、改革开放前后两个历史时期的关系、正确看待新中国史上的错误、正确评价党的领袖人物等，发表了诸多重要论述；与此同时，对于如何有力开展党史国史研究工作，也从历史观、历史资料、研究方法等层面提出了很多具体性指导意见。这些理论认识，蕴含着丰富的历史唯物主义原理，对于正确看待新中国史上的重大事件和重要人物，具有深刻的思想理论和方法论意义。

例如，历史虚无主义是改革开放以来打着学术研究的幌子泛滥的一种政治思潮，它以英雄史观等唯心史观为哲学基础，以对历史进行所谓的“反思”“重评”的名义对党史、新中国史上的重大事件和领袖、英雄人物进行碎片化解构和歪曲丑化否定，在社会上制造了严重的思想混乱，产生了不小的危害。正因如此，党和国家领导人都把反对历史虚无主义作为一个重大政治问题提出来，旗帜鲜明地领导全党全社会开展抵制反对历史虚无主义的斗争。在这个过程中，党和国家领导人揭露历史虚无主义反对党的领导和中国特色社会主义的政治本质，剖析其国内外政治、思想根源；揭露历史虚无主义反马克思主义的理论实质，批驳其历史观和方法论；对历史虚无主义肆意攻击党和国家历史上的重要人物、重大事件和历史时期等问题作出正面回应，运用马克思主义观点、立场和方法予以正确评价，澄清党内思想混乱，用实际行动作反对历史虚无主义的表率；指导思想战线运用马克思主义唯物史观和辩证法研究宣传党和国家历史，从学术根源上反对历史虚无主义；加强近现代历史和党史教育，让人民群众正确了解近代以来党和人民的奋斗史，防止历史虚无主义在社会上的渗透。正是在中国共产党的坚强领导下，反对历史虚无主义的斗争取得了重大胜利。

再如，如何看待中国共产党在新中国发展过程中所犯的错误，是新中国史研究中的一个重要问题，也是学术界争议较大的问题。有人夸大这些错误，将新中国史描绘成一团漆黑；有人将所有的失误都归于毛泽东，似乎若毛泽东不犯错误，所有这些失误就不会发生。这种观察错误问题的态度，根本目的在于否定毛泽东，否定中国共产党的领导，其危害是不言而喻的。对于在社会主义建设探索中经历的曲折，中国共产党从不讳言，历届党和国家领导人对于如何看待、对待国史上的错误发表了很多重要意见，他们公开承认错误，勇于承担责任；对于国史上错误的性质和原因予以全面分析，着力于从历史中吸取经验教训，从错误中获得正确认识并及时阻止错误，坚决纠正错误。这不仅彰显了中国共产党人敢于正视错误的宽广胸怀，而且他们所秉持的观察问题、分析问题的马克思主义立场和方法，对于全面地、客观地研究新中国史有深刻的启发和重要指导意义。

新中国史作为一门当代史学科，各种各样的史料广泛存在并且容易收集；新中国政治史、经济史、文化史、社会史、军事史、外交史等专门史学科门类齐全，各类研究方法都有各自用武之地；新中国史作为离社会现实最近的历史学科，搭建了向历史探寻现实问题解决之道的便捷桥梁，如此种种优势使得新中国史研究成为当下重要学术增长领域，不仅吸引了历史学科的研究者投入其中，而且哲学、经济、政治、教育、心理、地理等诸多学科甚至数学学科的研究者也纷纷借着跨学科的便利进入新中国史研究领域。新中国史作为一门政治性很强的历史学科，要切实发挥国史研究存史、资政、育人、护国的社会功能，研究者不仅要坚持正确的政治立场，还需要掌握系统的研究理论与方法。那种不重视理论与方法，认为研究历史“只需熟悉收集、整理和编排史料的技巧就行了”的想法，“很容易把历史的学习和研究引入迷津，陷入无边无际的史事海洋，在层层叠叠、复杂交错的历史人物、事件的‘漩涡’中，看不出历史行程的轨迹和方向，而且自身陷入那些‘漩涡’，犹如一团乱麻缠身，越来越心烦意乱，不堪忍受，以致最后完全丧失信心，放弃对历史学的科学追求”。[①]然而，值得注意的是，当下国史研究中出现了这样一种趋势，不少史学工作者有意无意地放弃了对历史必然性和历史规律的探寻，而是转向于微观时空和个案，甚至是重复性个案层出不穷，以致有史家指出，“一个幽灵，短期主义的幽灵，正困扰着我们这个时代”，历史时段的紧缩使得“史学莫名其妙地不再关乎历史”，“专业史学家把整合历史知识的重任拱手交给了根本不具资历的作者，与此同时，史学家也失去了他们一度享有的对政策的影响力，而将这种影响力交与了他们的社会科学同行，尤其是经济学家”。[②]新中国史研究如果不注重整体性研究，不注重总结历史规律、把握历史主流与本质，那么就相当于放弃了新中国史研究的社会功能，其学术价值和社会价值必然大打折扣。要对新中国史开展宏观整体性研究，坚持马克思主义史学理论与方法不可或缺。

一段时间以来，马克思主义史学因被批评为“落后”而受到很大冲击，甚至一度被边缘化、标签化，批评马克思主义史学的人片面地指责它不注重史料，排斥西方史学方法。其实，马克思主义史学注重史论结合，绝不意味着忽视史料实证研究，相反，马克思主义史学不仅坚持用唯物史观来认识和记述历史，而且一直强调把历史结论建立在翔实准确的史料支撑和深入细致的研究分析的基础之上，注重史料的辨伪、正误，注重以正确的原则和立场来解读史料，使史料的主观解读尽可能接近客观历史事实，尽可能准确揭示历史发展规律。马克

---

① 庞卓恒、李学智、吴英:《史学概论》，高等教育出版社 2006 年版，第 16 页。

② ［美］乔·古尔迪、［英］大卫·阿米蒂奇:《历史学宣言》，孙岳译，格致出版社、上海人民出版社 2017 年版，第 1、8 页。

思主义史学对于新兴史学方法一直是辩证吸收运用的态度，一方面，用其所长，吸取计量史学方法、口述史学方法、心理史学方法的优势，丰富和发展马克思主义史学方法；另一方面，在坚持唯物史观的视野下克服这些方法本身所存在的弊病，避免出现历史研究的主观性和僵化性等缺陷。

掌握系统的研究理论与方法历来不是史学研究者的最终目的，最终是要将所掌握的理论与方法有机运用到历史研究中去，否则再正确的理论、再有效的方法也没有用武之地。例如，关于正确看待改革开放前后两个历史时期的关系问题，我们知道，改革开放前和改革开放后两个历史时期是两个相互联系又有重大区别的时期，中国特色社会主义是在改革开放历史新时期开创的，但也是在新中国已经建立起社会主义基本制度并进行了20多年建设的基础上开创的；这两个历史时期在进行社会主义建设的思想指导、方针政策、实际工作上有很大差别，但是这两个历史时期绝不是彼此割裂的，更不是根本对立的，本质上都是中国共产党领导人民进行社会主义建设的实践探索；不能用改革开放后的历史时期否定改革开放前的历史时期，也不能用改革开放前的历史时期否定改革开放后的历史时期。掌握这一理论不难，关键是如何在新中国史的研究中贯彻这一理论，并用新中国的历史事实来证明这一理论的正确性。

在新中国政治史、经济史领域运用改革开放前后两个历史时期关系理论来考察新中国政治制度的发展、新中国经济建设与改革无疑是非常有效的，在社会建设领域这一理论也有很强的说服力。例如，从1959年到1979年支援农村人民公社投资作为新中国农村扶贫实践，既有集体化时期通过集体生产条件的改善来提高农民收入水平的特点，也积累了农村扶贫“自力更生为主，国家支援为辅”的原则，探索了集中使用、先易后难、打歼灭战的扶持方法和立卡建档等有益的工作办法，为改革开放新时期农村扶贫开发奠定了实践基础，积累了宝贵的一以贯之的经验。再如，新中国促进教育公平的努力，既体现在社会主义革命和建设时期“学校向工农开门”的政策与实践，也体现于在教育改革发展过程中实行九年制义务教育均衡发展、高等教育扩张，尽管向工农开门强调的阶级性与保障贫困地区学生和困难群体享受到同等优质教育资源的倾斜性有所不同，但是其中始终不变的是中国共产党人民教育为人民的初心。

党和国家领导人
论新中国史

习近平关于正确看待党史国史论述的方法论意义

无论是社会上还是学术界，总有人不能正确看待党和国家的历史，历史虚无主义者尤其如此。究其原因，从历史观来看，历史虚无主义的哲学基础是唯心史观；从方法论来看，历史虚无主义采用的根本方法往往是形而上学，即片面、静止、孤立的方法。习近平曾发表一系列关于党史国史的论述，其中蕴含着丰富的历史唯物主义原理，对批驳历史虚无主义、正确看待党史国史的重大事件和重要人物，具有深刻的方法论意义。

一、实事求是“永远是中国共产党人应该遵循的思想方法”

实事求是，是中国共产党在长期的革命、建设、改革实践中遵循的根本思想路线。习近平高度重视这一路线，曾多次进行论述。2012 年 5 月 16 日，在中央党校春季学期第二批入学学员开学典礼上，他专门发表了题为《坚持实事求是的思想路线》的重要讲话，将实事求是视为“马克思主义的精髓和灵魂”。2013 年、2014 年、2015 年，在纪念毛泽东、邓小平、陈云诞辰的座谈会上，他多次强调要学习他们实事求是的理论品质和精神，先后指出：实事求是，“是马克思主义的根本观点，是中国共产党人认识世界、改造世界的根本要求，是我们党的基本思想方法、工作方法、领导方法”[①]，“也永远是中国共产党人应该遵循的思想方法”[②]。“实践反复证明，能不能做到实事求是，是党和国家各项工作成败的关键”[③]，要求全党一定要把实事求是贯穿到各项工作中。

对于马克思主义的史学研究工作来说，实事求是同样是最基本的原则，是指导我们认识历史、研究历史的根本方法。那些罔顾客观史实，试图歪曲、掩盖历史真相的企图都是徒劳的。2014 年，在纪念中国人民抗日战争暨世界反法西斯战争胜利 69 周年座谈会上，习近平针对日本右翼势力公开否认二战时期侵略历史的行径，严正指出：绝不允许否认或歪曲日本的侵略历史，“事实就是事实，公理就是公理。在事实和公理面前，一切信口雌黄、指鹿为马的言行都是徒劳的。黑的就是黑的，说一万遍也不可能变成白的；白的就是白的，说一万遍也不可能变成黑的。一切颠倒黑白的做法，最后都只能是自欺欺人”[④]。“历史就是历史，事实就是事实，任何人都不可能改变历史和事实。”[⑤]因此，我们应当尊重历史，从历史事实出发，实事求是地评价历史事件。早在 2010 年 7 月 21 日，习近平在全国党史工作会议上就强调，党史工作者要“坚持实事求是研究和宣传党的历史”[⑥]。然而，在对党和国家历史的研究和讨论中，有些人有意无意地忽略这一基本原则，恶意攻击和诋毁中国共产党的奋斗历程。例如，有人对“文化大革命”时期我国经济、国防、外交等领域的建设成就视而不见，将之等同于“文化大革命”本身，一概予以否定。还有人打着“历史揭秘”的旗号，歪曲事实，甚至不惜伪造史料，极力

---

① 习近平：《在纪念毛泽东同志诞辰 120 周年座谈会上的讲话（2013 年 12 月 26 日）》，人民出版社 2013 年版，第 15 页。

② 习近平：《在纪念邓小平同志诞辰 110 周年座谈会上的讲话（2014 年 8 月 20 日）》，人民出版社 2014 年版，第 13 页。

③ 习近平：《在纪念陈云同志诞辰 110 周年座谈会上的讲话》（2015 年 6 月 12 日），《人民日报》2015 年 6 月 13 日。

④ 习近平：《在纪念中国人民抗日战争暨世界反法西斯战争胜利 69 周年座谈会上的讲话（2014 年 9 月 3 日）》，人民出版社 2014 年版，第 14 页。

⑤ 倪光辉、马占成等：《首都各界隆重纪念全民族抗战爆发七十七周年》，《人民日报》2014 年 7 月 8 日。

⑥ 习近平：《在全国党史工作会议上的讲话》（2010 年 7 月 21 日），《人民日报》2010 年 7 月 22 日。

颠倒是非。这些都是违背历史发展规律，违背实事求是根本要求的错误观点和行为。

当前，在对党和国家领袖人物尤其是对毛泽东的研究中，也存在丑化和神化两种非实事求是的错误倾向。历史人物由于受所处的历史时期、历史环境和思想认识等诸多方面因素的制约，不可能完美无缺、没有错误。一些人抓住党和国家领袖人物所犯的错误，极力抹黑其历史功绩，“非毛化”思潮就是其中的典型代表。还有些人出于对毛泽东伟大功绩的崇拜，不愿承认毛泽东晚年所犯的错误。这些都不利于对中国共产党的历史进行深入研究和宣传。

2013 年 12 月 26 日，习近平在纪念毛泽东同志诞辰 120 周年座谈会上的讲话中强调，要实事求是地看待革命领袖和历史人物，他们的功是功，过是过，功过要分明，不能因其功而全盘肯定，也不能因其过而全面否定。习近平在积极肯定毛泽东为我国新民主主义革命胜利、社会主义革命成功、社会主义建设全面展开、实现中华民族独立和振兴、中国人民解放和幸福做出彪炳史册伟大贡献的同时，并不讳言毛泽东在晚年特别是“文化大革命”中所犯的严重错误，指出：“不能因为他们伟大就把他们像神那样顶礼膜拜，不容许提出并纠正他们的失误和错误；也不能因为他们有失误和错误就全盘否定，抹杀他们的历史功绩，陷入虚无主义的泥潭。”①

二、把历史人物和事件“放在其所处时代和社会的历史条件下去分析”

人类历史处于永恒的发展之中，一切历史事物都处于某一具体的历史发展阶段，都是特定历史条件下的产物，都有其产生、发展、衰亡的过程。因此，对于具体的历史事物，只有从特定的历史条件、历史背景出发，对具体问题进行具体分析，才能够完成对它的历史认识。

---

① 习近平：《在纪念毛泽东同志诞辰 120 周年座谈会上的讲话（2013 年 12 月 26 日）》，人民出版社 2013 年版，第 12 页。

有些人对于党和国家历史上的重大事件和重要人物，总有这样那样错误的看法，很大程度上是因为他们看待和评价历史现象的出发点，不是从当时的历史实际出发，也不是把历史现象放在其所发生的具体时空条件下考察，而是“以今律古”，从当下已经发展变化了的时代条件出发进行分析。他们看不到历史人物受到特定环境的制约而具有的历史局限性，常常以当下的认识水平为标准要求前人提供现代所要求而在他们那个时代不可能提供的东西。例如，社会上总是有人以当下对我国处于社会主义初级阶段这个最大国情的认识为借口，来贬低以毛泽东为核心的党的第一代中央领导集体对社会主义建设的探索，将那段历史说得一团漆黑。

习近平继承了马克思主义关于从历史实际出发、具体分析历史事件及人物所处的历史条件的方法论原则，深刻地指出：“对历史人物的评价，应该放在其所处时代和社会的历史条件下去分析，不能离开对历史条件、历史过程的全面认识和对历史规律的科学把握，不能忽略历史必然性和历史偶然性的关系。不能把历史顺境中的成功简单归功于个人，也不能把历史逆境中的挫折简单归咎于个人。”[①]他对毛泽东的评价就是这样做的。例如，在谈到毛泽东早年怎样走上革命道路的时候，习近平以深邃的目光审视了近代以来中国陷入半殖民地半封建社会和无数仁人志士为寻求救国救民道路而艰辛探索的大背景，全面分析和揭示了毛泽东“毅然选择了马克思列宁主义，选择了为实现共产主义而奋斗的崇高理想”的个人主观因素和社会潮流推动的客观因素[②]。

习近平还采取实事求是的方法，深刻分析了新中国探索建设社会主义的时代条件，分析了毛泽东晚年犯错误的历史原因。他说：“在中国这样的社会历史条件下建设社会主义，没有先例，犹如攀登一座人迹未至的高山，一切攀登者都要披荆斩棘、开通道路。”[③]任何事物的发展，都不会一帆风顺，总是会有反复，有曲折。中国的社会主义社会脱胎于半

---

① 习近平：《在纪念毛泽东同志诞辰120周年座谈会上的讲话（2013年12月26日）》，人民出版社2013年版，第11页。

② 同上书，第2—4页。

③ 同上书，第11页。

殖民地半封建社会，经过新民主主义革命和时间不长的社会主义改造而建立起来，在这种国情下如何进行社会主义建设，马克思主义经典作家没有给出现成答案，只能靠中国共产党人自己摸索。毛泽东等中央领导人尽管在1956年、1960年前后都提出过社会主义“不发达”阶段需要50—100年时间的观点，但是没有足够的经验使他们对社会主义建设和发展的规律有比较清楚的认识，关于社会主义发展阶段的正确思想没有能够得到坚持和进一步发展。没能正确把握中国处于社会主义初级阶段这一基本国情，是导致中国共产党在社会主义建设时期犯“大跃进”“文化大革命”这样的错误的重要原因。

在探索过程中犯错误，这是人类历史发展中不可避免的现象。正如习近平所指出的：“人世间没有一帆风顺的事业。综观世界历史，任何一个国家、一个民族的发展，都会跌宕起伏甚至充满曲折。”正是因为这一点，不能要求前人完全不犯错误，“不能用今天的时代条件、发展水平、认识水平去衡量和要求前人，不能苛求前人干出只有后人才能干出的业绩来”；“革命领袖是人不是神。尽管他们拥有很高的理论水平、丰富的斗争经验、卓越的领导才能，但这并不意味着他们的认识和行动可以不受时代条件限制”。[①]

也就是说，只有在分析、掌握具体历史条件的前提之下，将历史事物放在一定的时空条件之中，我们才有可能公正地评价党和国家历史上那些比较复杂的历史事件和历史人物。评判他们在历史上的地位和作用，要看他们在当时历史条件下，是反映时代要求和人民意愿、促进社会发展，还是违背时代要求和人民意愿、阻碍社会发展；要分析在他们所处的历史条件下，可能做到什么，他们与前辈们相比提供了什么新的东西，他们在哪些方面高于同时代的人，而不能要求他们提供他们那个时代不可能提供的东西。

马克思主义认为，凡是从经济、政治、社会、思想文化等各个角度对历史发展起推动作用的历史现象，都应予以辩证地合理地肯定，这是

---

① 习近平：《在纪念毛泽东同志诞辰120周年座谈会上的讲话（2013年12月26日）》，人民出版社2013年版，第10—12页。

正确看待历史所必须采取的态度。

三、看待历史，“既要讲两点论，又要讲重点论”，要“分清主流和支流”

历史唯物主义在分析评价历史事件和历史人物时要求尊重并运用唯物辩证法。正如恩格斯所指出：“唯物主义历史观及其在现代的无产阶级和资产阶级之间的阶级斗争上的特别应用，只有借助于辩证法才有可能。”[①]唯物辩证法的首要要求，就是全面地看待历史。

然而，学术界和社会上有些人看待党和国家历史事件及人物所运用的方法，却总是“攻其一点或几点，尽量夸大，不及其余”，只见树木不见森林，采取片面的形而上学的方法。一些人研究中华人民共和国历史，总是盯着党在社会主义建设探索时期所犯的错误不放，话题总是“反右运动扩大化”“大跃进”“三年困难时期饥荒饿死人”“文化大革命”等，对于党在社会主义革命和建设时期所取得的种种成就却熟视无睹。还有些人看待历史现象，不把握主流，专挑细枝末节以否定全局。

习近平一贯重视历史唯物主义和辩证唯物主义的学习和运用，强调在学习、研究历史的时候，要坚持马克思主义的历史观和方法论。他身体力行，把唯物史观和唯物辩证法切实运用到对党和国家历史的分析评价中，提出了分清主流与支流、把握历史的主流与本质等全面辩证地看待历史的方法。

第一，一分为二，分清历史的主流与支流。世界上每个事物内部总是包含着两个互相对立的方面，社会历史现象和发展过程总是具有矛盾的、相互排斥和对立的倾向。因此，全面辩证地看待历史，首先要采用一分为二的观点和方法，不但要看到历史事物在历史发展中的积极作用，也要看到其历史局限性和消极影响。然而，只看到这两方面是不够的，因为在党和国家历史研究中，如果不从矛盾的主要方面和次要方面看问题，没有分析出主流和支流，总是让人感觉好坏各半，得不出对历史的确切

① 《马克思恩格斯文集》第 3 卷，人民出版社 2009 年版，第 495—496 页。

看法，实际上是一种不科学、不准确的历史评判。

习近平依据主要矛盾和次要矛盾、矛盾的主要方面和次要方面的辩证关系的原理，强调采用两点论和重点论相统一的认识方法，分清历史的主流与支流。他说："在任何工作中，我们既要讲两点论，又要讲重点论，没有主次，不加区别，眉毛胡子一把抓，是做不好工作的。"[①]"要坚持实事求是的思想路线，分清主流和支流，坚持真理，修正错误，发扬经验，吸取教训，在这个基础上把党和人民事业继续推向前进。"[②]

第二，把握历史的主流与本质。只有准确把握历史的主流与本质，才能科学地正确地看待历史，真正做到用历史的成就来激励后人，用历史的成功经验启迪后人，用历史的教训警示后人。2010 年 7 月，习近平就曾明确指出："牢牢把握中共历史发展的主题和主线、主流和本质，旗帜鲜明地揭示和宣传中国共产党在中国的领导地位和核心作用形成的历史必然性，揭示和宣传中国人民走上社会主义道路的历史必然性，揭示和宣传通过改革开放和社会主义现代化建设实现中华民族伟大复兴的历史必然性，揭示和宣传党在革命、建设、改革各个历史时期领导人民所取得的伟大胜利和辉煌成就，揭示和宣传中共在长期奋斗中积累的宝贵经验、形成的光荣传统和优良作风，坚决反对任何歪曲和丑化党的历史的错误倾向。"[③]

对于中国共产党的奋斗历程，2011 年 9 月 1 日习近平在出席中央党校 2011 年秋季开学典礼的讲话中深刻阐述了中国共产党历史的主题、主线、主流和本质。他指出："近代以来，救亡图存成为中华民族和中国人民迫在眉睫的历史使命。争取民族独立、人民解放，实现国家富强、人民富裕，成为中国人民必须完成的两大历史任务。"中国共产党成立 90 多年来，团结带领全国各族人民为实现这两大历史任务而不懈奋斗，就是党的历史发展的主题和主线。"90 年来，我们党紧紧依靠人民完成了

---

① 《坚持运用辩证唯物主义世界观方法论提高解决我国改革发展基本问题本领》，《人民日报》2015 年 10 月 25 日。

② 《习近平谈治国理政》，外文出版社 2014 年版，第 23 页。

③ 习近平：《在全国党史工作会议上的讲话》（2010 年 7 月 21 日），《人民日报》2010 年 7 月 22 日。

新民主主义革命，实现了民族独立和人民解放；完成了社会主义革命，确立了社会主义根本制度并取得了社会主义建设的巨大成就；进行了改革开放新的伟大革命，完善和发展了中国特色社会主义。”这三件大事，就是党的历史发展的主流和本质。“我们要牢牢把握党的历史发展的主题和主线、主流和本质，从党的光辉历程和伟大业绩中获得继往开来的强大动力，始终坚定中国特色社会主义信念和共产主义远大理想，永葆共产党人的政治本色。”①

一分为二、把握主流，这种两点论和重点论相统一的认识方法，对于正确认识社会主义革命和建设这段历史是非常关键的。在新中国成立后的20多年间，党在领导经济、政治发展过程中确实犯了一些错误，但是在建立人民民主专政、实现除台湾以外的国家统一、战胜帝国主义侵略、建立社会主义制度、建立独立且比较完整的工业体系和国民经济体系以及教育、科技、文化、卫生、体育、国防、外交等领域均取得了重大成就。与这一时期党所犯的错误相比，所取得的成就和成功经验是主要的，这是社会主义革命和建设时期历史的主流和本质。

这种方法对于正确评价历史人物的功与过也是十分重要的。党的十一届六中全会作出的《关于建国以来党的若干历史问题的决议》对毛泽东的历史功过进行全面评价，就是一分为二把握主流认识方法的典型运用。习近平在纪念毛泽东同志诞辰120周年座谈会上重申《决议》对于毛泽东功过的评价，指出：“毛泽东同志的功绩是第一位的，他的错误是第二位的，他的错误在于违反了他自己正确的东西，是一个伟大的革命家、伟大的马克思主义者所犯的错误。”②从这里可以看出，习近平对党的领袖人物的评价，不是仅仅着眼于评价领导人个人的功过，而是放在整个党的历史长河中去审视，厘清主流、主线，把握历史发展的大脉络。因此，在评判历史人物的时候，我们应当既一分为二，又把握主流，继承和传播他们的功绩和精神，吸取和借鉴他们的经验教训，使党今天的各项事业健康有序发展。

① 习近平：《领导干部要读点历史》（2011年9月1日），《学习时报》2011年9月5日。

② 习近平：《在纪念毛泽东同志诞辰120周年座谈会上的讲话（2013年12月26日）》，人民出版社2013年版，第11页。

四、"历史一脉相承，不可割裂"，要把历史事物置于历史发展过程中考察

人类历史是一个依据一定规律向前发展的过程，因此在研究历史现象时，不能将它作为静止的现象，而应当作为一个历史地发展着的存在，从历史的发展中进行考察。这就要求考察、分析历史必须注意历史发展中的连续性。与这种正确的方法相对的，是形而上学的静止的、僵化的方法。这种错误方法在党史研究领域的一个突出表现，就是割裂党和国家历史的连续性。例如，有人割裂改革开放前后两个历史阶段的承续关系，把改革开放前说成是搞社会主义，把改革开放后说成是搞资本主义；有人把毛泽东思想与中国特色社会主义理论体系分割开来，或者用社会主义市场经济体制否定计划经济体制的历史地位、作用与贡献；等等。这些观点和思想的错误之处就在于他们采用了形而上学的方法，把历史发展碎片化，否定历史时期和事件之间的关联，缺乏发展的眼光。

习近平以发展的眼光看历史，多次强调"不能割断历史"，并多次阐述中国历史、党和国家历史发展的连续性。2013 年 6 月 25 日，他在十八届中央政治局第七次集体学习"中国特色社会主义理论和实践"时指出："中国特色社会主义这条道路来之不易，它是在改革开放 30 多年的伟大实践中走出来的，是在中华人民共和国成立 60 多年的持续探索中走出来的，是在对近代以来 170 多年中华民族发展历程的深刻总结中走出来的，是在对中华民族 5000 多年悠久文明的传承中走出来的，具有深厚的历史渊源和广泛的现实基础。"①2014 年 4 月 1 日，他在布鲁日欧洲学院演讲时又说："中华民族 5000 多年文明史，中国人民近代以来 170 多年斗争史，中国共产党 90 多年奋斗史，中华人民共和国 60 多年发展史，改革开放 30 多年探索史，这些历史一脉相承，不可割裂。"②

---

① 习近平：《在十八届中央政治局第七次集体学习时的讲话》(2013 年 6 月 26 日)，《人民日报》2013 年 6 月 27 日。

② 习近平：《出席第三届核安全峰会并访问欧洲四国和联合国教科文组织总部、欧盟总部时的演讲》，人民出版社 2014 年版，第 45 页。

习近平还用发展的观点阐述了改革开放前后两个历史时期的辩证关系。

首先，他对两个时期本质相同但又有重大区别的关系进行了说明。他指出："改革开放前和改革开放后两个历史时期，这是两个相互联系又有重大区别的时期，但本质上都是我们党领导人民进行社会主义建设的实践探索。"① 历史发展过程是阶段性和连续性的统一，在发展的不同阶段，事物发展的内容和形式有所不同，因而互相区别；但事物发展的不同阶段之间又有许多相同之处而互相衔接，从而使事物的发展连续不断地进行。总体来看，改革开放前后两个历史时期的不同，在于对"什么是社会主义"这个问题认识的差异以及由此而导致的社会主义建设的指导思想、方针政策、实际工作上的差别和分歧，例如"以阶级斗争为纲"与"以经济建设为中心"的区别，高度集中的计划经济体制与社会主义市场经济体制的不同，等等。这种不同仅仅是在建设社会主义过程中出现的具体差别，而我国发展社会主义的本质并没有发生变化。改革开放前后两个历史时期，都处于社会主义初级阶段，都属于中国共产党领导人民探索适合中国国情的社会主义道路的历史进程。二者在坚持社会主义发展方向、坚持共产党的领导和社会主义基本制度、坚持以解放和发展生产力为社会主义的根本任务、坚持实现中华民族伟大复兴的奋斗目标等本质内容上是一致的。因而，习近平强调："虽然这两个历史时期在进行社会主义建设的思想指导、方针政策、实际工作上有很大差别，但两者决不是彼此割裂的，更不是根本对立的。"②

其次，他阐述了两个时期的连续性。改革开放作为社会主义制度的自我完善和发展，从来都不是另起炉灶，而是在改革开放前社会主义建设实践基础上进行的。改革开放前建设社会主义的探索，尽管步履蹒跚，发生了很多失误，但仍取得经济、政治、文化、社会等各项建设的伟大成就，为改革开放历史新时期开创中国特色社会主义奠定了根本政治前提和制度基础，提供了宝贵的经验积累、理论准备和物质基础。同时，

① 《毫不动摇坚持和发展中国特色社会主义在实践中不断有所发现有所创造有所前进》，《人民日报》2013 年 1 月 6 日。

② 同上。

改革开放也吸取了之前失误的教训，纠正了之前的错误，才能在理论与实践两方面顺利推进中国特色社会主义，成功开创中国特色社会主义道路。所以，习近平总书记指出："中国特色社会主义是在改革开放历史新时期开创的，但也是在新中国已经建立起社会主义基本制度、并进行了20多年建设的基础上开创的。"①

改革开放是社会主义制度的自我调节和完善，是改变生产关系和上层建筑中那些不适应生产力发展的具体制度、具体环节，绝不是将过去的一切推翻重来。那些认为两个历史时期互相否定的观点，实质上是没有搞清楚改革开放的本质，必然导致对整个党的历史和社会主义建设伟大功绩的否定，危害十分严重。习近平提出"不能用改革开放后的历史时期否定改革开放前的历史时期，也不能用改革开放前的历史时期否定改革开放后的历史时期"的明确论断，对于批驳、澄清这种错误认识具有重要意义。②

五、"历史、现实、未来是相通的"，以联系的观点评价历史现象的产生和发展

在特定的历史范围内，一切历史现象都是彼此联系、相互制约的。既然如此，那么评价历史现象和历史事物，不能"从'永恒正义'或其他某种成见出发"，而应当从历史现象、历史事物产生的条件和"同它们有联系的条件"出发，也就是从历史现象产生和发展的种种内部和外部的条件出发。③

在党和国家的历史发展中，历史的联系既表现在国内各种历史条件、历史因素的相互作用上，也体现在国际因素对国内相关事件的影响和作用上。这就要求在认识党和国家历史时，全面把握国内外各种因素的相互联系，只有如此才能对历史现象作出准确的观察和分析。早在2008

---

① 《毫不动摇坚持和发展中国特色社会主义在实践中不断有所发现有所创造有所前进》，《人民日报》2013年1月6日。

② 同上。

③ 《斯大林选集》下卷，人民出版社1979年版，第429页。

年，习近平在回顾改革开放30年党的建设历程时，就运用联系的观点，从国内外多方面分析了党对历史经验的总结。他说："我们党不仅科学总结自身的历史经验特别是执掌全国政权以后和改革开放以来加强和改进党的建设的经验，而且科学总结国际共产主义运动特别是苏联东欧国家共产党兴衰成败的经验教训；不仅深入系统地研究马克思主义政党建设的基本规律，而且科学研究世界各国政党治国理政的有益经验。正是通过这种多方面经验的科学总结，使党的建设工作在历史的比较、国际的观察、现实的把握中开阔了视野、深化了认识、提高了水平。"①2013年，习近平在分析如何正确看待毛泽东晚年错误时，再次强调用普遍联系而不是单一孤立的方法，既要分析毛泽东"主观因素和个人责任"，又要分析"复杂的国内国际的社会历史原因"，予以全面地、历史地、辩证地看待和分析。②

在强调评价毛泽东的指导原则时，习近平也不忽视其中包括考察国际因素的重要作用，这对研究党和国家历史来说是很有启发意义的。例如，近年来学术界有人否定毛泽东领导制定的三线建设战略，认为当时过分估计了战争威胁，三线建设决策是毫无必要的战备举动。这种观点就是没有看到当时严重的国际形势对中国产生的切切实实的威胁，犯了孤立地看问题的毛病。实际上，20世纪60年代初中期，中国面临着严峻的周边形势和国际局势：从1962—1965年，台湾利用大陆出现的经济困难局面不断进行军事骚扰，向大陆派出几十股武装特务；1961年9月、1962年9月，美国制定并进行了两次以中国台湾为基地、以在中国大陆登陆为目标的大型核战争演习；1964年4月，美国又制订了打击中国核设施的计划，并形成了具体实施方案；1962年10月和11月，印度军队向中国领土发动大规模入侵，中国军队被迫两次进行反击，将印军击退；再加上美越战争逐步升级，苏联不断向邻近中国边境地区增兵。在这种形势下，中央领导人不得不考虑国家安全和战争的可能性，不得不重新

---

① 习近平：《改革开放30年党的建设回顾与思考》（2008年9月1日），《学习时报》2008年9月8日。

② 习近平：《在纪念毛泽东同志诞辰120周年座谈会上的讲话（2013年12月26日）》，人民出版社2013年版，第11页。

部署中国工业布局，“争取时间，积极建设三线战略后方，防备帝国主义发动侵略战争”[①]。1969年三线建设的第二次高潮，也是在苏联领导人企图使用核武器打击中国的威胁下掀起的。联系这些国际因素，还能说三线建设是毫无必要的吗？同样的道理，对于抗美援朝决策的评价，如果联系当时中国所面临的国际形势，设身处地地去研究一下毛泽东等人的战略抉择，就不会得出一些社会上流行的简单而草率的结论。

历史唯物主义还重视历史与现实的联系，自觉地探讨历史现象与本质，考察各种社会运动的规律，总结历史经验教训，为现实问题提供借鉴。2012年12月31日，习近平在主持中共中央政治局第二次集体学习时指出：“历史、现实、未来是相通的。历史是过去的现实，现实是未来的历史。要把党的十八大确立的改革开放重大部署落实好，就要认真回顾和深入总结改革开放的历程，更加深刻地认识改革开放的历史必然性，更加自觉地把握改革开放的规律性，更加坚定地肩负起深化改革开放的重大责任。”[②]这实际上明确提出了把历史与现实相结合，从历史中汲取智慧的要求。为此，研究党和国家历史，要善于发现历史与现实的联系，从历史中挖掘出时代需要的经验与启示，为党和国家建设大局服务，推动社会不断向前发展。

需要指出的是，实事求是，从历史实际出发，用全面、发展、联系的观点看待党和国家历史，这几点不是孤立、分割的，而是内在统一于马克思主义的历史观和方法论之中。正如习近平所强调的：“坚持发展地而不是静止地、全面地而不是片面地、系统地而不是零散地、普遍联系地而不是单一孤立地观察事物，准确把握客观实际，真正掌握规律，妥善处理各种重大关系。”[③]只有如此，才能真正获得正确开启历史之门的钥匙。

[原载《党的文献》2015年第4期，收入本书时略有修改]

---

① 《中国共产党编年史（1958—1965）》，山西人民出版社、中共党史出版社2002年版，第2491页。

② 《习近平谈治国理政》，外文出版社2014年版，第67页。

③ 《坚持运用辩证唯物主义世界观方法论提高解决我国改革发展基本问题本领》，《人民日报》2015年1月25日。

改革开放以来中国共产党领导反对历史虚无主义的实践与经验

我国的改革开放是从粉碎“四人帮”、结束“文化大革命”之后开始的，抹黑党的领袖、否定党和国家历史的历史虚无主义思潮也是从这个时候露头的。自1978年起，中国共产党就坚定地领导开展了揭露批驳历史虚无主义的斗争，并且将之作为一项重要政治任务一直持续至今。尤其是党的十八大以来，以习近平同志为核心的党中央从关系政权存亡的战略高度，领导全党全面掀起反对抵制历史虚无主义的斗争，并取得重大胜利。经过40年的实践，党积累了一系列反对历史虚无主义的宝贵经验，对于当前我国意识形态领域开展反对历史虚无主义斗争具有重要的现实意义。

一、1978—1994年：反对“非毛化”为代表的历史虚无主义错误倾向，加强党史国史研究、宣传与教育

20世纪70年代末80年代初，在中国共产党否定并纠正“文化大革命”错误的特定历史条件下，我国出现了把否定“文化大革命”变成否定社会主义制度、党和国家历史，把否定毛泽东晚年错误变成否定毛泽东思想的错误倾向。这种错误倾向在党内和社会上都有反映。从党内来看，从1979年春党的理论工作务虚会到1980—1981年起草《关于建国以来党的若干历史问题的决议》，围绕着如何评价毛泽东和毛泽东思想出

现了争议，一些人借口毛泽东晚年所犯错误，否定毛泽东和毛泽东思想，否定党在社会主义时期的探索，进而否定党的领导、无产阶级专政、社会主义和马列主义。1980年出品的电影《太阳和人》（根据1979年发表在《十月》上的电影文学剧本《苦恋》改编），没有正确反映我国建设社会主义的历史，而是借党曾经犯过的错误来否定党领导的社会主义建设，然而在该片内部放映过程中，文艺界一些人对其持肯定或基本肯定的态度，有的给予很高赞扬。从社会上来看，1978年冬，北京一些民间团体将自己制作的刊物贴在"西单墙"，其中一些内容攻击马列主义、毛泽东思想及无产阶级专政的国家制度，诽谤毛泽东等党和国家领导人。

20世纪80年代末，"非毛化"历史虚无主义错误倾向继续传播，并有愈演愈烈之势。1988年播放的电视系列片《河殇》，不顾新中国被西方国家封锁的事实，丝毫不提新中国建设成就，用"封闭的篱墙""'穷过渡'的贫困""文化专制的寂寞"描述新中国面貌；抹黑毛泽东背离《实践论》，推崇"人有多大胆，地有多大产"的神话。[①]1989年春，方励之、刘宾雁等人叫嚣要"清算毛泽东主义""清算毛泽东主义的影响"，声称"中国的改革只有彻底否定毛泽东后才能获得成功""中国总有一天是会像苏联彻底否定斯大林一样彻底否定毛泽东的"。[②]

以"非毛化"为代表的历史虚无主义错误倾向，在党内和社会上造成严重的思想混乱，推动了20世纪八九十年代资产阶级自由化思潮的发展。在与资产阶级自由化斗争过程中，中国共产党对于"非毛化"历史虚无主义思潮进行了坚决的批判，并把加强党和国家历史的研究、宣传和教育作为一项迫切任务提上日程。

（一）揭露批驳"非毛化"历史虚无主义思潮的政治本质和严重危害

20世纪70年代末"非毛化"历史虚无主义错误倾向刚露头，就引起

---

① 《新纪元——电视连续节目〈河殇〉第四集解说词》，《光明日报》1988年6月26日。

② 转引自《王震传》编写组：《王震传》，人民出版社2008年版，第640、644页。

了以邓小平为核心的第二代中央领导集体高度警觉，这时邓小平等中央领导人虽然没有明确用“历史虚无主义”的概念来概括这一思潮[①]，但是对其政治本质和危害进行了深刻揭露，并及时有效地组织了批驳。

1979 年 3 月 30 日，邓小平在《坚持四项基本原则》的讲话中一针见血地指出“非毛化”错误思潮的政治实质“就是搞资本主义那一套”[②]。1979 年 11 月，第五届全国人民代表大会常务委员会第十二次会议决定由北京市取缔“西单墙”。党的十一届六中全会通过的《关于建国以来党的若干历史问题的决议》，科学总结新中国成立以来的历史，实事求是地评价毛泽东的功与过，坚持毛泽东思想的旗帜，从正面回击了对毛泽东和毛泽东思想的污蔑。

1981 年，中央组织理论界、文艺界开展了对电影剧本《苦恋》的批判。1981 年 3 月 27 日，邓小平指出：“对电影文学剧本《苦恋》要批判，这是有关坚持四项基本原则的问题。当然，批判的时候要摆事实，讲道理，防止片面性。”[③] 此后，《解放军报》等报刊发表了对《苦恋》的批判文章。1981 年 8 月 3—8 日，中共中央宣传部主持召开全国思想战线问题座谈会，胡乔木在《当前思想战线的若干问题》的讲话中，明确将歪曲党的历史、否定党的领导、否定社会主义中国的思潮作为“资产阶级自由化思想的一种重要的典型表现”，并揭露其危害说：“一种发生广泛社会影响的错误思潮，不同于个别性质、枝节性质的错误，如果不加批评控制，却可能像某种传染病一样，危害整个社会的精神健康和安定团结，甚至产生像‘文化大革命’那样的灾难。”[④] 随后，《文艺报》1981 年第 19 期发表《论〈苦恋〉的错误倾向》一文，明确了《苦恋》的错误所在，统一了理论界、文艺界的认识。

---

① “历史虚无主义”这一概念，在“文化大革命”时期批林批孔运动中已经明确提出，当时是指对民族文化遗产的全盘否定态度，这种用法一直持续到 20 世纪 70 年代末 80 年代初。参见哲刚：《进一步提高批林批孔的自觉性——学习〈关于正确处理人民内部矛盾的问题〉的体会》，《人民日报》1974 年 11 月 29 日；布路：《历史偏见应予抛弃》，《人民日报》1983 年 5 月 11 日。

② 《邓小平文选》第 2 卷，人民出版社 1994 年版，第 174 页。

③ 同上书，第 382 页。

④ 《坚持四项基本原则，反对资产阶级自由化——十一届三中全会以来有关重要文献摘编》，人民出版社 1987 年版，第 181 页。

1988年，《河殇》播放后，王震等老同志迅速对《河殇》中的历史虚无主义错误进行批驳。1988年9月9日，王震用亲身经历对《河殇》歪曲历史事实，“把什么都扣到毛泽东头上加以批判”的错误进行驳斥[①]。1988年10月，王震又组织撰写题为《〈河殇〉宣扬了什么？》的文章，系统批驳《河殇》“典型的民族虚无主义和悲观主义，是典型的历史宿命论”“不是用唯物史观、用生产方式的变革以及各种社会因素的变化的观点来解释中国历史，而是用唯心史观、用地理环境决定论、用中国人天生愚劣等观点来解释中国历史”等十个方面的错误。[②]

1989年政治风波之后，以江泽民为核心的第三代中央领导集体在反思资产阶级自由化思潮泛滥的原因和危害时，深化对改革开放以来否定党的领袖、否定党和国家历史的错误思潮的认识，明确称之为“历史虚无主义”，并将其作为资产阶级自由化思潮的一种表现、“全盘西化论”的一个组成部分，实质上指明了历史虚无主义目的在于走资本主义道路的政治思潮本质。1989年9月22日，江泽民强调：“任何割断历史，采取虚无主义的态度，借口‘改革’而否定党的优良传统的做法，都是错误的。”[③]1989年12月29日，江泽民进一步指出：“一个时期以来，资产阶级自由化思潮的泛滥，资产阶级的‘民主’、‘自由’、‘人权’口号的蛊惑，利己主义、拜金主义、民族虚无主义和历史虚无主义的滋长，严重侵蚀党的肌体，把党内一些人的思想搞得相当混乱。而我们却放松了党的思想建设工作，这是一个失误。”[④]1990年1月10日，李瑞环也明确指出：“宣扬民族虚无主义和历史虚无主义，是顽固坚持资产阶级自由化立场的人所主张的‘全盘西化论’的一部分。”[⑤]

---

① 《王震传》编写组：《王震传》，人民出版社2008年版，第645页。

② 易家言：《〈河殇〉宣扬了什么？》，《人民日报》1989年7月19日。

③ 江泽民：《在全国先进基层党组织和优秀党务工作者表彰大会上的讲话》，《人民日报》1989年9月23日。

④ 《江泽民文选》第1卷，人民出版社2006年版，第94页。

⑤ 《繁荣文艺必须大力弘扬民族优秀文化——李瑞环在全国文化艺术工作座谈会上发表重要讲话》，《当代戏剧》1990年第2期。

（二）恢复马克思主义为指导来研究、宣传党和国家历史，加强中国近现代史教育

改革开放新形势下反对历史虚无主义的新任务对党史国史工作提出了迫切需求，需要恢复马克思主义为指导来研究、宣传党和国家的历史，正确总结历史经验教训，并且用正确的历史教育人，从正面澄清被历史虚无主义思潮歪曲的历史。

20世纪八九十年代，中国共产党成立专门的党史国史研究机构，有组织地、系统地开展党史国史研究与宣传工作。为了加强对新时期党史工作的领导，1980年1月29日，中共中央发出《关于成立中央党史委员会及其工作机构的通知》，指出：早日编辑和出版党史是全党的迫切需要，为此决定成立中央党史委员会，负责审定党史编辑计划，决定对党史中的某些重大问题的看法和最后审定全书书稿。中央党史委员会下设中央党史编审委员会，负责党史编辑工作中的各项重要问题，初步审定全书书稿。在党史编审委员会领导下成立党史研究室，直接负责党史资料的收集、研究、编写工作，由胡乔木担任主任。1980年7月，中央党史研究室正式成立。1980年5月，中央将“毛泽东主席著作编辑出版委员会办公室”改组为中央文献研究室，胡乔木兼任主任，负责编辑党和国家主要领导人的著作、传记、年谱、画册等，研究宣传老一辈革命家的思想、生平、业绩、风范。1982年，中央决定中央书记处下设党史工作小组，中央党史委员会、中央党史编审委员会撤销；1988年中央决定党史工作小组改为中央党史领导小组，作为主管全国党史工作的领导机构，杨尚昆任组长，胡乔木、薄一波任副组长（1990年、1994年又先后增加邓力群、胡绳两位副组长）。

胡乔木在领导党史工作过程中，非常重视党史工作的战斗性，提出不能把党史工作看成是平静的、书斋里的事业，它是在思想斗争最前线的一项战斗性的工作。1990年3月8日，他强调，“党史工作的战斗性之所以有力量，是因为我们依靠的是科学，依靠的是真理。这种战斗就是科学与反科学的战斗，是真理与谎言的战斗。历史的真相本来就是这样的。可是敌对势力硬要抹杀、歪曲、污蔑过去党和人民革命斗争的真相，

因此，我们需要用科学的态度、科学的方法、科学的论证来阐明有关我们党的历史的各种根本的问题”，“并且对在国外论著中经常出现的许多比较重要的、有影响的错误观点和歪曲我们党的历史的言论，进行针锋相对的、有理有据的分析和批判”。[①]

历经 1989 年政治风波，中国在东欧剧变、苏联解体的风潮中保持稳定。在这种情况下，有必要对中华人民共和国 40 年历史经验进行科学研究，使人们正确认识中华人民共和国为什么能够建立和发展社会主义。1990 年 6 月，中央党史领导小组向中央提出成立当代中国研究所、开展中华人民共和国历史研究的建议，获得中央批准。邓力群在指导当代中国研究所成立过程中，明确提出国史研究要开展反对历史虚无主义斗争的任务，他说：“进行中华人民共和国史的研究，必须了解资产阶级自由化的言论，有针对性地、有说服力地回答他们挑起的争论。”“我们要通过澄清资产阶级自由化思潮造成的混乱，证明中华人民共和国的建立和发展是符合历史的规律的。”[②]

中央党史工作机构、国史研究机构的成立，大大推动了新时期党史国史研究和宣传的发展。这些机构不仅出版发表了一系列丰富的研究成果，对党史国史上的重大事件和重要人物做出权威评述，让人们正确了解历史；而且在反对历史虚无主义的斗争中冲锋陷阵，揭露、批驳历史虚无主义对党史国史的歪曲、丑化和污蔑，使党史国史研究与宣传成为坚持四项基本原则、反对资产阶级自由化的重要阵地。

与此同时，党中央注重加强中国近现代历史教育，让人民群众正确认识近代以来党和人民的奋斗史，以防止历史虚无主义在社会上的渗透。1987 年 2 月 18 日，邓小平在分析大学生闹事的主要原因是被少数搞资产阶级自由化的人煽动时，针对青年人不了解中国近代以来革命史的状况，提出要用中国近现代历史“教育青年，教育人民”，让他们懂得“中国走资本主义道路不行，中国除了走社会主义道路没有别的道路可走”。[③]江泽民认为“用什么历史教育青年，实际上是一场争夺接班人的斗争”，

---

① 《胡乔木谈中共党史》修订本，人民出版社 2015 年版，第 373、375 页。

② 《中华人民共和国史稿》编委会编：《邓力群国史讲谈录》第 1 册，2000 年印，第 155 页。

③ 《邓小平文选》第 3 卷，人民出版社 1993 年版，第 206 页。

针对一些青年“缺乏革命历史的知识，遇到有人歪曲历史，就容易上当受骗”的情况，也强调应对青年加强党史和近现代史教育。[①]1991年3月9日，江泽民致信国家教委负责同志，提出对小学生（甚至幼儿园的孩子）、中学生一直到大学生，由浅入深、坚持不懈地进行中国近代史、现代史及国情的教育，“使他们熟悉我国的近代史、现代史和我们党的斗争史，认识今天的人民政权来之不易”[②]。1991年8月27日，国家教委颁发《中小学加强中国近代、现代史及国情教育的总体纲要》，从当年秋季开始，全国中小学都加强了中国近代、现代史及国情教育，高中还普遍开设《中国近现代史讲座》的必修课，重点对高中学生实施系统的中国近现代历史知识教育。

二、1995—2011年：反对“告别革命论”为代表的历史虚无主义思潮，在马工程建设中巩固马克思主义史学主流地位

20世纪90年代中期，在东欧剧变、苏联解体后攻击十月革命、西方国家加紧对中国进行和平演变的氛围中，历史虚无主义思潮卷土重来。1995年，旅居美国的李泽厚、刘再复所著《告别革命——回望二十世纪中国》一书由香港天地图书公司出版，以对20世纪中国进行反省的名义，提出“应当对国内国外影响很大的几次革命，包括法国革命、俄国革命、辛亥革命等重新认识、研究、分析和评价，应该理性地分析和了解革命方式的弊病，包括它给社会带来的各种破坏”，“对‘你死我活’的暴力革命方式的反省，才是根本性的反省”。透过这种视野，该书认为“20世纪的革命方式确实带给中国很深的灾难”，“老是革命，整个民族的生命能量就在革命中耗尽了。我们的民族现在已经成了一个非常累、

---

① 江泽民：《在上海党史工作会议上的讲话》（1989年3月25日），《中共党史研究》1989年第5期。

② 《江泽民总书记致信李铁映何东昌强调进行中国近代史现代史及国情教育，使小学生中学生大学生认识人民政权来之不易，提高民族自尊心自信心》，《人民日报》1991年6月1日。

非常疲倦的民族”。[①] 这实际上抹杀、否定了近代以来中国人民为实现中华民族独立而进行英勇斗争的历史。与此同时，该书对毛泽东进行错误分析，认为毛泽东迷信意识形态，迷信战争经验，用理想主义、民粹主义和伦理主义的空想对历史进程抗争，结果惨败；毛泽东的革命与洪秀全的革命都是农民革命，最终没有走出农民狭窄的眼界。[②] 这就完全否定了毛泽东作为伟大的马克思主义者和无产阶级革命家的历史地位。“告别革命”论贬损和否定近代以来一切进步的革命运动，实际上是试图从历史的根源上动摇中国共产党通过新民主主义革命来建立中华人民共和国，通过社会主义革命来建立社会主义制度的合理性、合法性。与“告别革命”论相呼应，社会上还热衷于对近代历史人物进行“翻案”式的重新评价，称慈禧是“优秀的政治家”、李鸿章是“被遗忘的爱国者”、袁世凯是“治世能臣”。这种所谓“人性化新视点”，完全抛弃了评价历史人物的马克思主义立场观点，颠覆了长期以来形成的有关近代中国历史的主流知识体系，在社会上造成思想混乱的局面。

（一）领导批驳以“告别革命”论为代表的历史虚无主义

江泽民、胡锦涛等中央领导人对于历史虚无主义的手法极为警惕。1996 年 10 月 10 日，江泽民指出，西方国家一直没有放松在思想、政治等方面对中国施加影响和进行渗透，东欧剧变、苏联解体后“利用一切手段和各种机会”对中国实施西化、分化的政治战略，“要把社会主义的中国变成‘完全西方附庸化的资产阶级共和国’”。[③]2000 年 6 月 28 日，江泽民进一步分析我国社会上诸多与马克思主义、中国特色社会主义相违背的思想言论，“有的公开鼓吹‘全盘西化’，在政治上主张西方式的多党制和议会民主，在经济上主张私有化，在思想文化上主张取消马克思主义的指导地位，在价值观上主张极端个人主义；有的歪曲党和人民的奋斗历史，诋毁马克思主义，煽动对党和政府的不满；有的不负责任，

---

① 李泽厚、刘再复：《告别革命——回望二十世纪中国》，天地图书公司 2004 年版，第 60—61、65 页。

② 同上书，第 90、95 页。

③ 《江泽民文选》第 1 卷，人民出版社 2006 年版，第 573 页。

生产格调低下、宣扬色情暴力、迷信颓废的影视作品和书刊；有的对改革开放持怀疑和否定的态度；等等”，强调在事关政治方向和根本原则的问题上一定要旗帜鲜明、理直气壮地进行斗争，“如果面对错误的思想政治观点，不闻不问，不批评，不斗争，听任它们去搞乱人们的思想、搞乱我们的意识形态，那是极其危险的，势必危害整个国家和社会的安定团结”。[①]2006年10月11日，胡锦涛强调指出，“意识形态领域并不平静，各种非马克思主义思潮有所滋长”“正确的和错误的、先进的和落后的、主流的和非主流的思想观念相互交织”，在这种情况下，“如果我们不敏感、不研究，不能采取切实可行的应对措施，不能有效引导社会思潮和社会舆论，就会削弱党执政的思想基础，甚至会危及党的执政地位”。[②]

在中央领导下，马克思主义理论界、史学界积极行动起来，对“告别革命”论的错误观点进行系统的、有力的批驳。1997年，国家教委组织刘大年、龚书铎、沙健孙等马克思主义史学专家撰写文章汇集出版《走什么路：关于中国近现代历史上的若干重大是非问题》一书，从中国近现代史研究的理论与方法、中国近现代史重大历史事件和重要人物的正确评价等方面，系统批驳《告别革命——回望二十世纪中国》一书的错误所在，科学阐明中国近代以来的历史发展道路，澄清中国近现代史研究中的一些重大是非问题。1997年，胡绳在《百年潮》创刊号上批评“告别革命”论的谬误，强调了社会主义革命的必要性。[③]

进入21世纪，理论界对“告别革命”论的批驳持续深入。2005年3月15日，《光明日报》特邀沙健孙、李文海、龚书铎、梁柱四位马克思主义学者座谈历史虚无主义问题，他们一致将“告别革命”论作为历史虚无主义思潮的代表。他们分析“告别革命”论所采取的手法，指出，“在近现代史研究中，历史虚无主义的一个突出表现是贬低和否定革命，诋毁和嘲弄中国人民为争取民族独立和人民解放而进行的反帝反封建斗争。这种思潮的集中体现，就是所谓的‘告别革命’论”，“为了否定中国近代历史上的革命斗争，一些人还故意把革命同现代化对立起来，宣称要用‘现代

① 《江泽民文选》第3卷，人民出版社2006年版，第88页。

② 《胡锦涛文选》第2卷，人民出版社2016年版，第527页。

③ 《胡绳访谈录》，《百年潮》1997年第1期。

化史观'取代'革命史观'。而经过这样的所谓'范式'转换，近代史上的改革和革命便成了制造社会动荡、破坏经济发展、阻碍社会进步的消极力量”。他们揭露历史虚无主义的理论根源，指出：“历史虚无主义所鼓吹的那一套，从根子上说是历史唯心主义。就方法论而言，评价任何一个历史事件或历史人物，都要看它的主流、本质，而不能抓住支流、现象就下结论。历史虚无主义研究历史，恰恰是把支流当主流，把现象当本质，将历史上的某些失误抽象化，并加以孤立地、片面地放大、渲染，从而达到歪曲历史的目的。”他们批驳历史虚无主义政治实质及其必将失败的命运，指出：“历史虚无主义歪曲历史，否定革命，美化和歌颂帝国主义与封建主义，丑化党的领导和社会主义，归根到底就是要按照西方的那一套在中国搞资本主义。然而，历史早已证明，这是没有出路的。”[①]

（二）实施马克思主义理论研究和建设工程，巩固马克思主义史学主流地位

在改革开放大变革时期，如果不注意意识形态领域发展变化的现象及其背后的实质，不主动拿起科学理论的武器，就会丧失思想文化阵地。在深刻把握历史虚无主义反马克思主义理论本质的基础上，中共中央特别注重拿起马克思主义理论武器，运用马克思主义的立场、观点、方法解决问题。1996 年 10 月 10 日，江泽民强调加强马克思主义的哲学、经济学、政治学、法学、历史学、文艺学、新闻学、社会学、伦理学、教育学、管理科学等学科建设，并将其作为党的思想理论建设的一项重要任务，巩固和发展社会主义意识形态的一项重要任务。[②]2004 年 1 月 5 日，中共中央发出《关于进一步繁荣发展哲学社会科学的意见》，决定实施马克思主义理论研究和建设工程，“力争用十年左右的时间，形成全面反映马克思列宁主义、毛泽东思想、邓小平理论和'三个代表'重要思想的教材体系，形成具有时代特点、结构合理、门类齐全的学科体系”[③]。

2004 年 4 月，马克思主义理论研究和建设工程正式启动，决定组织

① 危兆盖：《警惕历史虚无主义思潮》，《光明日报》2005 年 3 月 15 日。

② 《江泽民文选》第 1 卷，人民出版社 2006 年版，第 579 页。

③ 《十六大以来重要文献选编》（上），中央文献出版社 2005 年版，第 687—688 页。

全国最强的学术力量，编写150余种哲学社会科学专业骨干基础教材和思想政治理论课教材。其中，以马克思主义唯物史观为根本指导编写的《中国近现代史纲要》《中国近代史》《中华人民共和国史》《史学概论》等，是历史学学科方向出版的重点教材。《中国近现代史纲要》从2007年开始作为高校本科生思想政治理论课教材，帮助大学生了解中国近现代历史，领会历史和人民是怎样选择了马克思主义和中国共产党，选择了社会主义道路，并提高学生运用科学的历史观和方法论看待历史问题的能力。《史学概论》作为一部特色鲜明的马克思主义史学理论著作，对于增进历史学专业学生的马克思主义理论素养具有积极作用。《中国近代史》《中华人民共和国史》都以唯物史观为指导，分别对1840—1949年中国近代历史、1949年中华人民共和国成立以来的历史进行客观而准确的记述。这些教材虽然对社会上流行的各种历史虚无主义观点进行直接讨论和辨析，但是在编写过程中注意反击学界和社会上对中国近现代史、党史国史知识体系和主流话语体系的颠覆，对于加强巩固马克思主义史学主流话语权大有助益。

三、党的十八大以来：高举马克思主义旗帜，全面掀起反对历史虚无主义的斗争

党的十八大以来，中国走上和平崛起的强国之路，这引起西方一些资本主义国家的恐慌。他们不论从国际战略格局上还是从意识形态上，都不希望看到中国这样一个社会主义大国顺利实现和平发展，因此中国越是发展壮大，他们越要加大对中国实施西化、分化的力度，以达到其搞垮中国共产党的领导、颠覆中国社会主义制度的目的。在这种形势下，西方普世价值、宪政民主、公民社会、新自由主义、历史虚无主义等错误思潮交织在一起，甚嚣尘上。其中，历史虚无主义思潮以新的形式向纵深发展。一是以“历史揭秘”“揭示历史真相”的幌子，使用经过精心裁剪的所谓“档案”“史料”，将完整的历史现象碎片化，歪曲攻击党和国家历史、抹黑毛泽东等领袖人物，质疑中国共产党领导的历史合法性。二是将历史虚无主义的矛头指向马克思主义，称马克思主义和共产主义

就是最大的历史虚无主义，因为它们是脱离实际和无法实现的；将马克思主义指导下的历史认识体系称为“教条主义历史虚无主义”，妄图从根本上颠覆中国共产党的理论基础。三是将历史虚无主义的矛头指向家喻户晓的革命英雄，对方志敏、江姐、刘胡兰等革命英雄人物肆意诋毁诬蔑，着力向社会渗透历史虚无主义错误观点，试图搞乱普通大众的思想认识，瓦解中国共产党的群众基础。

虽然历史虚无主义思潮经常以不同的面目、形式呈现，但其否定党和国家历史、颠覆人民民主专政政权的一贯政治本质和目的越来越鲜明。以习近平同志为核心的党中央，从关系政权存亡的战略高度，坚定地领导全党全社会掀起全面深入反对历史虚无主义的斗争。

第一，深刻揭露历史虚无主义政治本质和理论本质，号召全党进行抵制和反对。2010 年习近平就提出“坚决反对任何歪曲和丑化党的历史的错误倾向”[①]。2013 年 1 月 5 日，习近平深入分析历史虚无主义的根本要害，指出：“古人说：‘灭人之国，必先去其史。’国内外敌对势力往往就是拿中国革命史、新中国历史来做文章，竭尽攻击、丑化、污蔑之能事，根本目的就是要搞乱人心，煽动推翻中国共产党的领导和我国社会主义制度。”而历史虚无主义的泛滥就是苏共垮台的重要原因之一，他说：“苏联为什么解体？苏共为什么垮台？一个重要原因就是意识形态领域的斗争十分激烈，全面否定苏联历史、苏共历史，否定列宁，否定斯大林，搞历史虚无主义，思想搞乱了，各级党组织几乎没任何作用了，军队都不在党的领导之下了。最后，苏联共产党偌大一个党就作鸟兽散了，苏联偌大一个社会主义国家就分崩离析了。这是前车之鉴啊！”[②]

历史虚无主义这种政治思潮的危害，还在于经常披着学术研究的外衣，具有很强的欺骗性。因此，习近平揭露历史虚无主义反马克思主义的理论实质，批驳历史虚无主义在历史观与方法论上的根本错误。例如，历史虚无主义总是把新中国社会主义建设探索中发生的错误全部归于毛泽东个人因素，归于毛泽东的主观动机和性格品质等，这实际上就是否

---

① 习近平：《在全国党史工作会议上的讲话（摘要）》（2010 年 7 月 21 日），《中共党史研究》2010 年第 8 期。

② 《十八大以来重要文献选编》（上），中央文献出版社 2014 年版，第 113 页。

认历史发展的客观联系和社会发展的规律性、把个别历史人物夸大为历史主宰的英雄史观，本质上是唯心主义历史观。习近平全面批评了这种历史观，他说："不能把历史顺境中的成功简单归功于个人，也不能把历史逆境中的挫折简单归咎于个人。""对历史人物的评价，应该放在其所处时代和社会的历史条件下去分析，不能离开对历史条件、历史过程的全面认识和对历史规律的科学把握，不能忽略历史必然性和历史偶然性的关系。"[①] 在评价党的领袖和重大历史事件时，历史虚无主义不从实际出发予以全面辩证地评价，总是采取"攻其一点或几点，尽量夸大，不及其余"的手法，不把握主流、专挑细枝末节进行否定，不提成就、总是盯着党在历史上所犯的错误不放。这实际上就是片面、静止、孤立地看待历史的形而上学方法。对于这种错误，习近平也进行了批评。他在评价毛泽东时说："革命领袖是人不是神。尽管他们拥有很高的理论水平、丰富的斗争经验、卓越的领导才能，但这并不意味着他们的认识和行动可以不受时代条件限制。不能因为他们伟大就把他们像神那样顶礼膜拜，不容许提出并纠正他们的失误和错误；也不能因为他们有失误和错误就全盘否定，抹杀他们的历史功绩，陷入虚无主义的泥潭。"[②]

在分析了历史虚无主义政治、理论本质及其危害的基础上，以习近平同志为核心的党中央向全党发出反对、抵制历史虚无主义的号召，要求全党"旗帜鲜明反对历史虚无主义，抵制否定中华文明、破坏民族团结、歪曲党史国史、诋毁国家形象、丑化人民群众的言论和行为……引导人民树立和坚持正确的历史观"[③]。2016 年 10 月，十八届六中全会通过的《关于新形势下党内政治生活的若干准则》，将反对和抵制历史虚无主义作为全党准则提了出来，要求全党"对否定党的领导、否定我国社会主义制度、否定改革开放的言行，对歪曲、丑化、否定中国特色社会主义的言行，对歪曲、丑化、否定党的历史、中华人民共和国历史、人民军队历史的言

---

① 习近平：《在纪念毛泽东同志诞辰 120 周年座谈会上的讲话》（2013 年 12 月 26 日），《人民日报》2013 年 12 月 27 日。

② 同上。

③《中共中央关于繁荣发展社会主义文艺的意见》（2015 年 10 月 3 日），《人民日报》2015 年 10 月 20 日。

行，对歪曲、丑化、否定党的领袖和英雄模范的言行，对一切违背、歪曲、否定党的基本路线的言行，必须旗帜鲜明反对和抵制”[①]。

第二，指导意识形态思想战线运用马克思主义唯物史观和辩证法研究、宣传党和国家历史。在反对历史虚无主义的思想战线和意识形态阵地，从事党和国家历史研究与宣传的专家学者、工作者是主体力量。马克思主义与历史虚无主义的根本区别在于能否用科学的历史观、正确的方法论对待历史。为此，习近平强调党史国史工作者要坚持以马克思主义为指导，“只有真正弄懂了马克思主义，才能在揭示共产党执政规律、社会主义建设规律、人类社会发展规律上不断有所发现、有所创造，才能更好识别各种唯心主义观点、更好抵御各种历史虚无主义谬论”[②]。

习近平对于如何正确开展党史研究、历史研究进行了悉心指导。一方面，他强调“要坚持和发展马克思主义史学研究的优良传统”，“要坚持党性和科学性的统一”；[③]另一方面，他要求把史料功夫做扎实，让历史说话，用史实发言，准确把握历史进程、主流、本质，正确评价重大事件、重要党派、重要人物。[④]

为了推进文艺作品正确反映党和国家历史，2015年10月3日，中共中央作出的《关于繁荣发展社会主义文艺的意见》，要求文艺创作“坚持唯物史观，不管历史条件发生任何变化，凡是为中华民族作出历史贡献的英雄，都应得到尊敬、受到颂扬，被人民记忆、由文艺书写”，“正确反映中华民族五千多年文明史、中国人民近代以来斗争史、中国共产党奋斗史、中华人民共和国发展史、当代中国改革开放史”。[⑤]

此外，2015年，中央提出扎实推进理论工作“四大平台”建设——

---

① 《关于新形势下党内政治生活的若干准则》，《人民日报》2016年11月3日。

② 习近平：《在哲学社会科学工作座谈会上的讲话》（2016年5月17日），《人民日报》2016年5月19日。

③ 习近平：《在全国党史工作会议上的讲话（摘要）》（2010年7月21日），《中共党史研究》2010年第8期。

④ 《让历史说话用史实发言，深入开展中国人民抗日战争研究》，《人民日报》2015年8月1日。

⑤ 《中共中央关于繁荣发展社会主义文艺的意见》（2015年10月3日），《人民日报》2015年10月20日。

马克思主义理论研究和建设工程、中国特色社会主义理论体系研究中心、马克思主义学院、报刊网络理论宣传阵地，筑牢马克思主义主流话语权。这是新形势下汇集力量深化拓展马克思主义理论研究和宣传教育、加强党的思想理论工作的重要抓手，对于切实加强唯物史观在史学领域的根本指导地位、批驳抵制历史虚无主义错误思潮，在重大问题上澄清人们的认识误区、恢复历史本来面目，具有重要的现实意义。

在以习近平同志为核心的党中央领导下，一场围歼历史虚无主义的行动在全国展开。理论界、史学界组织召开学术会议，在各大报刊公开撰写发表理论研究文章，揭露批驳历史虚无主义政治本质和错误所在。例如，自2015年起，中国社会科学院历史学部、马克思主义研究学部联合主办的“唯物史观与马克思主义史学理论论坛”每年召开一次，专设“反对历史虚无主义”主题，组织广大马克思主义史学理论工作者，对历史虚无主义进行全面批驳；中国社科院还陆续组织出版了《还历史的本原》（中国社会科学出版社2014年版）、《历史虚无主义的破产》（当代中国出版社2017年版）等著作文集，针对历史虚无主义在党史研究、国史研究和毛泽东思想研究中所提出的种种错误观点，有的放矢，从历史事实出发，用历史唯物主义的立场和方法，摆事实讲道理，有理有论有据地加以批驳，对于澄清历史虚无主义在党史国史重大问题上对人们造成的思想混乱有很大帮助。2016年10月，最高人民法院发布5个人民法院依法保护“狼牙山五壮士”等英雄人物人格权益典型案例，这是用法律手段反对历史虚无主义的重要举措。与此同时，越来越多的党员干部群众加入自觉反对抵制历史虚无主义的队伍中，一些长期宣扬历史虚无主义的网站、自媒体遭到人们的唾弃，反对历史虚无主义的斗争取得了重大胜利和卓有成效的成果，“历史虚无主义正在破产”。

四、党领导反对历史虚无主义的经验

（一）始终高度重视，破立并举，牢牢掌握反对历史虚无主义的主导权

历史虚无主义作为活跃在意识形态领域的一种政治思潮，是国内外

复杂社会情况在思想领域的反映。从国内来说，长期以来一些人对我国社会主义革命和建设道路持怀疑和悲观态度，试图从政治、经济、文化等各方面把中国引向资本主义道路。随着改革开放的深入，这种呼声越来越高，表现在意识形态领域的斗争也越发激烈。从国外来说，国际上一直存在社会主义与资本主义的斗争和较量。在历史虚无主义思潮的传播中，国外敌对势力常常是与国内舆论搅在一起相互呼应，以达到颠覆中国共产党领导和社会主义道路的政治目的。

改革开放时期始终坚持经济建设为中心，并不意味着可以放松意识形态工作，因为意识形态工作事关社会主义建设的方向和道路，搞不好会导致党和国家出大问题。1979 年 3 月 30 日，邓小平阐明历史虚无主义思潮对党的工作大局的危害，指出他们“千方百计地破坏我们工作重点的转移”，“如果对这些严重现象熟视无睹，那我们的各级党政机关都只有被他们困扰得无法进行工作，还有什么可能考虑四个现代化？”[①]面对东欧剧变、苏联垮台，中国共产党深刻总结其中历史教训，将历史虚无主义的危害与无产阶级专政政权安危相联系，号召全党全社会警惕历史虚无主义在我国的渗透。

正是从这种认识高度出发，改革开放以来中国共产党在集中力量领导经济建设的同时，始终高度重视意识形态领域的变化，注重掌握意识形态工作的主导权，尤其是在事关大是大非和政治原则的问题上，要求思想政治战线“增强主动性、掌握主动权、打好主动仗，帮助干部群众划清是非界限、澄清模糊认识”[②]。面对形形色色的历史虚无主义思潮，中国共产党始终保持高度警惕，一方面，深刻批驳揭露历史虚无主义的错误所在，及时整顿扭转思想战线的软弱涣散态势；另一方面，坚持用史实说话，用正确的历史教育人民，使历史虚无主义思潮的真正面目暴露在人民群众面前，其影响日渐衰微并最终被人民群众抛弃。由此，不仅马克思主义史学主流阵地得到捍卫和巩固，而且为改革开放和中国特色社会主义建设提供健康的舆论环境。

---

① 《邓小平文选》第 2 卷，人民出版社 1994 年版，第 174 页。

② 《习近平谈治国理政》，外文出版社 2014 年版，第 155 页。

（二）始终将马克思主义唯物史观作为反对历史虚无主义的根本理论武器

历史虚无主义作为一种政治思潮，却常常以学术外貌呈现，决定了它有一套自己的历史观与方法论。从历史观来说，英雄主义历史观、人性主义历史观以及价值中立历史观都是历史虚无主义的哲学理论基础；从方法论来看，片面、静止、割裂等是历史虚无主义经常采用的手法，实质上是形而上学方法。这决定了历史虚无主义的反马克思主义理论本质。

马克思主义唯物史观自诞生起就为哲学社会科学各学科的研究提供了正确的世界观、科学的方法论，从而成为无产阶级与形形色色资产阶级唯心史观进行斗争的强大武器。然而，在改革开放一段时期内，在史学多样化风潮之中，西方种种史学理论涌入国内，对我国马克思主义史学造成不小冲击，唯物史观被作为一种普通学术派别对待，并且被错误歪曲为重理论不重史料等，这大大影响了唯物史观的指导地位，为历史虚无主义的侵入提供思想基础和可乘之机。

要从根本上战胜历史虚无主义这种反马克思主义思潮，必须拿起无产阶级的思想武器——马克思主义唯物史观。坚持马克思主义唯物史观，首先，要解决好为什么人的问题，也就是要站在无产阶级的人民大众的立场，从立场上与历史虚无主义划清界限。习近平强调："为什么人的问题是哲学社会科学研究的根本性、原则性的问题。我国哲学社会科学为谁著书、为谁立说，是为少数人服务还是为绝大多数人服务，是必须搞清楚的问题。""我国哲学社会科学要有所作为，就必须坚持以人民为中心的研究导向。"① 其次，必须真正运用唯物史观的立场观点和方法，特别是关于历史发展规律和主要动力的理论以及阶级分析和历史主义的研究方法，对历史虚无主义思潮所折射出来的重大历史问题进行充分研究和探讨，给予马克思主义的回答。在这方面，习近平身体力行，把唯物史观和辩证法切实运用到对党和国家历史的分析评价中，在如何正确评价毛泽东、如何正确看待改革开放前后两个历史时期等重大问题上提出了一系列重要观点，

---

① 习近平：《在哲学社会科学工作座谈会上的讲话》，《人民日报》2016年5月19日。

提出了分清主流与支流、把握历史的主流与本质等全面地、辩证地看待历史的方法，在实践中树立了反击历史虚无主义的典范。

（三）始终警惕两种错误倾向，敢于发声亮剑，注意有的放矢

在40年反对历史虚无主义的过程中，有两种错误倾向值得注意。一是认为历史虚无主义错误观点是研究工作的一种“范式转换”，是一些学者的“一家之言”，应该允许不同学术理论观点存在；即使观点是错误的，也是思想认识问题而不是立场问题，不应该予以大力批判。这种看法没有认清历史虚无主义的真正政治面目，将政治问题学术化对待容易造成思想战线涣散软弱，从而放任历史虚无主义错误观点肆虐传播并产生危害。这种情况在20世纪80年代反对资产阶级自由化过程中出现过。针对思想战线软弱涣散的情况，1983年10月12日，邓小平明确提出“加强党对思想战线的领导，克服软弱涣散的状态，已经成为全党的一个迫切的任务”①；并在1986年9月十二届六中全会上坚持将反对资产阶级自由化写入《中共中央关于社会主义精神文明建设指导方针的决议》。然而，由于当时中央负责人对反对资产阶级自由化斗争的重要性认识不足，甚至对一些搞资产阶级自由化、历史虚无主义的人进行包庇，导致以《河殇》为代表的历史虚无主义错误观点在社会上传播。

这种思想战线软弱涣散的根本原因，在于一些人对改革开放以来国内外复杂情况没有正确认识。《关于建国以来党的若干历史问题的决议》指出，在社会主义改造基本完成以后，我国社会的主要矛盾是人民日益增长的物质文化需要与落后的社会生产之间的矛盾，阶级斗争已经不是主要矛盾；但是，“由于国内的因素和国际的影响，阶级斗争还将在一定范围内长期存在，在某种条件下还有可能激化”②。这是符合实际的科学论断。1989年，东欧剧变、我国发生政治风波，本质上就是西方敌

---

① 《邓小平文选》第3卷，人民出版社1993年版，第47页。

② 《关于建国以来党的若干历史问题的决议注释本》，人民出版社1983年版，第65页。

对势力企图颠覆共产党和社会主义制度的阶级斗争的激化，所以邓小平在 1989 年 11 月 23 日做出“西方国家正在打一场没有硝烟的第三次世界大战。所谓没有硝烟，就是要社会主义国家和平演变”的判断[①]。但是，在此后一段时间内，阶级斗争、阶级分析观点被当成“左”的东西在理论界、舆论界被边缘化，致使一些人“奉西方理论、西方话语为金科玉律，不知不觉成了西方资本主义意识形态的吹鼓手”[②]。在当下反对历史虚无主义的斗争中，必须防止这种软弱涣散倾向，敢于发声亮剑，在党和国家重大历史问题上旗帜鲜明，回击历史虚无主义的挑战。

在反对历史虚无主义斗争中还需要防止另一种错误倾向，即不注意区分政治立场、思想认识、学术观点，将各种错误观点一并拢进历史虚无主义的筐子里进行空泛、简单的批判。这种做法即使出发点是好的，也往往达不到好的效果，容易被反批为“戴帽子”，影响批驳历史虚无主义的效果。1983 年，邓小平指导思想战线斗争时就提出要避免简单片面、粗暴过火的倾向，指出：“无论是开会发言、写文章，都要进行充分的说理和实事求是的科学分析。参加讨论和批评的人，首先要对讨论和批评的问题研究清楚，绝不能以偏概全，草木皆兵，不能以势压人，强词夺理。”他尤其强调：“批评或自我批评都要站在马克思主义立场上，不能站在‘左’的立场上。”[③] 这都是当下反对历史虚无主义斗争中应该注意吸取的经验。

［原载《马克思主义研究》2018 年第 5 期］

---

① 《邓小平文选》第 3 卷，人民出版社 1993 年版，第 344 页。

② 中共中央党史研究室编印：《习近平论中国共产党历史》，内部资料，2017 年，第 242 页。

③ 《邓小平文选》第 3 卷，人民出版社 1993 年版，第 47 页。

党和国家领导人论如何对待国史上的错误

中华人民共和国历史发展过程中尤其是1956—1978年探索建设社会主义时期，中国共产党遭遇许多挫折，犯了一些错误。这一时期的错误主要表现在三个方面：经济建设急于求成，开展以脱离实际的高指标、浮夸风为特点的“大跃进”运动；所有制结构急于求纯，不切实际地提高公有化程度，特别是1958年人民公社化运动搞“一大二公”；阶级斗争扩大化，尤其是1957年反右派斗争扩大化，1959年在全党发动“反右倾”斗争，1963—1965年在部分农村和少数城市基层开展“四清”运动，最后发展为十年“文化大革命”。对于这些错误，中国共产党从不讳言，历届党和国家领导人对于如何看待、对待国史上的错误都发表了很多重要意见，不仅彰显了中国共产党人敢于正视错误的宽广胸怀，而且他们所秉持的观察问题、分析问题的马克思主义立场和方法，对于全面地、客观地研究国史有深刻的启发和重要指导意义。

一、公开承认错误，勇于承担责任

在社会历史发展过程中，人们获得对具体历史事物的正确认识，往往要经过实践和认识多次反复的过程，在这一过程中错误总是在所难免，与正确同时存在于人们的认识和实践中。对于中国共产党而言，社会主义是新生事物，由于各种主客观条件的限制，在探索建设社会主义的过程中发生错误是不可避免的，关键是如何对待错误。列宁曾指出：“犯错误对一个先进阶级的战斗的党并不可怕，可怕的是坚持错误，虚伪地不好意思承认错误和纠正错误。”[①] 中国共产党人也认为：“忽视错误、掩盖错误是不允许的，这本身就是错误，而且将招致更多更大的错误。”[②] 中国共产党人在面对错误的时候，总是以党和人民的事业为重，历来强调讲真理不讲面子。毛泽东指出：“共产党人必须随时准备坚持真理，因为任何真理都是符合于人民利益的；共产党人必须随时准备修正错误，因为任何错误都是不符合人民利益的。”[③] 对于中华人民共和国历史上发生的错误和失误，中央领导人敢于承认，直接面对，并勇于承担责任。

例如，对于“大跃进”运动，多名中央领导人承认错误。在 1962 年初的七千人大会上，毛泽东主动承担错误责任。他说：“似乎我的错误就可以隐瞒，而且应该隐瞒。同志们，不能隐瞒。凡是中央犯的错误，直接地归我负责，间接的我也有份，因为我是中央主席。我不是要别人推卸责任，其他一些同志也有责任，但是第一个负责的应当是我。”[④] 七千人大会成为中国共产党开展批评与自我批评的典型会议，会上中国共产党初步总结了“大跃进”以来党在经济工作中的经验教训，刘少奇代表党中央作了书面报告，在肯定成就的前提下，指出“大跃进”以来的主要错误和缺点。七千人大会后，刘少奇召开了一次最高国务会议，把七千人大会的精神向党外民主人士通了气，说明几年来国内工作的缺点错误，责任在中国共产党，主要责任在党中央。周恩来就政府工作中的问题代表国务院作了诚恳的自我批评。邓小平在大会上也就“大跃进”以来工作中的缺点和错误，代表中央书记处做了自我批评。

到改革开放时期，邓小平等领导人多次在公开场合就探索建设社会主义时期所犯“左”的错误进行阐述。例如，1985 年 4 月 15 日邓小平在会见外宾时指出：“一九五七年后，‘左’的思想开始抬头，逐渐占了上风。一九五八年‘大跃进’，一哄而起搞人民公社化，片面强调‘一大二公’，吃大锅饭，带来大灾难。‘文化大革命’就更不用说了。一九七六年粉碎

① 《列宁全集》第 32 卷，人民出版社 1985 年版，第 257 页。

② 《关于建国以来党的若干历史问题的决议注释本》，人民出版社 1983 年版，第 14 页。

③ 《毛泽东选集》第 3 卷，人民出版社 1991 年版，第 1095 页。

④ 《毛泽东年谱（1949—1976）》第 5 卷，中央文献出版社 2013 年版，第 78 页。

‘四人帮’后，还徘徊了两年，基本上还是因循‘左’的错误，一直延续到一九七八年。从一九五八年到一九七八年整整二十年里，农民和工人的收入增加很少，生活水平很低，生产力没有多大发展。”①

在承认错误的同时，中央领导人积极承担错误责任。新中国成立后，历届中共中央实行集体领导，国史上的诸多大政方针都由中央领导集体决定，因此中央领导人首先强调在错误中的集体责任。如上所述，七千人大会上第一代中央领导集体主要成员都就“大跃进”错误作出自我批评，承担其中的责任。改革开放后，邓小平多次强调不能把中央的错误都推给毛泽东一个人。如 1980 年 2 月，邓小平指出：“文化大革命前，党犯过一些错误。少奇同志和其他同志一样，也犯过一些错误。我看这样讲好，符合实际。不要造成一个印象，好像别人都完全正确，唯独一个人不正确。这个话我有资格讲，因为我就犯过错误……1958 年‘大跃进’，我们头脑也热，在座的老同志恐怕头脑热的也不少。这些问题不是一个人的问题。”②1980 年 4 月，邓小平在同中央负责同志谈话时又强调，讲错误不应该只讲毛泽东的错误，中央许多负责同志都有错误。他说：“‘大跃进’，毛泽东同志头脑发热，我们不发热？刘少奇同志、周恩来同志和我都没有反对，陈云同志没有说话。在这些问题上要公正，不要造成一种印象，别的人都正确，只有一个人犯错误。这不符合事实。中央犯错误，不是一个人负责，是集体负责。”③ 到 2013 年，习近平在纪念毛泽东诞辰 120 周年时更深刻地指出：“不能把历史顺境中的成功简单归功于个人，也不能把历史逆境中的挫折简单归咎于个人。”④

其次，中央领导人具体问题具体分析，实事求是地厘清其中的具体责任。如关于 1957 年反右派斗争扩大化的错误，邓小平积极承担责任。他说：“一九五七年反右派，我们是积极分子，反右扩大化我就有责任，

① 《邓小平文选》第 3 卷，人民出版社 1993 年版，第 115 页。

② 《邓小平文选》第 2 卷，人民出版社 1994 年版，第 277 页。

③ 同上书，第 296 页。

④ 习近平：《在纪念毛泽东同志诞辰 120 周年座谈会上的讲话》，《人民日报》2013 年 12 月 27 日。

我是总书记呀。”[①] 毛泽东发动、领导的“文化大革命”是在探求社会主义道路中所犯的错误，是在错误理论指导下的错误实践，使党、国家和人民遭到了严重的挫折和损失。“文化大革命”时期，毛泽东的“左”倾错误的个人领导取代了党中央的集体领导，因此中央领导人在对“文化大革命”这一“严重的、全局性错误”[②] 进行全面总结和深刻反思的同时，注意分清其中的责任。1981 年，十一届六中全会通过的《关于建国以来党的若干历史问题的决议》在对“文化大革命”所犯的错误进行科学、深入分析的基础上，指出“对于‘文化大革命’这一全局性的、长时间的左倾严重错误，毛泽东同志负有主要责任”[③]。这为以后正确认识评价“文化大革命”提供了理论基础。

二、对于国史上的错误予以全面分析

单纯地承认错误，并不能真正克服错误；只有认真地对待错误，在失败中找出原因，总结经验，吸取教训，才能收到“吃一堑、长一智”的效果。为此，中央领导人在承认错误的同时，对国史上发生错误的性质和特点、错误产生的原因等进行了深入的分析，对于人们正确认识国史上的错误有很大启发。

首先，中央领导人把国史上的错误与成就相比较，以帮助人们把握国史的主流与本质。人们在探索自然规律和社会规律的过程中所出现的错误认识，不一定会压倒正确认识而支配认识的发展进程。例如，中国共产党在 1949—1965 年的探索，尽管经历反右派斗争扩大化、“大跃进”的失误等曲折，但从总体上说，这期间党的正确认识仍然是占主导的，因此社会主义建设的成就是斐然的。到“文化大革命”时期，全局性的根本性的错误持续时间比较长，使党的认识陷入了错误阶段，但是也不意味着那个时期只有错误，没有成就。在“文化大革命”期间，国民经济虽然遭到巨大损失但仍然取得进展，党没有被摧毁而且还能维持统一，

① 《邓小平文选》第 2 卷，人民出版社 1994 年版，第 277 页。

② 同上书，第 302 页。

③ 《关于建国以来党的若干历史问题的决议注释本》，人民出版社 1983 年版，第 34 页。

社会主义制度的根基仍然保存着，社会主义经济建设还在进行，国家仍然保持统一并且在国际上发挥重要影响。可以说，从中华人民共和国历史的整体来看，错误与成就相比，成就是主要的。因此，邓小平指出："我们尽管犯过一些错误，但我们还是在三十年间取得了旧中国几百年、几千年所没有取得过的进步。"① "三十二年来我们取得的成就还是主要的，忽视或否认我们的成就，忽视和否认我们取得这些成就的成功经验，同样是严重的错误。"②1989年面对我国发生的政治风波，邓小平依然冷静地分析改革开放以来的成绩和失误，指出改革开放的成绩是主要的，改革开放政策是正确的。"改革开放这个基本点错了没有？没有错。没有改革开放，怎么会有今天？这十年人民生活水平有较大提高，应该说我们上了一个台阶，尽管出现了通货膨胀等问题，但十年改革开放的成绩要充分估计够。"③

其次，中央领导人指出国史上的错误是探索中、前进中的错误。人类社会实践中产生的错误大致可以分为两类：一类是前进探索中的错误，一类是逆历史潮流而发生的错误。中央领导人指出中华人民共和国历史上的错误，都是在探索推进社会主义事业的进程中发生的，本质上属于前进中的错误。社会主义代表了社会发展的进步与方向，但是无论从中国五千年的历史视野还是从整个人类的发展范围来看，社会主义都是新生事物，"在中国这样的社会历史条件下建设社会主义，没有先例，犹如攀登一座人迹未至的高山，一切攀登者都要披荆斩棘、开通道路"④，在这种情况下，犯一些错误在所难免。正如邓小平反复强调的那样："现在我们干的是中国几千年来从未干过的事。""我们搞的实质上是一场革命。从另一个意义来说，我们现在做的事都是一个试验。对我们来说，都是新事物，所以要摸索前进。既然是新事物，难免要犯错误。我们的办法

---

① 《邓小平文选》第2卷，人民出版社1994年版，第167页。

② 《关于建国以来党的若干历史问题的决议注释本》，人民出版社1983年版，第14页。

③ 《邓小平文选》第3卷，人民出版社1993年版，第306页。

④ 习近平：《在纪念毛泽东同志诞辰120周年座谈会上的讲话》，《人民日报》2013年12月27日。

是不断总结经验，有错误就赶快改，小错误不要变成大错误。”[①]

最后，中央领导人全面地、辩证地分析错误产生的原因。国史上错误产生的原因有很多，既有客观上种种历史条件的制约，也有个人主观上思想认知的偏差；既有国内政治、经济等各种因素的综合作用，也有国际形势对中国的深刻影响。中共中央历来倡导对错误产生的原因进行全面分析，例如习近平在谈到毛泽东晚年错误时强调：“毛泽东同志晚年的错误有其主观因素和个人责任，还在于复杂的国内国际的社会历史原因，应该全面、历史、辩证地看待和分析。”[②]在邓小平、陈云等中央领导人指导下起草的《关于建国以来党的若干历史问题的决议》，全面分析了“文化大革命”发生的主客观原因，既从主观上指出毛泽东发动“文化大革命”的指导理论即“无产阶级专政下继续革命的理论”的错误和个人领导上的错误，又从客观上分析“文化大革命”发生时国内外复杂的社会历史原因，可以称得上是正确分析错误发生原因的典范。

20世纪80年代末90年代初世界社会主义陷入低潮，1989年我国发生政治风波，中央领导人对这一事件发生的原因也进行了深刻反思。邓小平说：“这场风波迟早要来。这是国际的大气候和中国自己的小气候所决定了的，是一定要来的，是不以人们的意志为转移的，只不过是迟早的问题，大小的问题。”[③]这就从80年代末我国所处的时代条件和国际环境方面指出了这场政治风波的客观必然性。“大气候”，主要是指整个帝国主义西方世界对社会主义国家的演变和渗透，以使社会主义各国放弃社会主义道路，最终纳入资本主义轨道；“小气候”，主要是指80年代末我国的经济波动、腐败现象蔓延和资产阶级自由化思潮泛滥。邓小平还分析了这场政治风波发生的主观原因，一是当时中央负责同志犯了错误，指出“他们在根本问题上，就是在坚持四项基本原则的问题上犯了错误，栽了跟头”；二是党的工作方法的错误，“多年来，我们的一些同志埋头于具体事务，对政治动态不关心，对思想工作不重视，对腐败现象警惕

① 《邓小平文选》第3卷，人民出版社1993年版，第118、174页。

② 习近平：《在纪念毛泽东同志诞辰120周年座谈会上的讲话》，《人民日报》2013年12月27日。

③ 《邓小平文选》第3卷，人民出版社1993年版，第302页。

不足，纠正的措施也不得力”。[①] 江泽民从个人在历史事件的成功或失败中起重要作用的角度，分析指出某些人在一些国家丢掉社会主义事业上起了关键作用，而在这场政治风波中，“赵紫阳同志的一个严重错误，就是把改革开放同四项基本原则割裂开来、对立起来，实际上是背离和放弃四项基本原则，怂恿和助长资产阶级自由化的泛滥，酿成这次动乱和反革命暴乱，给党和国家带来巨大的灾难”[②]。

三、从历史中吸取经验教训，从错误中获得正确认识

正视错误，不仅表现为承认错误，分析错误原因，还表现为善于从错误中学习，在改正错误的同时继续探索和前进。正如恩格斯所说的：“伟大的阶级，正如伟大的民族一样，无论从哪方面学习都不如从自己所犯错误的后果中学习来得快。”[③]

事物总是发展、变化的，错误之所以常常是正确的先导，就在于人们可以从错误中总结吸取教训，从中产生正确的认识。毛泽东指出：“错误和挫折教训了我们，使我们比较的聪明起来了，我们的事情就办得好一些。”[④] 新民主主义革命时期，毛泽东在理论上的两次重要创新都是在总结错误教训的基础上完成的，即在总结大革命失败教训的基础上，提出农村包围城市、武装夺取政权的理论；在总结王明教条主义错误的基础上，基本形成新民主主义革命理论。改革开放时期，邓小平开创建设有中国特色社会主义发展道路，也是与正确总结“文化大革命”的沉痛教训分不开的。1986 年 9 月 2 日，邓小平指出：“那件事（指‘文化大革命’——笔者注），看起来是坏事，但归根到底也是好事，促使人们思考，促使人们认识我们的弊端在哪里。毛主席经常讲坏事转化为好事。善于总结‘文化大革命’的经验，提出一些改革措施，从政治上、经济上改变我们的面貌，这样坏事就变成了好事。为什么我们能在七十年代末和

① 《邓小平文选》第 3 卷，人民出版社 1993 年版，第 324—325 页。

② 《江泽民文选》第 1 卷，人民出版社 2006 年版，第 60 页。

③ 《马克思恩格斯选集》第 4 卷，人民出版社 1995 年版，第 432 页。

④ 《毛泽东选集》第 4 卷，人民出版社 1991 年版，第 1480 页。

八十年代初提出了现行的一系列政策，就是总结了‘文化大革命’的经验和教训。”①

正是因为可以从错误中吸取经验教训，变错误为成功，因此中央领导人都将国史上的错误看成一种“财富”。1961年6月21日，毛泽东会见外宾时指出：“我们认为党在历史上的错误，是党今天的财产……只有经历很多痛苦，才能取得经验。不要把错误认为单纯是一种耻辱，要看作同时是一种财产，不能说错误路线没有用处，它是有很大的教育意义的。”② 邓小平也说：“过去的成功是我们的财富，过去的错误也是我们的财富。我们根本否定‘文化大革命’，但应该说‘文化大革命’也有一‘功’，它提供了反面教训。没有‘文化大革命’的教训，就不可能制定十一届三中全会以来的思想、政治、组织路线和一系列政策……‘文化大革命’变成了我们的财富。”③

中央领导人对国史上的错误及时进行反思，总结出一系列深刻教训。如邓小平总结“文化大革命”的教训，认为“最根本的一条经验教训，就是要弄清什么叫社会主义和共产主义，怎样搞社会主义”④。1989年政治风波平息后，邓小平将这一事件视为反面教材，进行沉痛思考，总结出“国家的主权、国家的安全要始终放在第一位”“中国要摆脱贫困，实现四个现代化，最关键的问题是需要稳定”“要把过去某些方面的失误认真地尽快地纠正过来”“思想教育工作要加强”“艰苦奋斗、自力更生要强调”“经济工作要整顿”等认识⑤，有效地指导了八九政治风波之后我国的社会主义建设局面。江泽民担任总书记后，十分重视总结东欧剧变、苏联解体的教训和“文化大革命”的教训，得出“必须坚持社会主义”“必须进行社会主义改革，探索符合本国实际的社会主义发展道路”等基本结论⑥，成为中国共产党开辟中国特色社会主义道路实践中的宝贵

① 《邓小平文选》第3卷，人民出版社1993年版，第172页。
② 《毛泽东年谱（1949—1976）》第5卷，中央文献出版社2013年版，第606—607页。
③ 《邓小平文选》第3卷，人民出版社1993年版，第272页。
④ 同上书，第223页。
⑤ 同上书，第348—349页。
⑥ 《江泽民文选》第3卷，人民出版社2006年版，第78页。

财富。

四、及时阻止错误，坚决纠正错误

中国共产党重视从错误中总结经验教训的最终目的，不是着眼于个人功过，而是及时阻止错误，坚决纠正错误，使党领导的社会主义建设能够回到正确的道路上来，更好地开辟中华人民共和国的未来。正如习近平所强调的："不论发生过什么波折和曲折，不论出现过什么苦难和困难，中华民族5000多年的文明史，中国人民近代以来170多年的斗争史，中国共产党90多年的奋斗史，中华人民共和国60多年的发展史，都是人民书写的历史。历史总是向前发展的，我们总结和吸取历史教训，目的是以史为鉴、更好前进。"①

在实践中，中国共产党是勇于纠正自己错误的典范。例如，对于"大跃进"运动，1958年8月北戴河会议后，毛泽东等人到河北、河南等地视察，深入实际调查研究，察觉到一些错误，并做了一系列纠正"左"倾错误的工作。1959年、1960年出现严重困难局面后，中央决心纠正错误，调整政策。1960年11月，中共中央发出《关于农村人民公社当前政策问题的紧急指示信》，要求全党用最大的努力来坚决纠正各种"左"的偏差；1961年1月，中共八届九中全会正式决定对国民经济实行"调整、巩固、充实、提高"的八字方针，标志着"大跃进"运动被停止，国民经济开始转入调整的新轨道。"文化大革命"中，毛泽东也曾努力纠正极左错误，减轻损失。"九一三"事件发生后，毛泽东、周恩来对极左思潮进行了一些纠正，在全国开展"批林整风"运动，揭发、批判林彪集团的罪行。毛泽东亲自过问对一些领导干部落实政策的工作，为"二月逆流"平反，恢复邓小平国务院副总理职务，使一大批被打倒的党政军领导干部重新走上重要领导岗位，加强了党内抵制和纠正"文化大革命"错误的力量。当然，由于历史条件的限制，毛泽东没能从根本上认

① 习近平：《在纪念毛泽东同志诞辰120周年座谈会上的讲话》，《人民日报》2013年12月27日。

识和纠正“文化大革命”的错误，这一历史使命直到改革开放时期才在邓小平的领导下得以完成。对于这一点，江泽民曾明确指出：“邓小平同志指出，十一届三中全会以后，我们就是恢复毛泽东同志的那些正确的东西，就是完整地准确地学习和运用毛泽东思想。基本点还是那些。从许多方面来说，现在我们还是把毛泽东同志已经提出、但没有做的事情做起来，把他反对错了的改正过来，把他没有做好的事情做好。今后相当长的时期，还是做这件事。当然，我们也有发展，而且还要继续发展。”①

综上所述，党和国家领导人对于如何看待中华人民共和国历史上的错误进行了比较完整而系统的论述，他们观察错误、分析错误的方法和视野，蕴含了很多马克思主义关于正确与错误辩证关系的基本原理，值得国史研究者学习借鉴。他们都是中华人民共和国历史发展的亲历者、见证者，他们对国史上错误原因、经验教训等的认识，反映出当时历史发展的实际面貌，对于后来者了解那些历史有着重要的意义和价值。

［原载《毛泽东邓小平理论研究》2014 年第 12 期，收入本书时略有修正］

① 《江泽民文选》第 1 卷，人民出版社 2006 年版，第 354 页。

新中国史研究的理论与方法

推进党史国史整体性研究，把握历史主流与本质

正确认识历史，须把握历史的主流与本质。然而，准确把握党史国史的主流与本质，单纯依靠当下盛行的微观研究和个案局部研究无法做到，必须推进党史国史整体性研究。

一、对历史进行整体性研究，准确把握历史的主流与本质

对历史进行整体性研究，准确把握历史发展的主流与本质，是马克思主义史学的基本要求。马克思主义唯物史观认为，人类社会历史发展的过程，总体上呈现为一种有规律的必然性运动。历史科学，就是要发现和揭示人类社会历史发展过程中的内在客观规律。因此，马克思主义史学强调对历史进行整体性研究，也就是把历史的纵向发展和横向发展结合起来，把历史事实的各个部分和各个方面综合起来，作为一个有机的整体加以考察和分析，从中认识历史过程的内在联系，发现隐藏于历史现象背后的历史本质，以揭示历史发展的客观规律。在方法论上，马克思主义史学强调历史整体性研究需要运用唯物辩证法，从历史实际出发，实事求是，用全面、辩证、发展、联系的观点看待历史。正如恩格斯所指出的："唯物主义历史观及其在现代的无产阶级和资产阶级之间的阶级斗争上的特别应用，只有借助于辩证法

才有可能。”[①]唯物辩证法运用于历史研究领域，首要的就是从矛盾的主要方面和次要方面看问题，分辨历史的主流与支流，把握住历史的本质，这样才能全面、正确、客观、科学地看待历史。

对历史进行整体性研究，把握历史发展的主流与本质，是中国共产党一贯倡导并践行的。中共在评价和分析自身历史时，注重运用唯物辩证法，以把握党的历史主流与本质。1945 年中共六届七中全会通过的《关于历史问题的决议》、1981 年中共十一届六中全会作出的《关于建国以来党的若干历史问题的决议》，都是运用唯物辩证法从整体上对党的历史作出全面、客观、科学、公正评价的典范，对于引领全党、全社会正确认识历史、凝聚思想共识发挥了非常重要的作用。

然而，改革开放一段时间以来，在社会上对马克思主义存在一些模糊理解甚至错误认识的大背景下，在西方后现代主义史学、新史学等思潮涌入国内的情况下，马克思主义史学话语体系曾因被批评为落后而受到了很大冲击，甚至一度被边缘化、标签化，马克思主义史学被戴上“政治史学”的帽子，唯物辩证法曾被污蔑为“诡辩论”。因而，不少史学工作者有意无意地放弃了对宏观科学体系的建构，放弃了对历史必然性和历史规律的探寻；一些著述研究的重点不再关注于历史的整体性研究，不再强调把握历史主流与本质，而是转向关注各种各样的微观时空和个案。

在微观研究盛行的趋势之下，以孤立、静止、片面的观点考察和分析人类社会历史发展的形而上学历史观与方法论死灰复燃，历史研究中出现了“不顾、甚至否定宏大的历史结构和进程，具有与中心离散的倾向”的“碎片化”现象。与“对总体历史中的局部的细化，不以粉碎历史全局为追求”[②]的微观研究不同，“碎片化”忽视事物之间的普遍联系性，割裂局部和整体的关系，把历史事件作为一些孤立和偶然的现象来进行观察及分析；在分析历史发展轨迹时，又无限夸大历史人物的思想动机的作用，把历史发展与变化看成是个人思想意识活动的结果。

---

① 《马克思恩格斯文集》第 3 卷，人民出版社 2009 年版，第 495—496 页。

② 俞金尧：《微观史研究与史学的碎化》，《历史教学》2011 年第 24 期。

中华人民共和国史与现实社会联系十分密切，中共在领导建设社会主义的探索过程中出现过一些一时无法避免的失误，于是别有用心者将国史作为抹黑和否定中共及其领导的一个重点领域予以歪曲和攻击，历史虚无主义思潮一度泛滥，用“碎片化”手法歪曲党史、否定中共领导。他们看待国史上的一些现象，不是从整体上把握主流与本质，而是专挑细枝末节进行否定，总是盯着“反右运动扩大化”“大跃进”“文化大革命”等中共在探索社会主义建设过程中所犯的错误，“攻其一点或几点，尽量夸大，不及其余”①，对于中共在社会主义革命和建设时期领导人民艰苦奋斗取得的巨大成就丝毫不提，最终把国史说成是一团漆黑。与此同时，盯住毛泽东晚年所犯的错误不放，丝毫不提毛泽东领导党和人民取得民主主义革命、社会主义革命的成就及其晚年思想中正确的内容，甚至极尽污蔑之能事，在社会上造成严重的思想混乱。还有些人运用形而上学静止的、僵化的方法，割裂党和国家历史的连续性及整体性。例如，认为改革开放前后两个历史时期处于两种不同性质的社会和时代，或者把改革开放前说成是搞社会主义，改革开放后说成是搞资本主义；或者把毛泽东思想与中国特色社会主义理论体系分割开来；或者用社会主义市场经济体制否定计划经济体制的历史地位、作用与贡献。问题的核心在于，他们只看到现在同过去的区别，既认识不到这种区别只是具体差别而不是本质不同，又看不到两个历史时期之间的内在联系，认识不到今天的世界都是对过去历史的继承、扬弃和连接、发展。

面对这种局势，习近平多次强调要把握中共党史的主流与本质，反对歪曲历史的错误倾向，主张用历史的成就来激励人，用历史的成功经验启迪人，用历史的教训警示人。例如，2010 年 7 月，习近平提出：“牢牢把握中共历史发展的主题和主线、主流和本质，旗帜鲜明地揭示和宣传中国共产党在中国的领导地位和核心作用形成的历史必然性，揭示和宣传中国人民走上社会主义道路的历史必然性，揭示和宣传通过改革开放和社会主义现代化建设实现中华民族伟大复兴的历史必然性，揭示和宣传党在革命、建设、改革各个历史时期领导人民所取得的伟大胜利和

---

① 《建国以来毛泽东文稿》第 7 册，中央文献出版社 1992 年版，第 60 页。

辉煌成就，揭示和宣传中共在长期奋斗中积累的宝贵经验、形成的光荣传统和优良作风，坚决反对任何歪曲和丑化党的历史的错误倾向。”[①]2011年，习近平从整体上深刻阐述了中国共产党历史发展的主流和本质：“90年来，我们党紧紧依靠人民完成了新民主主义革命，实现了民族独立和人民解放；完成了社会主义革命，确立了社会主义根本制度并取得了社会主义建设的巨大成就；进行了改革开放新的伟大革命，完善和发展了中国特色社会主义。”这三件大事，就是党的历史发展的主流和本质。“我们要牢牢把握党的历史发展的主题和主线、主流和本质，从党的光辉历程和伟大业绩中获得继往开来的强大动力，始终坚定中国特色社会主义信念和共产主义远大理想，永葆共产党人的政治本色。”[②]2013年，习近平在纪念毛泽东同志诞辰120周年座谈会上把毛泽东放在整个党的历史长河中，对毛泽东功过及其晚年错误本质进行分析评价：“毛泽东同志的功绩是第一位的，他的错误是第二位的，他的错误在于违反了他自己正确的东西，是一个伟大的革命家、伟大的马克思主义者所犯的错误。”[③]可以说，这就向史学界提出了要对当代中国历史进行整体性研究、抓住历史主流与本质的要求。

二、要对历史开展长时段宏观研究，坚持马克思主义唯物史观为指导必不可少

近年来，国外史学界开始反思微观史盛行而造成的史学危机，呼吁宏观研究、整体性研究的回归。例如，有史家指出，“一个幽灵，短期主义的幽灵，正困扰着我们这个时代”，“历史时段的紧缩……史学莫名其妙地不再关乎历史”，“专业史学家把整合历史知识的重任拱手交给了根本不具资历的作者，与此同时，史学家也失去了他们一度享有的对政策

① 习近平：《在全国党史工作会议上的讲话》（2010年7月21日），《人民日报》2010年7月22日。

② 习近平：《领导干部要读点历史》（2011年9月1日），《学习时报》2011年9月5日。

③ 习近平：《在纪念毛泽东同志诞辰120周年座谈会上的讲话（2013年12月26日）》，人民出版社2013年版，第11页。

的影响力，而将这种影响力交与了他们的社会科学同行，尤其是经济学家”，从而呼吁长时段历史研究和宏大叙事的回归，倡导历史学家有宽阔的视野和考察大问题的雄心。[①] 而一些史家大力推崇并实践的全球史研究，即“具有全球视野的历史”“关于全球互联的历史”“以全球整合为背景的历史”，[②] 更是一种宏观的整体性研究体系。

国内史学界也针对“微观研究、个案研究将历史切割成毫不相干的‘碎片’，‘化解’人们对历史的整体认知”的态势进行了反思和讨论。尽管有的学者仍然坚持和提倡微观个案研究，认为“如果要做整体化的研究，必须先有‘碎片化’的研究做基础”[③]，但是在国史研究何去何从的讨论中，整体性研究终究走向学术界的视野，启发研究者对如何开展党史国史整体性研究进行思考。

有的学者总结过去试图通过累积微观研究和具体事例研究形成宏观历史判断的做法，认为这种努力难度太大，难以实现，因为“微观的、相互差别的史实是如此之多，不要说咱们这一代人，恐怕下一代或下两三代人，都不能给后人提供出一个比较完整、系统，哪怕只是在局部比较完整、系统的历史判断来”[④]。确实如此，在历史研究中，微观研究通常是认识过程初期阶段的方法，单纯认为微观个案叠加就能汇成整体历史，这种简单化处理极易造成轻视或忽视历史的复杂性、多变性、不可确定性。历史不是孤立形成的，其发生、发展及变化常常是多种因素起作用、多种联系交织而成的，试图以独立的微观个案研究根本不可能呈现历史的完整面貌；即便将微观个案片段研究汇而总之，亦难以串联历史之间的彼此联系和主要脉络，至于把握历史主流与本质、探寻历史普遍规律更无从谈起。

有学者倡导用全球史观这种“具有整体性观念的史学研究理论”，“重

---

① ［美］乔·古尔迪、［英］大卫·阿米蒂奇：《历史学宣言》，孙岳译，格致出版社、上海人民出版社 2017 年版，第 1、8 页。

② ［德］S. 康拉德：《全球史导论》，陈浩译，商务印书馆 2018 年版，第 10 页。

③ 杨奎松、韩钢、王海光：《国史研究何去何从》，《北京青年报》2014 年 2 月 21 日。

④ 同上。

新考察、解释历史的方法”来研究中共历史。[①]全球史观作为一种观察世界历史的整体性宏观视角和方法，“本身就是全球化进程在意识形态上的产物”，“全球性的视角绝非仅仅是一种统治或者（西方）帝国主义的工具，全球性范畴中的思想，更多的是作为一种霸权性话语而建立的，它任由不同的行为体出于不同的动机而摆弄和翻版”，甚至有国外学者警告说“全球史可能会变成新型学术殖民主义的开路者”。[②]中国自近代以来沦为西方列强的殖民地，而党史国史就是中国共产党领导全国各族人民通过反帝、反封建斗争建立人民民主专政政权的历程，所以必须警觉全球史观抛弃历史发展的内源性解释、超越民族国家、超越国家主权等话语体系的冲击甚至设置陷阱，谨慎对待将全球史观引入党史国史研究，有定性而不随性，有原则而不固执。

在国际史学界呼吁回归长时段历史研究、加强史学对政策制订影响力的氛围中，马克思主义唯物史观再次进入史学家视野。哈佛大学历史学教授阿米蒂奇等在《历史学宣言》一书中重拾年鉴学派布罗代尔对于马克思的高度评价，指出“马克思可谓具备长时段视野并创立第一个真正的社会科学解释模式的‘天才’”，并评论说“20世纪世界各地的史学家继承了卡尔·马克思的传统，特别热衷探讨国家政权、官僚体制和民众运动流变的性质，并从长时段对历史发展的大势做出大胆的预测”。[③]这就充分肯定了马克思主义唯物史观的科学性和实践性。也就是说，要对历史开展长时段宏观研究，坚持马克思主义唯物史观为指导必不可少。

三、坚持马克思主义唯物史观，推进党史国史整体性研究

坚持马克思主义唯物史观，推进党史国史整体性研究，需要从以下几个方面着手。

第一，树立整体性综合研究的理念。从历史本体来看，人类社会发

① 施杨：《全球史观与中共历史研究》，《新视野》2014年第2期。

② ［德］S. 康拉德：《全球史导论》，陈浩译，商务印书馆2018年版，第88、91、111页。

③ ［美］乔·古尔迪、［英］大卫·阿米蒂奇：《历史学宣言》，孙岳译，格致出版社、上海人民出版社2017年版，第18、21页。

展的任何一个历史过程或历史事实，无论其大小，都是一个整体，其内部每个层次的发展变化，最终都必然反映在历史整体的发展变化之中。人类社会历史所具有的整体属性，要求人们在认识和研究历史时须从整体上予以把握。列宁曾指出："如果从事实的整体上、从它们的联系中去掌握事实，那么，事实不仅是'顽强的东西'，而且是绝对确凿的证据。如果不是从整体上、不是从联系中去掌握事实，如果事实是随意挑出来的，那么它们就只能是一种儿戏，或者连儿戏都不如。"[①]

从整体上把握历史，首先，要求把握构成人类社会历史各个方面的组成要素，关注经济、政治、军事、外交、社会、文化、思想以及自然环境等各个领域，关注历史人物、人民群众，把各个因素都纳入视野，形成综合性研究思维。其次，揭示各个方面组成要素之间的内部联系以及各要素与周围环境之间各种错综复杂的外部联系。在特定的历史范围内，一切历史现象都是彼此联系、相互制约的。马克思指出："不同要素之间存在着相互作用。每一个有机整体都是这样。"[②]因此，观察评价历史现象，"不仅要从各个现象的相互联系和相互制约的角度去观察，而且要从它们的运动、它们的变化、它们的发展的角度，从它们的产生和衰亡的角度去观察"[③]。在认识和把握人类社会历史时，马克思主义经典作家从生产力与生产关系、经济基础与上层建筑这些部分及其相互联系、相互作用上来分析，同时非常注意人类社会与自然环境的相互联系和相互作用。

以马克思主义唯物史观为指导的党史国史研究亦应如此，才有可能获得真正严格意义上的整体史。也就是说，重点在于要全面、准确地把握党史国史发展过程中国际与国内的相互影响作用，把握经济、政治、文化、思想、外交等各个方面关系的交互作用，全面梳理历史发展的逻辑，准确把握历史主流与本质，深入总结历史经验教训和规律性认识。而且，这样开展的历史整体性研究，能够避免任意割裂人类社会历史发

① 《列宁全集》第28卷，人民出版社1990年版，第364页。

② 《马克思恩格斯选集》第2卷，人民出版社1995年版，第17页。

③ 吴英主编：《马克思恩格斯列宁斯大林论历史科学》，中国社会科学出版社2014年版，第347页。

展各种内外部联系，避免因孤立研究而发生片面性错误。

第二，注重长时段宏观研究视角。对历史进行整体性研究，从长时段宏观层面观察和分析，是一个不可或缺的研究视角，这有利于准确把握历史的主流与本质。2013 年 1 月，习近平阐述改革开放前后两个历史时期关系即运用了长时段宏观视角，强调要把握两个时期的连续性和差别性，即两个时期的不同是建设社会主义过程中出现的具体差别，但中国发展社会主义的本质一直没有变化。6 月，习近平再次运用长时段宏观视角分析中国特色社会主义道路，阐述中国历史、党和国家历史发展的连续性："中国特色社会主义这条道路来之不易，它是在改革开放 30 多年的伟大实践中走出来的，是在中华人民共和国成立 60 多年的持续探索中走出来的，是在对近代以来 170 多年中华民族发展历程的深刻总结中走出来的，是在对中华民族 5000 多年悠久文明的传承中走出来的，具有深厚的历史渊源和广泛的现实基础。"①

学术界也开始注重从长时段宏观研究视角出发，进一步深化认识党史国史中历史现象的本质。例如，从新中国成立 70 多年的视角重新看待改革开放前的历史，把 1956—1976 年这 20 年历史都视为中国共产党领导探索社会主义建设的历史，把"文化大革命"视为中国共产党在探索社会主义建设过程中所犯的错误。运用长时段宏观视角观察分析党在新中国成立 70 多年历史中的功与过，很容易看出所取得的成就是主要的，所犯错误是次要的，这是一目了然的结论。这种视角之下，任何专挑细枝末节抹黑否定党的历史、党的领导的企图都是徒劳的。正如西方当代史家所指出的："回到形塑整个历史学科的宏观问题，我们便可以重新找回史学固有的超强解释力，而不是像微观史学家那样只看到脐下三寸。在这一转型的过程中，我们将会让公众认识到史学是有用的。"②

第三，依托整体，开展微观研究。马克思主义唯物史观注重历史整体性研究，致力于把历史看作一个有机整体，从浩如烟海的历史事实中

① 习近平：《在十八届中央政治局第七次集体学习时的讲话》（2013 年 6 月 26 日），《人民日报》2013 年 6 月 27 日。

② ［美］乔·古尔迪、［英］大卫·阿米蒂奇：《历史学宣言》，孙岳译，格致出版社、上海人民出版社 2017 年版，第 87 页。

把握各种联系，总结历史发展演进的规律。但这绝不等同于排斥或否定微观研究。相反，马克思主义史学认为，任何一种事物都存在于不同的层次之中，各个不同的层次又是相互联系着的，因而也就可以从不同层次去研究；不同层次的研究各有其优长之处，所以微观研究和宏观研究二者绝不可偏废。对于历史个案研究而言，马克思主义史学予以肯定，因为在历史发展过程中的历史现象是纷繁复杂的，历史的每一方面都表现为众多的现象，而历史资料和历史研究者精力的有限性，使人们不可能对每一类历史现象都进行深入全面的考察。同时，在同类现象中每个现象总是或多或少地具有这类现象的共同本质和特点，这就可以使人们有可能通过一些代表性现象的分析，以揭示历史现象的共同本质。

然而，马克思主义视野中的微观研究与个案研究，与割裂历史之间联系、静止地从单个层次观察问题的“碎片化”研究相比，是完全不同的。马克思主义视野中的微观研究，是将研究对象置于一定的宏观范围内（如一种过程或一个较大的结构内），依托某个具有总体性的宏大历史架构来考察分析的，这样的微观个案研究不会游离于宏大历史主题，反而与宏观历史形成一种互补的关系，这种研究结果或者可以用来充实宏大历史架构，给历史的大结构和大进程增添具体内容。而且，对于个案研究而言，马克思主义史学是有明确条件的，要求“所选择的个案必须是在同类历史现象中最具有代表性、特征显露最充分的现象，而且最好是在某种意义上能反映出同类现象发展趋势和方向的现象”[①]。一般来说，典型个案往往包含着可以反映某个历史阶段、某个历史现象的大量信息，研究者把它们置于显微镜下进行细致的观察，可以捕获到与该个案有关的那个时代、那个历史现象的细节，该微观研究从而成为人们认识此个案所发生的那个时代、那个现象的一扇窗户。由此，该个案及研究结果也就有了其独特的历史价值和意义。可以说，个案代表性的确定，是个案选择的关键。一般来说，个案的代表性越广泛，通过个案研究所得出的结论也就越可靠。由于个案选择的代表性直接影响结论的可靠性，所以对于个案研究所得出的结论，通常需要不断地进行再检验和再修正。

---

① 《史学理论大辞典》，安徽教育出版社 2000 年版，第 154 页。

可以说，与宏观历史主题相联系的微观研究完全可以成为整体历史的组成部分，或者成为观察整体历史的一个很好的视角和途径。如果微观研究脱离了历史的整体背景，一味孤立地处理研究对象，那么微观研究的结果势必是不合乎历史发展全貌而失去其研究价值。正如英国剑桥大学文化史教授彼得·伯克指出的，“微观史学家研究的是无足轻重人物的生平或小社区的麻烦，这就把历史琐碎化了”，“如果微观历史研究想要规避回报递减法则，那么其实践者应更多关注更大范围的文化，并展示小社区和大历史趋势之间的关联”。[①]

［原载《河北学刊》2019 年第 4 期］

① ［英］彼得·伯克：《历史学与社会理论》，姚朋等译，上海世纪出版集团 2001 年版，第 48—49、51 页。

如何正确运用中国当代史料刍议

中国当代史料种类繁多，例如，档案文献、文集文稿、传记年谱、口述回忆、书信日记、报纸杂志、民间资料、视觉史料等，可谓琳琅满目；从数量而言，官方机构、学术团体、民间个人以及国外等各种渠道编辑出版的史料，也称得上汗牛充栋。丰富的史料对于推进中国当代史研究发挥了不可或缺的作用。然而，由于研究者的立场和预设观点不同等原因，中国当代史料运用中出现了因伪造史料、篡改史料、裁减史料而产生的伪史料问题；口述史料中也存在由于口述者情感立场、记忆失误和知识局限等造成的错误史料问题；还有学者在史料解读中做不到客观准确，不尊重史料，以偏概全，得出片面观点。如此种种，都在一定程度上影响了中国当代研究的健康发展。在当今信息时代的大背景下，学术领域的伪史料、史料失实、错误解读等问题通过网络迅速向社会传播，一般社会人士对史料的真伪等缺乏判断能力，从而使这些史料问题在社会上广泛流行，造成恶劣的社会影响。

中国当代史料是中国当代史研究的基本素材，是研究者复原和认识客观历史的“中介”。为便于研究者利用史料，一些学者对中国当代史料的主要种类及编纂出版情况进行了概括、归纳和分析。[①] 然而，对于史料

---

① 参见张注洪：《当代中国史研究中的文献史料问题》，《当代中国史研究》2006 年第 5 期；刘建平：《历史与政治学视野中的党史文献编纂》，《中国图书评论》2008 年第 9 期；韩钢：《近三十年来党史资料的整理、编纂和利用》，《中共党史研究》2010 年第 7 期；邓群刚：《当代中国民间文献史料的搜集、整理与利用现状综述》，《中共党史研究》2011 年第 9 期；等等。

运用中所存在和应该注意的问题，却鲜有人专门论及。本文对目前中国当代史料运用中所存在的问题进行了粗略梳理，并对如何正确运用史料、解读史料进行了初步思考，以期对中国当代史研究者有所帮助。

一、中国当代史料运用中所存在的问题

（一）伪史料问题

伪史料是历史研究中经常遇到的一个问题，中国当代史领域也不例外。何为伪史料？荣孟源曾指出："凡本无其物，凭空制造的；伪造原物，冒名顶替的；窜改原物，混淆真相的，不论是实物、文字或口碑史料等，都是伪史料。"[①]"制造""伪造""窜改"，这些词语说明伪史料的产生，往往有着明确的主观动机，伪造者通过种种手段伪造歪曲史料，目的就是达到其预设的观点和结论。

在中国当代史领域，由于涉及新中国成立后中国当代政治、经济、外交、领导人活动等层面的档案文献公布得并不多，造成一些重大历史问题的史料出现空白点，一些人从而不惜伪造史料，为自己的论断提供支撑。例如，整风"反右"运动研究中，多年来一直存在伪史料的问题。关于整风运动的起因，早在20世纪50年代香港出版的一本书中就指出，"鸣放"是毛泽东建立"新国际组织的秘密计划"的一个步骤，并说这一计划遭到苏联的反对。书中说苏联于1957年6月间发出一个明确的国际指示，"社会主义的国家里面，中国人民内部有矛盾，苏联国家的人民，没有这种矛盾的。中国共产党不考虑国际环境，独自标新立异，倡导鸣放，影响整个国际团结的发展"；还说："中国人民内部，究竟有何种矛盾，必须采取鸣放与整风。在目前的世界资本主义帝帮对整个社会主义国家环攻之下，我们的国际主义者的处境是特别危险的，一切问题也是特别严重的，一切也要客观地审慎，合一步伐，无论人民有何种内部的矛盾，此时的当前，皆不需要一个政治性的鸣放和整风。公开宣扬鸣放政策和整风运动，是给资本主义帝帮一个便利以袭击我们。同时，也是

---

① 荣孟源：《史料与历史科学》，人民出版社1987年版，第61页。

无形中违害了国际主义，影响了国际团结。毛泽东同志的这种主张，犯了右倾思想，机会主义的错误，务必纠正这种右倾思想的发展，扑灭这种机会主义的存在。”又说刘少奇接受了苏联的上列指示，提出“要与毛泽东为首的右倾思想机会主义作严重斗争”，建议“召开人代大会，公决右派分子的罪行，予以惩处，结束鸣放，以免影响国际与国内的纠纷”。[①]该书对这一史料没有注明来源，学界也没有发现任何资料表明毛泽东曾有建立“新国际组织的秘密计划”，将整风运动归之于此，很明显是主观揣测臆断。但是，仍有研究者根据这一伪史料，得出“毛泽东决定放弃新方针而转为反右，实际上是向刘、彭‘靠拢’”[②]的结论，以解释整风运动转向反右派斗争的原因。

关于反右派斗争中被划为右派的人数及平反情况，史学界历来有不同说法。《中国共产党历史》第二卷出版后，中共中央党史研究室第二研究部编著的《〈中国共产党历史〉第二卷注释集》对右派人数及平反情况进行了详细说明，指出 1957 年反右派斗争中，全国共划了右派分子 55 万余人。1959 年至 1964 年，先后五批摘掉了 30 余万人的右派分子帽子；1978 年为所有右派分子统一摘帽，但是维持右派原案、只摘右派分子帽子、不应改正的，全国尚有 3000 余人；对于这 3000 余人，对他们的历史功过给予正确评价，恢复其政治权利，适当安置了他们的工作和生活。另外，被划为“中右分子和反社会主义分子”的 31.5 万人，也一律给予平反。[③]这其中的数字与 2009 年发表的一篇文章所披露的数字大相径庭。该文指出：“据中共中央公布的资料，1957—1958 年共划右派 552973 人，1978 年以后‘改正’552877 人。不予改正的有章伯钧、罗隆基、储安平、彭文应、陈仁炳和全国各地共 96 人。扩大化 5759.1354 倍，错划比率占 99.99%。所谓‘必要性’只占万分之 1.736；又据解密后的中央档案，全国划右派总共是 3178470 人，还有 1437562 人被划为

---

① 《中国人民二二七鸣放革命重要经过报告书》，（香港）当代出版社 1957 年版，第 47—49 页。

② 朱正：《两家争鸣——反右派斗争》，（台北）允晨文化实业股份有限公司 2001 年版，第 617 页。

③ 中共中央党史研究室第二研究部编著：《〈中国共产党历史〉第二卷注释集》，中共党史出版社 2012 年版，第 285—287 页。

‘中右’（中右者也受到不同程度的处罚）。实际上戴帽的‘右派分子’不是55万，而是55万的5.6倍！”[①]至于中共中央公布的资料和解密后的中央档案是何时出台的何种文件，该文并没有具体注明，只注释“参见ks.cn.yahoo.com2007-10-03”（该网址已经不存在——笔者注）。中央党史部门在官方史著中引据的数字通常来源于档案或者相关权威著作，真实性比较高，从而较广泛地为学界所认可。而后者披露的数字虽然精确到个位，但说全国右派和中右分子达到460多万人，夸大了反右派斗争扩大化的严重程度，文章又没有公布这些数字的可靠来源，使这些数字有伪史料之嫌。但是由于冠以中共中央公布的资料和解密后的中央档案的名义，这些虚假数字似乎具有了合法性而在网络上广泛传播，造成不良影响。

还有人为了得出自己的结论，公然篡改、裁减史料，以虚假史料支撑自己的错误观点。例如，荷兰学者、香港中文大学历史系教授冯客（Frank Dikoetter）的著作《毛泽东的大饥荒》声称参考1000多份档案文件，在其中一份“只发给（1959年）3月25日上海锦江饭店会议参加者的绝密会议纪要”中指出：“毛泽东下令征购粮食总产量的三分之一，这个额度，是史无前例的。毛泽东说：‘粮食收购不超三分之一，农民造不了反。’‘不够吃会饿死人，最好饿死一半，让另一半人能吃饱。’”实际上，关于“粮食收购不超三分之一，农民造不了反”的谈话，是1959年3月28日李先念作《关于粮、棉、油购销问题和财贸方面几个问题》报告时毛泽东的插话；而“死一半”之说，是毛泽东在3月26日薄一波作《关于第一季度工业计划执行情况和第二季度的安排》报告时的插话里提到的。毛泽东说：“对工业，这三个月要确实的抓一下，要抓紧，抓狠，抓实。工业方面的领导上要出秦始皇。要完成计划，就要大减项目。1078个项目中还应该坚决地再多削减，削到500个。平均使用力量是破坏大跃进的办法。大家吃不饱，大家死，不如死一半，给一半人吃饱。”[②]可见，“不如死一半”的比喻，完全是针对工业领域里的基建项目。冯客

① 郭道晖：《毛泽东发动整风的初衷》，《炎黄春秋》2009年第2期。

② 李慎明、李捷主编：《还原历史的本原》，中国社会科学出版社2014年版，第459、461页。

随意裁剪、拼接史料，刻意将毛泽东说的工业问题扭曲成粮食问题，将毛泽东说的让一半基建下马歪曲成毛泽东蓄意牺牲一半中国人，无非是夸大毛泽东对三年困难时期饥荒问题的责任，妖魔化毛泽东的形象。

类似这些任意篡改史料、恶意歪曲史料的行为，深为学者所不耻，他们纷纷撰文予以批驳。例如，2005年张戎等出版《毛泽东：鲜为人知的故事》一书后，2008年11月香港大风出版社出版了英国威尔士卡迪夫大学历史系教授班国瑞、英国伦敦经济政治学院比较政治学高级讲师林春共同主编的《传记还是杜撰——海外学者评〈毛泽东：鲜为人知的故事〉》一书，汇集14位国际知名中国问题专家学者的文章，批驳揭露张戎如何故意歪曲历史资料来证明自己的观点，指出张戎根据自己的目的选择性地使用证据，对相反的证据则完全无视；引用资料断章取义；不适当地引用一些不可能核查的数据；使用推测作为确定无疑的事实；没有确凿的证据或者根本没有证据就轻率地作出绝对的结论，等等。

（二）误史料问题

如果说伪史料包含着造伪者明确的主观动机，那中国当代史料中还有一种错误史料是史料制作者无意识造就的，这类史料多见于回忆录和口述史料，是由于口述者情感立场、记忆失误和知识局限等造成的，即便是一些领导、专家、名人，也无法完全避免。

由于许多重大历史事件的亲历者还健在，他们的回忆录和口述史料成为中国当代史研究领域不可或缺的资料来源。自20世纪80年代以来，大批回忆录和口述史料出版面世，内容涉及中国当代史领域的方方面面，有效地弥补了档案文献资料不足的缺陷。然而，口述史料存在自身的重大缺陷，“一室之事，言者三人，而其传各异”[①]。例如，关于华国锋是否阻挠邓小平复出的问题，史学界有不同的意见，关于这一问题当事人的回忆也有很大不同。吴德口述指出，1976年10月，华国锋在一次政治局会议上宣布了三条：第一条是请邓小平出来工作；第二条是要在中央会议上堂堂正正地出来；第三条是要为邓小平出来工作做好群众工作。会

① 方苞：《方望溪全集》，中国书店1991年版，第163页。

后，李先念、陈锡联、吴德一起去北京西山看望邓小平，表达了中央请他出来工作的愿望。[①]也有人使用别的材料指出："其实，1976年10月份的时候邓小平还在宽街处于封闭状态，根本没在西山。刚粉碎'四人帮'后，中央政治局也没有谈及邓小平的问题，为了先稳定大局，甚至还提出了'继续批邓'，引起了老同志和社会的不满。"[②]这种不同回忆的出现，可能是回忆者个人情感、立场不同，或回忆年代久远的缘故。

有时因为对历史了解不全面，也会造成错谬。例如，曾担任陈云秘书的一位老同志在回忆"以邓小平同志为核心的第二代中央领导集体"这一说法的来龙去脉时指出："1989年6月8日，陈云在修改李鹏代表中央政治局在首都党政军干部大会上的讲话稿时批了一句话，'倡导改革开放的是以邓小平同志为核心的党中央'。11月10日中顾委全会的公报正式使用了'小平同志是我们党的工作和军队工作、经济建设和改革开放以及其他各项事业的总设计师'的说法。所以说，以邓小平为核心的党中央和邓小平是改革开放总设计师的提法出自陈云。"忆者披露陈云首先提出"以邓小平同志为核心的党中央"，这一点非常珍贵，但同时认为"邓小平是改革开放总设计师"的提法也出自陈云，却是值得商榷的。翌年，有研究者对这一问题进行了明确考证，指出1985年7月26日李鹏出访美国，在回答美国记者提问时向媒体宣称"邓小平主任（邓小平时任中共中央顾问委员会主任）是中国四个现代化建设的总设计师"，这是"总设计师"的提法第一次公开出现于党和国家领导人的讲话中，并被国内媒体正式报道。1989年5月25日，李鹏在会见外宾时明确宣布："中国改革开放的总设计师是邓小平同志，而不是别的什么人。"[③]

（三）对史料的不当解读

在对史料的解读运用中，向来存在对同一史料有不同看法的现象，中国当代史研究也不例外。例如，在反右派运动研究中，对1957年1月

---

① 参见朱元石等访谈、整理：《吴德口述：十年风雨纪事——我在北京工作的一些经历》，当代中国出版社2004年版，第255页。

② 程冠军：《叶选基讲述粉碎"四人帮"与邓小平复出》，《同舟共进》2012年第2期。

③ 陈亚杰：《"总设计师"称谓的来龙去脉》，《中共党史研究》2006年第4期。

毛泽东《在省市委自治区党委书记会议上的讲话》这一史料的解读就存在截然不同的看法。有人认为这一讲话是“引蛇出洞的战略部署”，“是从鸣放到反右真正的转折点”。[①] 有人则认为虽然毛泽东这一讲话谈到了对付民主人士和知识分子的办法，但是“这些都仅仅说明他的思想中有发动一场反右派斗争的因素，却不能说这时他已经在计划开展这场斗争了”[②]。这种现象，既与研究者的历史知识积累有关，更与研究者的立场、角度密不可分。历史作为已经发生的事实是相当客观的，历史研究却是主观的行动。由此，研究者的历史观、价值观，自然会影响到其对史料的研读。

研究者的分析角度不全面，也可能造成面对无误的史料却得出不准确的结论。例如，在近年来学术界对右派言论本身的内容及思想价值的研究中，有的研究者认为，1957 年知识界右派言论“实质只是一场关于什么是社会主义、如何建设社会主义的大讨论。在这场夭折了的思想解放运动中，知识分子们以极大的政治勇气和智慧，对如何把中国建设成为一个民主、法治、自由、平等、经济发展、科学文化繁荣以及社会生活各领域充满生机与活力的新型社会主义国家，进行了创造性的思考和探索，使自己当之无愧地成为 20 多年后终于在中国大地上掀起的改革开放事业的思想先驱”[③]。这种观察将 1957 年知识分子对刚刚建成的社会主义社会的自发感受上升为对什么是社会主义、如何建设社会主义的自觉反思，不免夸大了其思想价值和意义。有的研究者对基层右派的言论进行研究，分析他们对统购统销、农业合作化和人民生活的不满和抱怨，从而得出党在农村社会出现了统治危机的结论。应该指出的是，右派毕竟只是当时整个社会中的一小部分人，其言论只是一小部分人的看法和意见，不代表当时社会意识的主流，不代表大多数人民群众对党和国家政策的主体意见。如果将右派言论等同于社会的主体看法甚至普遍意见，恐怕有以偏概全之嫌。

① 李慎之：《毛主席是什么时候决定“引蛇出洞”的》，《炎黄春秋》1999 年第 1 期。

② 朱正：《1957 年的夏季：从百家争鸣到两家争鸣》，河南人民出版社 1998 年版，第 540 页。

③ 丁学志：《1957 年知识界右派言论研究：以对政治体制的反思为中心》，华中师范大学 2006 年硕士学位论文。

还有的研究者面对客观史料时，脱离历史实际进行想当然的分析评价，得出荒谬的结论。例如，有人在对改革开放前新中国的住房问题进行研究时，将毛泽东到全国各地时居住过的宾馆等全部划归毛泽东名下，称毛泽东为那个时代的“房爷”。这种歪曲解读，反映了一些人刻意抹黑毛泽东的主观用意。

二、对如何正确运用中国当代史料的初步思考

中国当代史料及其运用中所存在的上述问题，说明在中国当代史研究中，正确对待史料、准确解读史料是非常必要的。针对伪史料、误史料问题，必须开展相应的史料鉴别工作——辨伪、正误，使伪史料的真面目暴露于史学界而为研究者所摒弃，使误史料中的错误之处得到纠正而准确揭示历史真相。与此同时，以正确的原则和立场来解读史料，使史料的主观解读尽可能接近客观历史事实，尽可能准确揭示历史发展规律。

（一）史料鉴别：辨伪、正误

辨伪是针对中国当代史料中的伪史料而言的。对于一些研究者披露的没有史料来源抑或是背离基本历史事实的伪史料，第一，要敢于质疑。不能盲目接受、轻信，敢于在历史事实的基础上予以质疑。对于与目前所披露数据出入较大的数字资料，尤其不能轻易接受。中央文献研究室、中央党史研究室等官方修史部门主持撰写编著的中共党史著作，相关史料基本来源于档案或权威著作，虽然公布时有的没有注明档案来源，但准确严谨，值得信赖。第二，对于存疑史料，要以第一手资料为准。一些研究者披露的来源不清、明显与现有资料相悖的史料，仍应以现有史料为准；对于打着档案名义披露的一些与基本史实明显不符的资料，要多方面核对其来源，认清并批驳其歪曲改造之处。中国当代史领域的第一手资料，除了档案文件、文集文稿外，中央文献研究室编撰的人物传记年谱、中央党史研究室撰写的史著等，都是基于大量档案资料，大多可视为第一手资料。第三，及时整理伪史料。对于史学界出现的伪史料，

要及时组织开展批评、辨别工作，对于已经认定的伪史料，要整理出名单，向学术界公布，提醒研究者尤其是青年学者注意。

对于中国当代史料中的误史料，要有针对性地开展正误工作。第一，要坚持口述史料与文献资料相印证的原则，通过相关文献资料的对照，辨别并纠正口述史料中的错误之处。例如，1980 年朱德秘书陈友群曾回忆指出："五〇年四月中宣部起草的'五一'口号中，最后两条是'中华人民共和国万岁！''中国共产党万岁！'毛主席在后面加了一个'毛主席万岁！'" 2010 年张素华查到 1950 年《庆祝五一劳动节口号》的原始档案，说明胡乔木起草初稿时就有"毛主席万岁"，后经刘少奇改动发表，最后两条为"伟大的中国共产党——中国人民胜利的领导者与组织者万岁！""伟大的中国人民领袖毛泽东同志万岁！"[①] 要谨慎对待得不到文献史料印证、比较的口述史料，单纯将口述史料作为记述历史的唯一渠道，很难保证历史的真实。第二，无法得到文献史料印证的口述史料，则要多方征集同一事件当事人的记述，这样可以互相印证一些错误之处。一般来说，不同回忆者对同一事件的说法不同时，应尊重多数人的意见。例如，《新文学史料》1998 年第 1—2 期发表了黄伟经《文学路上六十年——老作家黄秋耘访谈录》一文，对 1957 年中国作协反右派斗争的情况进行回顾。该文发表后，当年中国作协的部分当事人纷纷写信、写文章，指出黄秋耘访谈录中的错误之处。《新文学史料》编辑部在 1998 年第 4 期将这些来函和文章一字未动全部予以编发，更全面、准确地反映了当年中国作协反右派斗争的情况。从这些文章来看，黄秋耘对作协反右派斗争时的回忆有不少不准确之处。遗憾的是，《文学路上六十年——老作家黄秋耘访谈录》于 1999 年出版时，并没有将这些更正文章收录其中，这种访谈录就不能不引起研究者的注意。

（二）准确解读史料

中国当代史研究中，能否做到准确而深入地解读史料，既与研究者

---

① 陈文君：《"毛主席万岁"口号的由来——访中央文献研究室第一编研部副主任张素华》，《党的文献》2010 年第 5 期。

的史学功底即掌握党史知识的广度和深度有关，又与研究者的史识即分析评价历史的立场、态度密不可分。一定程度上说，掌握史料固然重要，而准确地解读史料对研究者而言更重要。

第一，必须坚持正确的历史观和研究立场。马克思主义史学倡导以唯物史观为根本指导，站在人民群众的立场上，坚持正确的原则和方法，把历史事件和历史人物放在当时的历史条件下和具体环境中进行研究，只有如此才能对史料进行准确解读，最终获得接近历史事实、符合历史发展规律的认识。例如，对于新中国土地改革这场以广大农民根本利益为出发点的革命运动，如果不考虑新中国初期仍然尖锐的阶级矛盾和封建势力的抵抗，甚至站在地主等剥削阶级立场来观察问题，那么对土地改革史料必然作出另类解读，得出错误的评价结论。

第二，要对中国当代史料的性质和特点有全面的了解和把握。中国当代史料丰富而多样，其中不少具有各自的优势与缺陷，这就需要研究者在史料运用中对史料的性质和特点有全面的了解和把握，在运用和解读史料时注意“避短”，克服史料之缺陷。例如，知青文学史料以其表达的历史记忆而成为知青上山下乡运动研究的主要史料来源之一，这类史料丰富地展现了知青上山下乡运动的面貌，但是存在作者主观感受极强等缺陷，这类史料必须经过与历史文献资料相互印证后才能使用。再如，反右派运动中的右派言论集，属于特定历史时期产生的批判史料，当时整理和印刷这种史料，都是供内部批判，因此不可避免地带有断章取义、“欲加之罪，何患无辞”甚至歪曲原意的特点，以此为依据来研究言论的思想价值是要非常谨慎的。又如，当代民间文献史料（主要包括文件、账簿、信函、日记、笔记等）以其反映底层社会的政治、经济、文化状况和普通农民的日常生活、人际交往、家庭关系、个人境遇等而成为中国当代社会史研究的主要史料来源之一，这类史料中的日记、笔记等对于研究社会心理是非常难得的，同时也要看到记载者难免会受到时政的影响，因而具有较大的主观性和片面性，运用时需要与历史事实相对照；而且这类史料一般以大队、村社为单位，资料分散，且个案性强，因此是否具有典型性和普遍意义是研究者要十分注意的。

第三，要坚持“有一分史料说一分话”的原则。研究者必须在掌握充足可靠史料的基础之上，才能对历史作出正确的解读。在实际的历史研究中，穷尽史料又是不可能的，因此“有一分史料说一分话”应成为历史研究的基本准则和常识。近年来，研究者对基层档案文献的重视、挖掘和利用，使基层个案研究成为中国当代史研究的一个重要领域。在这种研究中，尤其要重视区域差异的存在，同样的历史事件在不同的基层区域往往有不同的历史面相。在这种情况下，坚持“有一分史料说一分话”，不妄作由点到面、由微观到宏观的推论是非常重要的原则，做到这一点，个案研究才不失其丰富历史面貌的价值。

［原载《党的文献》2014 年第 6 期］

计量史学方法在当代中国史研究中的运用

计量史学方法，不是指运用简单的数字作为论据说明历史现象，而是指运用数学方法、统计学方法和电子计算机技术，通过各种数据关系和创建数学模型来论证说明历史现象并揭示其内在联系。这一方法兴起于20世纪50年代的美国，六七十年代扩展到西欧、拉美，70年代末80年代初被介绍到中国。由于新中国成立以来的各种数字统计资料比较健全，这种方法马上引起了当代中国史研究者的重视，很快便出现了运用计量史学方法进行研究的成果。经过30多年的发展，计量史学方法在中国当代经济史、人口史、社会史、军事史乃至政治史研究中都得到了不同程度的应用，计量史学研究以其鲜明的科学性、客观性推动了这些学科的健康发展。与此同时，计量史学方法本身存在的使史学陷于枯燥以及研究者主观态度影响结果的客观性等局限在研究中也暴露出来。

本文通过回顾计量史学方法在当代中国史研究中的运用，总结分析这一方法的优势及局限，并对如何在当代史研究中弥补和修正这一方法的局限做出思考，以期对学界掌握、运用这种方法有所帮助。

一、计量史学方法在当代中国史研究中的运用

20世纪70年代末之前，在中国史学界，“整个说来，历史学基本上

是定性研究，而极少考虑量的因素”[①]。这种定性研究虽然在某种程度上能够确定历史事物的某些特征和本质，却不易表示它们的量；虽然可以揭示历史现象之间的联系和影响，却不能测定这种联系和影响的程度大小。新时期要继续推进历史研究，就需要借助量的分析，因此计量史学方法被介绍到中国后得到史学理论界部分学者的高度重视和大力倡导，80 年代中期还出现了“计量史学热”。但是由于传统史料尤其是古代统计资料相对匮乏，计量史学方法本身的理论探讨虽然很多，真正运用这一方法开展研究的史学成果却很少。然而，在当代中国史研究领域，计量史学方法得到了比较充分的运用，并涌现了一批代表人物和代表作。

（一）当代人口史领域

人口史研究离不开统计数字。新中国成立后，于 1953 年、1964 年、1982 年、1990 年、2000 年、2010 年进行过六次全国性人口普查，留下了大量的人口普查数据，为计量史学方法的运用创造了有利条件。基于此种有利条件，当代人口史研究成为较早运用计量史学方法的领域之一。

1985 年，西安交通大学人口研究所蒋正华最先运用数学模型方法计算新中国成立以来历年的人口出生率和死亡率，在此基础上估算出三年经济困难时期非正常死亡人数。[②]此后，三年经济困难时期非正常死亡人口的数量一直是研究者运用计量史学方法进行热烈讨论的一个重点问题。[③]

在人口演化规律研究中也经常运用数学模型分析方法，即以新中国成立以来的人口数据为基础，建立中国人口演化的模型，探索中国人口随时间演化的规律，并在此基础上对中国人口发展趋势进行预测。魏高

---

① 蒋大椿、李洪岩：《历史计量方法研究概述》，《世界史研究动态》1992 年第 1 期。

② 蒋正华、李南：《中国人口动态估计的方法与结果》，载《中国人口年鉴》（1987），经济管理出版社 1988 年版，第 94—106 页。

③ 孙经先：《关于我国 20 世纪 60 年代人口变动问题的研究》，《马克思主义研究》2011 年第 6 期；金辉：《“三年自然灾害”备忘录》，《社会》1993 年第 Z2 期；曹树基：《1959—1961 年中国的人口死亡及其成因》，《中国人口科学》2005 年第 1 期。

峰、龙克柔的文章《中国人口演化模型与中国未来人口预测研究》[①]，龙姝明、刘英娟、杨乐、刘利梅的文章《人口演化的双指数模型与中国人口预测》[②]等都运用了数学模型方法。

总的来看，统计方法是当代人口史研究中最常用的方法，即通过对数据的简单运算，以数字或表格的形式对当代人口发展和变化进行数量分析，总结人口流动、人口发展的规律。如黄海英的《1957—1965年中国城乡人口迁移流动与城乡关系研究——以广东省为个案》[③]，大量运用了统计数据，经作者运算得出的表格有14个，对于科学准确分析1957—1965年广东省城乡人口迁移的状况以及广东省城乡关系与城乡人口迁移之间的关系发挥了一定的作用。

（二）当代经济史领域

经济史是经济学与历史学的交叉学科，其经济学的固有特性与数理需要使经济史研究中的量化分析更为必要。20世纪80年代以后，计量史学方法成为经济史研究者一种必不可少的研究手段。截至目前，可以说当代经济史是中国史学界采用计量史学方法最充分也最富有成效的学科。

与人口史研究类似，当代经济史研究者普遍运用的仍是数量统计方法，即根据统计数据进行数量运算、制作表格，对历史现象间的相关关系进行数量分析。在这方面，中国社会科学院经济研究所董志凯的研究具有代表性。首先，她运用计量史学方法研究一些重大历史事件对中国社会生产力的作用。如1987年，针对美国学者德·金·珀金斯所提出的“土地改革主要是由于政治的原因而不是经济的原因”，“土地改革对

① 魏高峰、龙克柔：《中国人口演化模型与中国未来人口预测研究》，《科技咨询导报》2007年第13期。

② 龙姝明、刘英娟、杨乐、刘利梅：《人口演化的双指数模型与中国人口预测》，《平顶山学院学报》2010年第3期。

③ 黄海英：《1957—1965年中国城乡人口迁移流动与城乡关系研究——以广东省为个案》，华南师范大学2007年硕士学位论文。

生产也许具有消极影响”[①]的观点，董志凯充分运用计量史学方法研究了土地改革的经济原因及其对中国社会生产力的促进作用。尤其在分析土地改革对生产力的作用时，她根据《中国统计年鉴》、地方档案等资料中1949—1953年有关统计数字，计算了中国农业总产值、主要农产品产量、人均粮食产量、农具耕畜数量、播种面积、灌溉面积、化肥用量、面积产量、社会商品零售总额的城乡比例、出口商品额构成，等等，构建了13张数量表格，直观、有力地说明了土地改革对中国生产力的巨大解放和促进作用。此后，董志凯陆续发表了一系列类似的研究成果。[②]其次，在对中国经济某些产业部门作长时段历史梳理时，董志凯也充分运用了数量统计方法。如计算统计了1949—2004年中国盐业的总量发展和结构变化以及盐税占国家税收比重的变化，由此分析盐业产销体制的变化和变革；[③]采用把农村基本建设投资在国家固定资产投资中所占比重的文字阐述和数字统计分析相结合的方法，回顾了半个世纪以来农村基础设施投资的历史。

20世纪80年代中后期，当代经济史研究还出现了建立经济运行的数学模型对中国经济运行的状况和经济发展史进行系统的数量分析、评价的研究成果。如河南省社会科学院经济研究所段宾通过建立关于国民经济运行中主要变量间一般数量关系的函数组，分析评价1953年以来新中国的经济发展史，取得了良好效果。[④]

（三）当代社会史领域

当代社会史也是计量史学方法运用较多的领域。马克思主义经典作

① ［美］德·金·珀金斯：《中国农业的发展（1368—1968）》，宋海文等译，上海译文出版社1984年版，第141页。

② 董志凯：《三大改造对我国工业化初创阶段的两重作用》，《中共党史研究》1989年第1期；《“大跃进”运动对中国工业建设作用辨析》，《中共党史研究》1996年第2期；《朝鲜战争与新中国经济》，《中共宁波市委党校学报》2001年第5期。

③ 董志凯：《当代中国盐业产销的变迁》，《中国经济史研究》2006年第3期。

④ 段宾：《新中国经济史的宏观数量分析》，《中国经济史研究》1989年第3期；《中国工资水平发展史的数量分析（1953—1987）》，《中国经济史研究》1991年第3期；《中国资本、资本效率、工资水平和技术进步状况的历史分析（1952—1990）》，《中国经济史研究》1993年第4期。

家在研究资本主义社会的过程中都注重运用数量统计方法来揭露资本主义的剥削实质。《资本论》除运用简单的四则运算外，还大量使用了比例关系、函数关系、不等式及众多的统计图表。列宁在《帝国主义是资本主义发展的最高阶段》一书中也引用了大量数量统计资料，从资本的积聚和集中、生产规模的扩大、雇佣工人的增多等多方面论述分析自由资本主义向帝国主义的过渡。这说明数量分析可以成为社会研究的一个重要手段，社会史研究也不例外。

20 世纪 80 年代末期，中国社会科学院社会学所朱庆芳等人就开始探索通过选取几十项重要指标，组成能概括、描述中国社会发展情况的综合指标，构建社会发展指标体系，全面地衡量和评价新中国成立后的社会综合发展以及各省（市、区）的社会发展水平。自 1987 年起，朱庆芳发表了《我国社会发展指标体系初探》《建国四十年社会发展指标的评价》《从社会指标体系看改革开放以来中国社会发展》《建国以来社会经济发展水平的综合评价》等一系列成果。[①] 与此同时，他们还构建了小康指标体系、社会保障指标体系、社会和谐指标体系、经济和社会协调发展指标体系等专题指标体系，对专题领域的社会发展状况进行评估，取得了良好的社会效益。

社会史领域有许多内容尤其是与经济密切相关的经济社会史适合进行量化研究。例如就业问题，就业率与失业率是必不可少的数据。1996 年冯兰瑞在研究中国第三次失业高峰问题时，就用国际通用的公式（即失业率是失业人口除以劳动力供给总量）计算了 1986—1995 年中国的失业率，并分析了《中国统计年鉴》用“城镇登记失业人数除以城镇从业人数加城镇登记失业人数之和”这一计算方法的缺点。[②] 就业弹性系数也是研究新中国就业历史经常运用的分析工具。如孟聪慧、曾帆的《1978

① 朱庆芳：《我国社会发展指标体系初探》，《社会学研究》1987 年第 4 期；《建国四十年社会发展指标的评价》，《社会学研究》1989 年第 6 期；《从社会指标体系看改革开放以来中国社会发展》，《当代中国史研究》1996 年第 3 期；《建国以来社会经济发展水平的综合评价》，《当代中国史研究》1998 年第 6 期。

② 冯兰瑞：《中国第三次失业高峰的情况及对策》，《社会学研究》1996 年第 5 期；《关于“九五”末期失业率及计算方法》，《社会学研究》1998 年第 4 期。

年以来我国就业基本情况分析》就以就业弹性系数分析 1979—1995 年中国就业状况的变化。[①] 此外，研究城乡收入差距和各阶层收入差距，也是以工资、补贴、税费等数量计算为基础的。

值得注意的是，当代社会史研究中也出现了运用数理模型进行研究的成果。如刘精明的《“文革”事件对入学、升学模式的影响》一文，采用了 Cox 比例风险模型来分析新中国成立后至“文化大革命”期间具有不同社会背景的个体的入学、升学概率，借以研究“文化大革命”对学生入学、升学的影响。[②]

（四）当代军事史及政治史领域

受重定性而轻定量分析这一传统的影响，当代军事史研究缺乏精确的定量分析，加上一直未能建立充实的数据库，使得当代军事史上许多重大问题都没有统一的、准确的数字，从而在一定程度上影响军史研究通过准确的定量分析得出正确的定性结论。自 20 世纪 80 年代中后期开始，军史学界有学者一直呼吁军事历史研究“需要克服缺乏定量分析和作风不严谨的弊病”“在军事历史研究中应引入定量分析的方法，在表述时注重数字的准确性和严肃性”[③]。多年来，当代军事史研究者也做了不少努力，在运用计量史学方法方面取得了一些进展，尤其是与数字密切相关的军史研究中，数量统计方法得到了充分应用。例如，徐焰的《新中国军费开支的历史演变》一文就以数据为基础，统计了 1950—2009 年每年军费开支的数量和所占国家财政支出以及 GDP 的比例，实事求是地分阶段总结了军费演变的特点，驳斥了国际上就中国军费数字增长大加渲染炒作“中国威胁论”的论调。[④]

---

① 孟聪慧、曾帆：《1978 年以来我国就业基本情况分析》，《中山大学研究生学刊》（社会科学版）1998 年第 2 期。

② 刘精明：《“文革”事件对入学、升学模式的影响》，《社会学研究》1999 年第 6 期。

③ 徐焰：《军事史学研究方法断想》，《军事历史》1987 年第 2 期；《关于军事历史定量化研究的问题——美国军事历史学家杜派的学术观点及实践》，《军事历史》1988 年第 4 期；《研究军事历史要注重定量分析和数字严谨》，《军事历史》2010 年第 2 期；《我国军事历史研究亟待创新》，《学习时报》2011 年 9 月 12 日。

④ 徐焰：《新中国军费开支的历史演变》，《晚霞》2011 年第 14 期。

当代政治史领域也有运用计量史学方法加强定量分析的成果。如有的学者以地方档案为基础，将整风中的“鸣放”论作为解释变量，“右”的性质为被解释变量，构建起一个ordinalprobit模型，来分析哪些言论最容易导致被划为“右派”[①]。应该说，这是一种新的尝试。

总的来看，在当代中国史研究领域运用的计量史学方法主要包括两类：一类是统计学方法，一类是数学方法。相比较而言，一些简单的统计学方法，如计算总量、平均数、频率、百分比等比较容易运用；而数学的方法，如相关分析、回归分析、构建数理模型等则需要有较高水平的数学统计理论基础。在中国古代、近代史研究中，计量史学方法的运用主要限于简单的统计方法，而在当代中国史领域，由于一些人口学、经济学、社会学专业学者的加入，数学方法与统计方法同样得到充分运用，通过构建数理模型进行量化分析的成果很多，从而使当代史领域的计量史学研究获得了比较深入的发展。

此外，在当代中国史研究中还出现了一种计量史学方法的新趋势，即运用量化方法来做文本内容分析，也就是通过对文字的表述作数量统计，从史料使用某一词语的次数和频率来研究历史现象，总结其中的特点和规律。如《中共党史研究》1999年第4期、2003年第1期分别刊登了日本学者村田忠禧的《通过对字词使用的计量分析研究中共党史》《从改革开放以来的党代会政治报告的词语变化来看中共十六大的特点》，将新中国成立后每五年举行一次的中国共产党全国代表大会上的政治报告作为研究素材，通过对报告中使用字词出现频率和表达方式的变化研究中国共产党的方针政策的变化。这种计量方法虽然不是直接计算数据，而是从研究对象中统计抽取相关数据，再通过数据分析政策变化，但是仍不失为运用计量史学方法的积极探索。

二、计量史学方法在当代中国史研究中的功效和局限性

对于计量史学方法的功用，有的学者曾评论：“量化方法对于研究历

---

① 曹树基、李楠：《划分“右”派：以桐柏县档案为基础的研究》，《学术界》2010年第1期。

史上某些问题，不容否认的是一种利器。”[①]作为一种“利器”，计量史学方法在当代中国史研究中发挥了怎样的作用?

首先，计量史学方法的运用，不仅使传统定性研究中的模糊认识得到量化验证而更趋于严谨和精确，而且可以获得仅靠定性分析达不到的认识，从而有效弥补了当代中国史研究中定性分析的不足。

传统史学定性分析的主要缺陷之一，就是采取一种模糊的语言来解释历史，而在影响历史发展的众多因素中，很多是可以用计量方法来精确度量的。例如，分析“大跃进”运动对中国工业建设的影响，传统史学定性分析会说“‘大跃进’运动对我国工业建设产生了严重影响”，究竟“严重”到何种程度，却是需要进行量化分析的。董志凯在《“大跃进”运动对中国工业建设作用辨析》一文中，运用了大量统计数字来说明 1958—1960 年积累与消费的比例、工农业投资的比例、工业总产值增长速度的下降和工业固定资产原值增长速度的放慢，比较准确地说明了“大跃进”对中国工业建设的影响。[②]

再如，不经定量分析、仅用定性分析方法对新中国成立以来的宏观经济发展史做出准确描述是比较困难、复杂的，而建立关于经济运行的数理模型能使这一复杂的问题得到有效解决。段宾在《新中国经济史的宏观数量分析》一文中根据历年统计资料，建立了国民消费水平增长函数和经济增长函数，即国民经济运行的宏观数量模型，然后利用这一模型建立了 1953—1985 年间中国经济动态表和中国经济动态图，并且对这期间的中国经济发展史分阶段做了详细的分析，得出了一些准确的认识：如 1953—1985 年，经济增长不稳定，出现三次经济衰退，经济增长率大起大落；投资生产率水平较低且不稳定；积累率水平较高，变动幅度较大；居民消费水平增长率偏低且不稳定，有 7 个年份为负增长或接近零增长，有 6 个年份居民消费水平增长实际上只是恢复性的增长，并没有给居民消费水平带来实质性的提高；人口增长率过高，影响了居民消费水平的提高等。[③]

---

① 杜维运:《史学方法论》，北京大学出版社 2006 年版，第 140 页。

② 董志凯:《“大跃进”运动对中国工业建设作用辨析》,《中共党史研究》1996 年第 2 期。

③ 段宾:《新中国经济史的宏观数量分析》,《中国经济史研究》1989 年第 3 期。

其次，运用计量史学方法可以帮助研究者揭示历史规律、发现并预测历史趋势，从而强化当代中国史的史学价值。

研究历史过程和现象，揭示历史发展规律，从而以史为鉴，用以指导现实，这是史学的主要社会价值之一。揭示历史规律，需要分析历史过程和现象所固有的相互关系及其密切程度，而分析相互关系最为详尽的方法是相关分析，即借助专门的指数对关系的紧密程度做出评价。朱庆芳等人探索构建的社会指标体系，就是通过选择主要社会指标组成指标体系，对新中国成立以来我国历年社会经济的发展情况进行综合评价，同时对发展中的进步和差距进行比较分析，从中揭示社会发展中的弊病和不安定因素，及时提供给决策部门参考。例如，她在《改革开放以来我国社会经济发展水平和协调度的综合评价》一文中，选择了 37 个重要指数（其中社会经济指数 25 个，社会秩序指数 6 个，社会稳定指数 6 个），分成社会结构、人口素质、经济效益、生活质量、社会秩序、社会稳定 6 个子系统，用加权综合指数法计算出分类和综合指数，分析 1978—1996 年的社会发展变迁。根据综合指数，文章得出“改革开放以来 18 年的社会经济发展水平速度大大超过了改革前 26 年的增长速度”的结论；根据社会经济指数，得出“教育经费和社会投资比例过低，与经济发展不协调”的结论；根据社会稳定指数，分析指出：“从今后几年看，失业率、贫富差距仍将呈上升趋势，通货膨胀率的压力仍将存在，它将影响社会稳定指数的增长。”基于这些分析，文章提出了“当前首要的任务是处理好失业和下岗职工的安置和救济问题，稳定物价，对几千万贫困人口进行扶贫和救济，防止城乡差距、贫富差距的进一步扩大，走共同富裕的道路”的建议。①

就探讨历史演变趋势并进行预测而言，计量史学方法具有其他任何研究方法所不能替代的独特功用。回归分析是研究相关关系的一种数学工具，把它用在历史研究中，首先就是探寻历史上相互依赖、相互制约的变量之间的数量关系，即建立数学模型，然后用某种方法给出未来期

① 朱庆芳：《改革开放以来我国社会经济发展水平和协调度的综合评价》，《社会学研究》1997 年第 5 期。

间外生变量的数值，将这些数值代入数学模型，计算出要预测的变量的未来值。“利用回归分析，使历史学家能够预测而且应该预测。”[①]在当代中国史研究中，不乏这样有价值的成果。

例如，以历史上的人口数据为基础，建立中国人口自然增长率模型，总结出中国人口自然增长率的演化规律，对中国未来若干年的人口变化趋势做了较为科学的预测，以期为人口政策的科学制订提供一定的依据，这是当代中国人口史研究的一项主要目标，不少学者在这方面做了很多努力和尝试。龙姝明等人根据 1970—2009 年的人口数据制作了人口自然增长率数据的曲线图，得出中国人口自然增长率呈指数衰减形式的规律，从而建立了双指数衰减模型。作者用这一模型计算、预测了 2010—2051 年的中国人口，得出了“如果中国的计划生育国策持续 40 年保持不变，中国人口自然增长率必定维持在较低水平，中国未来 40 年内人口大量增长的可能性极小。保守估计，到 2050 年中国总人口数不会突破 16 亿”的结论[②]。虽然这种预测不可能是绝对准确的，但是给人们指出了一种趋势。

计量史学方法在显示其突出功效的同时，也呈现出自身固有的局限性。如计量史学方法的单纯、过度运用，使史学不断丧失自身的特性和功能，这主要是指运用计量史学方法的研究者们日益倾向于通过复杂的统计图表、数学公式来表达他们的研究成果，从而使史学变得越来越抽象、难懂，离传统的叙述体越来越远。“如果历史研究的成果完全用演算过程、函数公式、统计图表等形式语言来陈述，不仅让一般读者感到枯燥无味，而且有悖于历史科学的性质。”[③]

更重要的是，计量史学方法在当代史学科中的运用并不是所向披靡，一用即灵，尤其是数学模型分析也并不像它所标榜的那样科学和客观。例如，对于三年经济困难时期非正常死亡人数这同一个历史问题，学者们均用数学方法进行研究，却得出大相径庭的结论。如蒋正华通过建立

① 李振宏：《历史学的理论与方法》，河南大学出版社 1999 年版，第 505 页。

② 龙姝明、刘英娟、杨乐、刘利梅：《人口演化的双指数模型与中国人口预测》，《平顶山学院学报》2010 年第 3 期。

③ 李振宏：《历史学的理论与方法》，河南大学出版社 1999 年版，第 505 页。

参数估计模型等方法，估算出“在困难时期非正常死亡总人数约为 1700 万人”[①]。金辉运用“某年出生人数 = 当年年底人口总数 × 当年人口出生率；某年死亡人数 = 当年年底人口总数 × 当年人口死亡率”以及“出生人口 - 正常死亡人口 + 总人口减少值 = 非正常死亡人口”这两个公式重新计算，得出“1959 年至 1961 年三年灾难中，中国大陆人口的非正常死亡的绝对数字，低限值也在 4000 万之巨”的结论。[②] 曹树基在基本肯定金辉研究方法的基础上，以 1953 年和 1964 年人口普查数据为基础，通过各地地方志中记载的资料，计算出各地灾前、灾后的人口增长速度，求得 1958 年和 1961 年的人口；用 1958 年人口减去 1961 年人口，所得为净减少人口，即非正常死亡人口的一部分。再加上大饥荒时期超过正常死亡人口的自然增长人口，所得为减少人口或称全部减少人口，再加净迁移人口，所得为这一地区的非正常死亡人口，从而重建 1959—1961 年中国各地非正常死亡人口数。其计算结果表明，1959—1961 年中国的非正常死亡人口多达 3250 万。[③] 而孙经先根据精减职工户籍漏报和出生漏报的原则修正了 1960 年人口数字，计算出“我国 1960 年人口比 1959 年增加了 620 万”[④]。姚齐源、宋晓丽在肯定孙经先研究的基础上，运用概率论中的数理统计方法（回归法），以实际数据为基础求得“阶段人口生态曲线”模型，并根据模糊数学理论方法，将异常死亡分成“最低（异常死亡）数”“最可能（异常死亡）数”“最高（异常死亡）数”三种，估算出三年困难时期中国异常死亡人数最低不少于 769 万人，最高不多于 942 万人，最可能数字是 812 万人。[⑤]

为何计算出的结果差异如此巨大？首先，有的研究者的计算方法本身存在问题。金辉所用“某年出生人数 = 当年年底人口总数 × 当年人口出生率；某年死亡人数 = 当年年底人口总数 × 当年人口死亡率”这一

---

① 蒋正华、李南：《中国人口动态估计的方法与结果》，载《中国人口年鉴》（1987），经济管理出版社 1988 年版，第 106 页。

② 金辉：《“三年自然灾害”备忘录》，《社会》1993 年第 Z2 期。

③ 曹树基：《1959—1961 年中国的人口死亡及其成因》，《中国人口科学》2005 年第 1 期。

④ 孙经先：《关于我国 20 世纪 60 年代人口变动问题的研究》，《马克思主义研究》2011 年第 6 期。

⑤ 姚齐源、宋晓丽：《三年困难时期异常死亡人数新探》，《经济纵横》2014 年第 5 期。

公式，并不是人口统计学的基本公式。人口统计学的基本公式为：某年出生人数 =（上一年年底人口总数 + 当年年底人口总数）÷ 2 × 当年人口出生率；某年死亡人数 =（上一年年底人口总数 + 当年年底人口总数）÷ 2 × 当年人口死亡率。计算公式是错误的，结果自然是不正确的。其次，研究者的主观态度影响研究结果的客观性。美国历史学家柯林武德曾经指出："统计学研究对于历史学家来说，是一个好仆人，却是一个坏主人。进行统计学上的概括对于他并没有好处，除非他能由此而窥探他所进行概括的那些事实背后的思想。"[①] 数学方法在史学中运用的一个关键步骤就是提出假设，假设条件决定了公式的形成，并最终直接影响计算结果。如蒋正华研究三年困难时期非正常死亡人数时所建立的数学模型，有两个基本假定条件，即国内户籍迁移对人口变动的影响可以忽略不计、人口异常减少是由死亡漏报引起的。而这两项假定是他的研究遭到指责的一个重要原因。相反，孙经先的研究则是以"国内大规模的人口迁移，可以造成数额巨大的户籍人口异常变动"为假定前提，认为 1956—1959 年从农村到城市的人口大迁移中有 1144 万人重报了户籍，这些重报的户籍在 1960—1964 年间被注销；1960—1964 年从城市到农村的人口大迁移中有 1510 万人漏报了户籍，这样造成 1960—1964 年间我国户籍统计人口减少了 2654 万人。这两种研究中的假定哪一种是历史事实，有待于对 20 世纪五六十年代的户籍登记和统计做出进一步深入研究。能够肯定的是，假定条件的对与错直接决定了研究成果的是与非，也就是说，在计量史学方法的运用中，如果"所用的假设与历史事实相反"，那么这种研究肯定是"质量欠佳"的。[②]

三、对如何正确运用计量史学方法的思考

计量方法作为一种研究方法，只是史学研究者运用的工具。能否正确利用好这一工具，直接决定了研究成果的价值和成效。在中国当代史

① ［英］柯林武德：《历史的观念》，何兆武、张文杰译，商务印书馆 1997 年版，第 320 页。

② ［英］罗德里克·弗拉德：《计量史学方法导论》，王小宽译，上海译文出版社 1997 年版，第 4 页。

研究中，如何正确运用这一工具呢？

首先，必须坚持正确理论的指导。虽然计量史学方法是以技术手段处理问题为主要内容，具有鲜明的准确性和客观性。但是，它时刻都离不开理论指导。作为一种研究方法和手段，它可被任何一种理论或学派所使用，因此，计量史学研究的结论是否符合历史实际，不仅取决于研究者运用它的科学程度，还取决于研究者所持理论的科学程度。苏联学者科瓦利琴科曾深刻指出："历史研究中数量方法的成就，将首先取决于它的质的、实质的内容方面，而这方面本身又有赖于历史学所依据的历史认识论和方法论的性质。数量方法必须具有彻底的历史主义原则的马克思主义的历史认识理论和方法论，才能保证在历史研究中最客观最有效地采用。"①

其次，坚持定性分析与定量分析相结合。任何一种方法在历史研究中，其价值都不是万能的，其运用范围都不是无止境的。计量历史学只是"存放着各式各样方法的'军火仓库'中的一种武器"，只能在"相当有限的条件下"起作用。②因为历史是由有意识、有目的的人创造的，历史的无限丰富性与复杂性使得很多历史现象是无法用数量关系来表示的，单靠数量关系不可能真正揭示出历史的本质和规律。为了深入揭示历史事物的本质和规律，在对历史事物进行定量分析的同时，还必须进行定性分析。定性分析，是在对历史事物给予综合的分析与解释后确定历史事物的最终性质或属性的基本方法。在研究某一历史事件时，除了考察其规模程度时需要借助定量分析之外，更重要的是在马克思主义唯物史观的指导下通过分析研究，指出它的性质、历史地位及局限性等，这就是历史的定性分析。由此可见，定性分析是历史研究最重要的环节，在历史研究中承担着定量分析不可替代的任务。

正因如此，史家非常强调定量分析与定性分析相结合。可以说，定性是定量的依据，定量是定性的具体化，两者结合起来灵活运用才能取得最佳效果。如受到国际历史学界高度评价的《计量史学方法导论》一

---

① 李振宏：《历史学的理论与方法》，河南大学出版社 1999 年版，第 516 页。

② ［英］杰佛里·巴勒克拉夫：《当代史学主要趋势》，杨豫译，上海译文出版社 1987 年版，第 135 页。

书强调：定性与定量两者不可分解地联系在一起，“定量问题补充定性问题，定量证据补充定性证据；两者无法相互取代，两者各自也不能以了解整个历史学的研究而自命”[①]。运用计量史学方法，只有与定性分析相结合才能有效避免研究通篇充满大量数据和数学公式使史学陷于枯燥无味的弊病，才能准确地揭示和说明历史事物，发挥计量史学方法所应有的作用。前述中国当代史领域董志凯、段宾、朱庆芳等人的一些计量史学研究之所以取得成功，注意定性与定量分析相结合是其中的重要经验。

总之，计量史学方法的运用，必须在唯物史观的指导下，并与定性分析相结合，才能发挥出它在史学研究中的积极作用。

［原载《当代中国史研究》2013 年第 6 期］

① ［英］罗德里克·弗拉德：《计量史学方法导论》，王小宽译，上海译文出版社 1997 年版，第 3 页。

心理史学方法在中国当代史研究中的应用

心理史学是20世纪中期在西方伴随“新史学”发展而新兴的一种历史研究模式，是“运用心理学的理论、方法和手段，说明历史人物或社会集团的行为，对各种历史现象做出心理学解释的一种新史学方法”[①]。改革开放以后，伴随着西方史学在中国的传播，心理史学方法也开始传入中国，20世纪80年代我国史学界陆续出现了运用这种方法研究历史人物心理和社会群体心理的研究成果。而这种方法在中国当代史研究中的应用，起步于20世纪80年代末90年代初，21世纪以后出现较集中的研究成果。在这些成果中，有的较好地将这种方法与唯物史观相结合，充分运用相关资料，继承了我国史学研究的严谨性和实证性，从而避免了西方心理史学研究中的主观臆断性和心理决定论；有的则生搬硬套心理学中的情感、意识、动机等概念，在资料使用上无法体现心理史学特点，从而无法对历史人物和历史现象作出深层研究；有的则脱离社会实践，片面研究人物心理、社会心理，甚至陷入心理因素决定论的窠臼，在社会上产生不好的影响。多年来，史学界对心理史学方法在中国当代史研究中的应用，虽然做过一些研究概况的介绍[②]，但是一直没有进行系

---

① 庞卓恒、李学智、吴英:《史学概论》，高等教育出版社2006年版，第299页。

② 如郭德宏的文章《中国现代社会心理和社会思潮研究述评》（《中国现代社会心理和社会思潮学术研讨会论文集》2004年8月）介绍了史学界对1949年以后社会心理的研究概况；王静的《党史研究应借鉴心理史学的研究方法》（《党史研究与教学》2001年第1期）对党史界研究领袖人物心理和社会心理的有关情况作了简要评述。

统梳理和评析。为了更好地推动这种研究方法在中国当代史研究中的正确运用，笔者不揣浅陋，对心理史学方法在中国的传播和在中国当代史研究中的应用进行梳理，并尽可能作出粗浅评析，以期对以后的研究有所裨益。

一、我国史学界对心理史学的认识

作为现当代西方史学领域的一门新兴学科，心理史学是由奥地利著名心理学家弗洛伊德创立的。1910 年，他率先运用精神分析理论写出了关于达·芬奇的传记《利奥纳多·达·芬奇和他童年的一个记忆》[①]，这本书被认为是心理史学的最早著作和杰出范例。弗洛伊德的这种研究方式虽然没有立刻引起巨大反应，但在当时西方历史学界产生了影响。1913 年，美国史学家普里泽夫德·史密斯的文章《以精神分析观点看路德的早期发展》，是美国史学界最早尝试应用精神分析理论的研究。H.G. 巴恩斯于 1919 年发表了《心理学与历史》一文，探讨心理学与历史学之间的关系，初步奠定了心理史学的理论基础。1938 年，法国年鉴学派的第一代学者吕西安·费弗尔发表《历史与心理学——一个总的看法》一文，主张历史必须与心理学联合，取得心理学的有力支援。按照他的意见，历史学家既要研究对历史的巨大业绩作出某种贡献的混乱的无名人群的活动，也要研究某些被称为历史人物的个人指导行为。[②] 在这些历史学家们的倡导下，心理史学在西方逐渐发展起来。

我国史学界很早就对心理史学予以关注。如梁启超 1921 年在南开大学讲授中国历史研究方法时，就强调治史者应研究社会心理，尤其要考察社会心理与个人心理的关系。他说："吾以为历史之一大秘密，乃在一个人之个性何以能扩充为一时代一集团之共性？与夫一时代一集团之共性何以能寄现于一个人之个性？申言之，则有所谓民族心理或社会心理者，其物实为个人心理之扩大化合品，而复借个人之行动以为之表现。"

① 参见［美］大卫·斯坦纳德：《退缩的历史——论弗洛伊德及心理史学的破产》，冯钢、关颖译，浙江人民出版社 1989 年版，第 2 页。

② 田汝康、金重远：《现代西方史学流派文选》，上海人民出版社 1982 年版，第 47—48 页。

在他看来，“史家最要之职务，在觑出此社会心理之实体，观其若何而蕴积、若何而发动、若何而变化，而更精察夫个人心理之所以作成之表出之者，其道何由能致力于此，则史的因果之秘密藏其可以略睹矣”①。当时我国的马克思主义者也主张用心理学来加深历史研究。如 1924 年李大钊在《史学要论》一书中谈到历史理论研究时指出，历史理论家欲图历史理论的构成，必须下一番功夫去做特殊事实的研究，以作历史理论的基础，“同时又须采用生物学，考古学，心理学，社会学，及人文科学等所研究的结果，更以征验于记述历史”，这样历史理论的研究，方能做到好处。② 此后，我国史学界在译介西方史学理论时多有提及心理史学这种方法，如朱谦之的《历史哲学》（1926 年）、何炳松译鲁滨逊的《新史学》、绍特韦尔的《西洋史学史》、胡秋原的《历史哲学概论》（1947 年）等，但是一直没有运用这种方法开展研究。

第二次世界大战后，心理史学开始在整个西方兴起，并逐渐发展为以美国为中心的心理史学（以弗洛伊德精神分析学说为理论基础）和由法国年鉴学派开创并倡导的心态史学（以集体的观念和意识形态为对象）两大流派。新中国成立后，我国史学界在很长时期内由于传统史学观念的影响及对唯物史观的机械理解，认为心理史学方法强调意志、意识、欲望等心理作用，与强调物质决定作用的唯物史观是对立的，因此研究中不涉及人的心理领域，也不可能借用心理学的方法来研究历史。直到改革开放后，西方新史学理论和方法被介绍到中国，美国心理史学和法国心态史学令我国史学工作者耳目一新，开始从马克思主义史学角度对这种史学方法予以重新认识。

第一，批驳对唯物史观的片面理解，认为心理史学方法与唯物史观的关系不是对立的。有学者指出，唯物史观核心观点强调“物质决定意识”，此处的“物质”实指人们的物质实践活动，而“人们的物质生产实践并非是单纯的物质活动，而是包括了劳动者的目的、意志、能力等精神因素的。近代以来，精神、智力因素在物质生产中所起的作用越来越

① 梁启超撰、汤志钧导读：《中国历史研究法》，上海古籍出版社 1998 年版，第 123 页。

② 李守常：《史学要论》，商务印书馆 2000 年版，第 93 页。

大。可见，人们的物质生产实践是精神因素和物质因素的统一体”[①]。由此“物质决定意识”本身与人们的意志、意识、情欲等心理活动不是对立的，也即唯物史观与心理史学方法不是对立的关系。

第二，梳理马克思主义经典作家关于人类心理活动的论述，强调唯物史观是重视人的心理活动的。如罗凤礼指出，虽然马克思、恩格斯强调历史过程中的决定性因素归根结底是现实生活的生产和再生产，但他们并未忽略人的意志的作用。他回顾了恩格斯的有关论述，如“人们自己创造自己的历史”，不是“经济状况自动发生作用”，人们是有意向、有意志的，只因为“他们的意向是相互交错的”，因此历史发展的结果往往是“谁都没有希望过的事物”，仿佛是“偶然性在支配着”；尽管这种偶然性的背后隐藏着归根结底由经济发展所决定的“规律”，“各个人的意志——其中的每一个都希望得到他的本质和外部的、归根到底是经济的情况（或是他个人的，或是一般社会性的）使他向往的东西——虽然都达不到自己的愿望，而是融合为一个总的平均数，一个总的合力，然而从这一事实中决不应作出结论说，这些意志等于零。相反地，每个意志都对合力有所贡献，因而是包括在这个合力里面的”。[②]邹兆辰的《当代中国史学对心理史学的回应》也指出，避讳历史创造者们的主观方面也即心理方面，并不是马克思、恩格斯的本意，相反他们认为研究历史上的人类活动是不能避开人的头脑的。他梳理了恩格斯的有关论述，如“决不能避免这种情况：推动人去从事活动的一切，都要通过人的头脑”，即使是像吃、喝这样最基本的人类活动，也是要通过人的头脑的感觉而开始或停止的；“外部世界对人的影响表现在人的头脑中，反映在人的头脑中，成为感觉、思想、动机、意志，总之，成为‘理想的意图’，并且通过这种形态变成‘理想的力量’”。“如果一个人只是由于他追求‘理想的意图’并承认‘理想的力量’对他的影响，就成了唯心主义者，那么任何一个发育稍稍正常的人都是天生的唯心主义者了，这样怎么还会

---

① 蒋大椿：《当代中国史学思潮与马克思主义历史观的发展》，载《〈历史研究〉五十年论文选（理论与方法）》（下），社会科学文献出版社 2008 年版，第 824 页。

② 罗凤礼：《历史与心灵——西方心理史学的理论与实践》，中央编译出版社 1998 年版，第 122 页。

有唯物主义者呢？”[①]

第三，作出“心理史学方法与唯物史观的关系是统一的”结论。在上述分析的基础上，有关学者进一步探讨心理史学与马克思主义史学的关系。如陈静的《心理史学方法与唯物史观关系探讨》就认为“心理史学从属于唯物史观”。她指出，唯物史观认为人民群众是历史的创造者。因此，研究历史，就要研究人民群众的活动，要搞清楚特定时代的普通大众喜爱什么，憎恶什么，追求什么，都离不开对人们的心理分析。但是由于传统史学忽视普通民众对历史发展的作用，有关民众生产活动的史料记载很少，造成对普通民众生活研究的困难。为突破这一障碍，需借助一些新的史学方法，其中包括心理史学的方法。因此，“可以说心理史学的发展是用唯物史观指导进一步深入研究历史的客观需要”[②]。罗凤礼也认为：“重视研究人的行为与心理，以及应用现代心理学来从事这种研究，不仅与马克思主义不相矛盾，而且恰是马克思主义史学题中应有之义，将会促进马克思主义史学健康发展。”[③]

第四，提出以唯物史观来帮助克服心理史学发展的瓶颈。西方心理史学方法把逻辑起点放在独立于历史运动主体的“驱力”或“环境”上面，或强调个人心理行为的作用，得出心理驱力决定社会现实的“驱力—现实”模式，陷入心理因素决定论；或把社会历史进程看作环境迫使人做出的机械反应，得出社会现实决定心理驱力的“现实—驱力”模式，陷入外在环境决定论。从这种逻辑出发，很难对历史现象作出科学的解答。

怎样摆脱这种困境呢？我国有学者认为借助唯物史观，可突破心理史学方法的困境。他们提出以下建议：（1）把心理史学方法的逻辑起点置于唯物史观的指导之下。也就是“应该从人们的生产生活实践中，从人们实际的物质生活过程中，去找到人们的心理和人们的社会现实发生

① 邹兆辰：《当代中国史学对心理史学的回应》，《史学理论研究》1999 年第 1 期。

② 陈静：《心理史学方法与唯物史观关系探讨》，《山西高等学校社会科学学报》2010 年第 22 卷第 8 期。

③ 罗凤礼：《历史与心灵——西方心理史学的理论与实践》，中央编译出版社 1998 年版，第 123 页。

变化的原因和规律”[①]。（2）用阶级分析的方法，将人的行为、动机与其阶级特性相联系。阶级分析方法是马克思主义史学与西方心理史学的一个重要区别，而在阶级社会里任何人都生活在一定的阶级环境里，都是具有一定阶级特性的人，其行为、动机与其阶级特性是不可分的，所以用阶级分析的方法，可以对心理史学起到充实和加强其说服力的作用。[②]

第五，倡导创立马克思主义的心理史学体系。如何建设一门在唯物史观基础上的心理历史学？很多学者进行了思考，作出了有益的探索。如1992年出版的彭卫的心理史学专著《历史的心境——心态史学》，是国内第一部力图揭示历史深层奥秘的心理史学著作。该书不仅介绍了国内外心理史学的研究状况，还详细阐述了心理史学在我国历史研究中的应用领域，指出心态分析方法可以运用于历史人物的研究中，不仅让历史人物栩栩如生，还可以展现个人与社会的联系；可以在文化史研究中一试身手，对民族文化心理历史进程予以剖析；可以广泛用于政治史研究，政治心理、政治人格、政治动机、政治信念等既是分析政治历史的概念，也是分析政治历史的程序；可以为方兴未艾的社会史研究做出独具一格的贡献，拓宽研究视野，掘进研究深度；经济史可以由于历史心理分析的契入增添新的内容；心态史学也有助于深化军事史的研究；法律史研究中，心态史学侧重分析罪犯心理和犯罪心理；运用心态史学有助于分析不同的阶级、阶层和社会集团在不同历史时期的集体心理状况，在社会认识、情感和行为中所形成的持续倾向，把握其变化的原因、特点和规律；在思想史研究中，可以着重分析失意、沮丧、兴奋、愉快这类心理状况对思想进程的影响，还可以研究社会心理与社会思潮的关系；心态史学为史学史研究也提供了一些新的观察视角，对作品、作者和受众进行心理分析；在抽象的历史哲学中，心态史学可以作出独特贡献，研究动机形成、需求影响、个人和群体价值观念，帮助人们理解偶然性与必然性的关系、创造历史的主体的活动根源和活动方式、个人在历史

① 庞卓恒主编：《史学概论》，高等教育出版社1995年版，第193页。

② 罗凤礼：《历史与心灵——西方心理史学的理论与实践》，中央编译出版社1998年版，第123页。

上的作用等重大课题。[①]

通过上述对心理史学方法的重新认识，我国史学界在方法论层面上逐渐接受了这一研究方法，从20世纪80年代中期开始就出现了运用心理史学方法进行历史研究的成果[②]。总体来看，最初的研究集中于对中国古代、近代历史人物心理和社会心理进行分析，对中国当代历史人物心理和社会心理的研究起步稍晚，80年代末90年代初出现相关研究成果，较集中的研究则呈现于21世纪。

二、中国当代史研究中的心理分析

心理史学方法在中国当代史研究中主要应用于两个方面，一是研究个体历史人物的心理，二是研究不同时期、不同群体的社会心理。据笔者所见，最早对当代历史人物个人心理开展研究的成果是1989年中央党校《中国党政干部论坛》第5期、第8期先后发表的两篇论述毛泽东在1966年“文化大革命”前后的心态的文章，即金春明的《一篇奇特的自我解剖——〈毛泽东致江青的信〉试析》和胡为雄的《自我解剖的奇特还是自我信心的显溢——就对毛泽东致江青信的理解与金春明教授商榷》，这两篇文章没有更多借助于国内外的心理学理论，却是从严谨的历史材料出发，实实在在地研究毛泽东的心理问题。山东大学的学术期刊《青年思想家》最早组织发表了对当代史上社会心理进行研究的文章，即1991年高鉴国、李芹的文章《非常岁月的社会心理》，该文运用社会心理学有关理论，分析了“文化大革命”时期普通群众的社会平等意识、革命“认同感”和遵从心理三种心理特质，从社会动机方面具体分析“文革”时期的社会心理结构、特点，并从近代中华民族的生产方式和心理

① 彭卫：《历史的心境——心态史学》，河南人民出版社1992年版，第27—45页。

② 1986年，我国的权威学术刊物先后发表年轻的史学博士莫世雄、马敏的两篇论述近代商人心理的文章，参见莫世雄：《护国运动时期商人心理研究》，《历史研究》1986年第4期；马敏：《中国近代商人心理结构初探》，《中国社会科学》1986年第5期。之后又有学者考察义和团运动、五四运动等历史事件，从中探索影响事件发生的社会心理机制，参见邹兆辰：《五四运动的爱国精神与社会心理》，《北京师范学院学报》1989年第2期。

素质、新民主主义革命的胜利对现代社会的影响、新中国成立以后的社会主义道路、“文革”时期特殊的社会环境4个方面考察了“文革”时期社会心理的历史和社会成因。[①]1995年，张静如在其《唯物史观与中共党史学》一书中，指出社会心理是一个非常值得研究的领域，呼吁在党史研究中，既要纵向考察不同时期的各种社会心理，又要横向分析同一时期内不同阶级、阶层、职业、群体的社会心理。[②]与此同时，郭德宏也提出应将心理史学方法运用于中共党史研究，强调：“解释抗日救亡运动的兴起、‘大跃进’和‘文化大革命’的发生，就不能仅仅分析某个人的作用，还应该分析当时大多数人的社会心理。只有这样，才能深刻揭示这些历史运动发生的原因。”[③]这些都推动了心理史学方法在中国当代史研究中的应用，在21世纪出现了大量的研究成果。

（一）关于领袖人物的个人心理

目前中国当代史领域对个人心理的研究，仅限于领袖人物，且大多集中于对毛泽东心理的研究。究其原因，一方面是领袖人物对历史的影响大，毛泽东晚年的思想和行为中又存在诸多令人费解的关键环节；另一方面是与领袖人物相关的心理资料比较多，特别是反映毛泽东心态的第一手资料包括其论著、笔记、回忆、通信、诗文等史料非常丰富，尤其是2003年出版的《毛泽东传》对于毛泽东临终前的心理活动有很多的介绍[④]，不仅起到了披露相关资料的作用，而且意味着对心理史学方法的认可。这些都大大推进了相关研究。

对毛泽东心理开展的研究有三种类型，第一种是单纯以毛泽东的心态为研究对象，并不运用心理学的理论和方法进行分析。这类研究最典型的是史学界围绕毛泽东1966年7月8日在武汉写给江青的信而展开的，以此解读毛泽东发动“文化大革命”的晚年心态。这方面的专题论文有金春明的《一篇奇特的自我解剖》（《中国党政干部论坛》1989年

---

① 《启蒙与行动：青年思想家20年文选》下册，山东大学出版社2006年版，第40—47页。

② 张静如：《唯物史观与中共党史学》，湖南出版社1995年版，第135页。

③ 郭德宏：《关于深化中共党史研究的几点思考》，《中共党史研究》1997年第4期。

④ 逄先知、金冲及主编：《毛泽东传（1949—1976）》（下），中央文献出版社2003年版。

第 5 期）、胡为雄的《自我解剖的奇特还是自我信心的显溢》（《中国党政干部论坛》1989 年第 8 期）、许全兴的《毛泽东在接班人问题上的踌躇》（《毛泽东思想》1990 年第 3 期）、辛鸣的《过分清醒的现实主义——从〈致江青的信〉看毛泽东晚年心态》（《毛泽东思想论坛》1994 年第 2 期）、刘林元的《决战前的忧虑和不安心态的坦露》（《南京社会科学》1995 年第 11 期）等。此外，王年一的《大动乱的年代》（河南人民出版社 1989 年版）、陈东林的《毛泽东诗史》（中共中央党校出版社 1997 年版）、陈明显的《晚年毛泽东》（江西人民出版社 1998 年版）等著作对毛泽东的这封信进行了比较具体的分析和研究。其中，毛泽东写信的动机和主旨是研究者关注的焦点，提出了“自我解剖说”“备忘录说”“阶级斗争说”“不安心态说”等不同的观点。此外，研究者们还对毛泽东“虎气”与“猴气”的自喻进行研究，探索毛泽东多元化的个性。一些研究“大跃进”时期毛泽东心态的文章也是这种类型。如张德鹏《“大跃进”时期毛泽东的心理分析》（《辽宁商务职业学院学报》2000 年第 4 期）、雍海龙《毛泽东发动“大跃进”运动的心理原因分析》（《南京农专学报》2003 年第 4 期）、王青山《毛泽东的忧患意识和大跃进》（《东南亚纵横》2004 年第 2 期）等，或者分析毛泽东的责任感、成就动机、经验与定式、自信心等方面个性心理对“大跃进”运动的发动产生的重要影响，或者总结“大跃进”时期毛泽东的急于求成心理、强烈的自我肯定意识和忧患意识等。

总体来看，这些成果虽然以毛泽东的心理、个性等为研究对象，但是研究中基本都没运用心理学有关理论，只是运用传统的史学方法来研究毛泽东的心理，只是结合历史背景进行常识性的心理解释，严格意义上说并不能称为心理史学。但是，这类研究既然以心理心态为研究对象，在所使用的资料上就有鲜明的心理史学特点，信函、诗词都饱含着研究对象的情感、心境，从而在一定程度上突破了传统史学研究历史人物的模式，向跨学科研究迈出了一步。

第二种是运用心理学理论对毛泽东心理品质进行研究，却不能与史料有机地结合。如 1993 年李克柔的《毛泽东的领袖人格及影响力》（《北京联合大学学报》1993 年第 4 期）一文就是运用了人事心理学的有关理论，探讨毛泽东的领袖人格及其影响力。文章从强制性（或权力型）影响力和自然（或非权力型）影响力两个方面考察了毛泽东领袖人格形成的历史过程，分析了作为领袖的心理品质对中国革命和建设的影响。这一研究用心理分析的方法来研究毛泽东，在当时是比较新鲜的尝试，但是该文的缺点也很突出，那就是运用的史料很少，使文章流于表层分析，比较空泛，不够丰满和深入。有的文章正好相反，虽然标明以心理学为视角开展研究，相关史料比较丰富，但是基本不涉及心理学理论和方法。如 2001 年张定鑫的文章《毛泽东晚期心态若干特点试探》(《江西财经大学学报》2001 年第 3 期)，虽然声称以“特殊心理学”或“领袖心理学”为研究视角，分析毛泽东晚年心态特点及制约其心态的历史背景，但是文章基本不涉及“特殊心理学”或“领袖心理学”的有关理论，有文不对题之感。

第三种是较好地将心理学理论与丰富的史料相结合对毛泽东心理进行深入研究的成果。如萧延中的《试论关于晚年毛泽东的整体解读》(《毛泽东邓小平理论研究》2003 年第 6 期)、《探索毛泽东晚年的生命焦虑》(《史林》2007 年第 4 期)、《毛泽东的个性密码》(《报刊荟萃》2007 年第 2 期)，就是运用个性心理学、政治心理学理论和方法，结合大量史料来对毛泽东进行心理分析的代表作。其中，《探索毛泽东晚年的生命焦虑》运用美国著名病理心理学家和政治心理学家罗伯特·利夫顿的“幸存者”的研究理路和框架，分析了晚年毛泽东“领袖意志”背后的潜意识焦虑。虽然作者强调“只把研究的关注点聚焦到‘领袖意志’背后的那个潜意识的动机上去”，但文章运用了大量具有心理学特点的历史资料，如关于毛泽东的回忆录，毛泽东的诗词、讲话、信函等，并对其历史背景和社会实践进行结合评析，从而避免了西方心理史学研究尤其是精神分析学派所存在的主观臆断性。这类研究应该说是心理史学方法在中国当代史研究中应用比较成功的，因为作为一门科学来说，心理史学的作品必须经受住两方面的检验，既要在历史学上站得住脚，又必须符合心理学的要求，能真正做到这一点是很难的。作者的观点正确与否，还需实践的检验，但是这种研究方式却是一种有意义的探索。

近年来，史学界还进一步拓展了领袖人物心理研究的范围。如赵冬倩的文章《人格因素与外交决策——毛泽东与邓小平的人格因素与中国结盟不结盟战略》(《重庆科技学院学报》(社会科学版)2010年第8期),比较了毛泽东、邓小平不同的人格对其不同的外交政策的影响,认为毛泽东实行的三个对外战略(“一边倒”“反帝反霸统一战线”“一条线”和“一大片”的国际统一战线),其实质都是结盟战略,而邓小平实行的是不结盟战略。在其战略形成过程中,除了外界环境的因素以外,毛泽东的早年经历、邓小平的“三起三落”经历对各自人格产生的影响也起了重要作用。文章研究虽然不是很深入,却提供了新的研究视角。

(二)关于特定时期、特定群体的社会心理

相比于个人心理研究,中国当代史研究中对社会心理的研究更多、更充分。一方面,这可能由于新中国成立以后的一系列重大事件,都是以发动群众运动的方式展开的,广大群众在一些运动中都有非理性的表现,他们的社会心理和社会行为对运动进程和结果都产生了很大的作用。要科学地解释“大跃进”“文化大革命”“知识青年上山下乡”“四五运动”等运动的发生,“就不能仅仅分析某个人的作用,还应该分析当时大多数人的社会心理。只有这样,才能深刻揭示这些历史运动发生的原因”[①]。另一方面,从心理史学方法来说,无论是以美国为中心的心理史学还是法国开创的心态史学,都以社会心理为研究对象,受这两种流派影响的研究者共同投入社会心理研究。

纵观20世纪80年代末以来对中国当代史领域社会心理的研究,包含两方面内容,一是对特定时期的整体社会心理研究,二是对某一时期特定群体的社会心理状况研究。

1. 关于特定时期的整体社会心理研究

这方面研究较为集中在关于“大跃进”时期和“文化大革命”时期的社会心理。前者主要有刘英华《“大跃进”时期的社会心态》(《青年思想家》1993年第5期)、陶季邑《论50年代末急于求成的社会心理》(《华中师范大学学报》哲学社会科学版)1997年第3期)、王章维

① 郭德宏:《关于深化中共党史研究的几点思考》,《中共党史研究》1997年第4期。

和郭学旺《“大跃进”时期国人社会心态探析》(《新视野》2000 年第 2 期)、王光银《“大跃进”时期群众特殊社会心理探析》(《社会主义研究》2001 年第 1 期)、谢永川《“大跃进”时期的社会心理剖析》(《重庆三峡学院学报》2001 年第 4 期)、饶志华和庞龙斌《论“大跃进”的社会心理动因》(《景德镇高专学报》2003 年第 3 期)、崔广陵《急功冒进型的社会心理与 1958 年的“大跃进”运动》(《理论学刊》2003 年第 9 期)、梁志敏《“大跃进”运动的社会心理动因探析》(《河南理工大学学报》(社会科学版)2008 年第 4 期),等等。

总体来看,这些文章虽然都归纳了“大跃进”时期的种种社会心理,并对其产生的社会原因予以分析,但是除少数文章如饶志华、庞龙斌《论“大跃进”的社会心理动因》一文运用个人社会化过程中的趋利、从众心理,领导群体的定式心理等比较专业的社会心理学理论对“大跃进”的社会心理产生予以较深入的分析外,其他绝大部分文章并没有运用社会心理学理论与方法来对当时的社会心理予以解析,究其原因,其一,受法国心态史学流派影响,因为心态史学家所运用的研究方法大多是传统的历史研究方法而并不强调运用现代心理学的方法;其二,这种状况与研究者缺乏心理学专业知识背景有密切关系。

从 20 世纪 80 年代末开始,学术界开始将心理学引入对“文化大革命”起源的研究中。如路宁《“文化大革命”时期群众变态心理探析》(《争鸣》1989 年第 2 期)分析了“文化大革命”时期群众变态心理的种种特征,如狂热的崇拜心理、病态的恐惧心理、固执的自大心理、消极的保守心理、幼稚的盲从心理、扭曲的逆反心理等,认为这些心理引爆了“文化大革命”。而且,可喜的是,已经有心理学专业的研究者投入这一研究领域。如华南师大心理系景怀斌、朱雾青、廖雅琪的《“文化大革命”发生的心理学分析》(《社会科学家》1989 年第 4 期)一文,是较早对“文化大革命”的发生做心理学分析的文章。文章主要运用领导心理学、社会心理学和文化心理学理论,对“文化大革命”的发生、发展等问题进行了分析。文章首先从个性心理学和领导心理学角度详细分析毛泽东个性特征对他发动“文化大革命”的影响,其次从社会心理学和文化心理学角度分析了“文化大革命”的理论和方法为绝大多数党政领导人和一般群众所接受的原因，最后是从心理学的群体心理角度分析“文化大革命”中的群众运动尤其是群众组织极端行为产生的原因。文章作出的心理分析比较深刻，更难能可贵的是作者还专门进行了采访，运用口述资料证实自己的分析，可以说是一篇心理史学研究的成功之作。其他专业的研究者也奉献了一些高质量研究成果，如武汉理工大学政治学系黄岭峻等的文章《集体行动的易感性与自主性——关于“文革”运动扩大化的政治心理学分析》（《武汉理工大学学报》（社会科学版）2006年第2期），则根据“文革”初期武汉地区群众组织的个案材料，从政治心理学角度分析认为“文化大革命”的扩大化主要是由于集体行动的易感性与自主性之间的交叉作用。一方面，由于集体行动的易感性，阶级斗争理论能够迅速点燃群众的革命激情；另一方面，由于集体行动的自主性，参与者的责任意识缺位，其欲求渐渐偏离发动者欲求。最终，一场民族的内乱在这种集体行动的易感性与自主性的交叉作用下不断升级。此外，朱毅的《“文化大革命”中民众的伦理心理初探》（武汉大学2002年硕士学位论文），侧重于民众的伦理心理研究，提供了“文化大革命”研究的新视角。

改革开放时期的社会心理也是近年来研究较多的题目。如李伟民《改革开放时期中国民众社会心理的嬗变（1978—1995年）》（《中山大学学报》（社会科学版）1997年第2期）、吴克昌《社会心理论——转型期中国社会心态研究》（湖南人民出版社1998年版），都分析了改革开放20多年来社会心理的变化。钟镇藩《当前我国社会心理的畸形现象及其成因分析》（《娄底师专学报》1995年第4期）则专门论述了改革开放以来我国社会心理的畸形现象，如物质生活领域的炫耀心理、文化生活领域的媚俗心理、精神生活领域的刺激心理、社会生活领域的冷漠心理，并分析了造成这些畸形心理的各种原因。总体来看，目前研究改革开放新时期社会心理的学者多是社会学专业的研究者，其研究历史性不强，缺乏史料支撑，也不研究改革开放实践与社会心理变化的互相影响，多侧重从社会学角度进行社会心理变迁的梳理和分析，很难称为心理史学研究成果。

2. 关于某一时期特定群体的社会心理研究

1949年至1956年，新中国的成立及社会主义改造的完成，使社会各阶层的地位发生了重大变化，给各阶层的心理带来了巨大震动。学界有人专门研究了这期间工人、农民、民族资产阶级和知识分子的心理变化，揭示新中国人民政权的建立和社会主义改造给社会各阶层心理带来的巨大影响，以及社会心理的变化反过来又是如何影响社会主义建设的。如2004年师吉金的文章《1949—1956年中国民族资产阶级心理之变迁》(《安徽师范大学学报》(人文社会科学版)2004年第1期)，系统考察了1949年至1956年民族资产阶级心理从新中国成立初期的疑惧到了解党的政策后的兴奋、从“五反”开始后的恐慌到“五反”结束后对共产党的服从、从过渡时期总路线公布后的犹豫彷徨到最后接受社会主义改造、走上社会主义道路的复杂心理变化。近年来，这方面问题吸引了一些研究生进行较深入的研究，如2008年南京师范大学赵先强的硕士学位论文《建国初期主要阶级阶层的社会心理变化(1949—1956)》，综合研究了工人、农民、资产阶级、知识分子的社会心理变化；2009年华东师范大学蒋永的硕士学位论文《建国初期上海民族资产阶级社会心理变化》，则专门研究了1949—1956年间上海民族资产阶级的心理变迁。值得指出的是，这些文章基本都运用了阶级分析方法，把新中国成立后各阶级的心理与其阶级地位的变化紧密相连，从而更深刻地揭示其心理变化的根源所在。

近年来，越来越多的学者认识到，“大跃进”的发生，毛泽东本人固然有责任，但更多的责任应该由当时对国家时局决策有影响力的每一个成员共同承担。在这种背景下，有人把处在特殊地位的领袖群体作为研究对象，考察了“大跃进”时期领袖群体的政治心理，在深刻分析毛泽东的政治心理的同时，也着重描述了领袖群体中其他领导人的心理，包括领袖群体中普遍存在的忧患意识、赶超心理、盲目自信心理和矛盾冲突心理等，并对其政治心理滋生的社会物质土壤、社会文化土壤、政治体制原因以及主观原因等进行了较深入的分析。[①]

“文化大革命”时期的一些特殊群体的社会心理，也是学者们关注

---

① 裴倩倩：《“大跃进”时期领袖群体的政治心理表现及原因分析》，华东师范大学2009年硕士学位论文。

和研究的对象，尤其是在“文革”中扮演非同寻常角色的红卫兵的心态成为研究的焦点。如江沛的《非常岁月的青年心态》(《青年思想家》1995年第4期)、阚和庆的《理性的迷失：红卫兵的行为和心态》(《党史博览》2002年第6期)、肖奇的《文革中红卫兵追随毛泽东的心理历史渊源》[《文史博览》(理论)2008年1月]都从社会心理学角度深入剖析了红卫兵狂热的权威崇拜心态、社会遵从心理、偏执的二元思维方式、“打倒一切”的社会越轨心理等，为全面理解红卫兵在“文革”中的行为作出尝试。2007年福建师范大学阮学旺的硕士学位论文《“文革”时期“老五届”大学生的心理嬗变之探究》，以社会心理学为研究视角，着重考察了“文革”初期“老五届”狂热的心理动机，“文革”中期“老五届”的迷惘、厌倦以及“文革”后期“老五届”理性的回归，大致勾勒出了“老五届”在“文革”期间从盲目追随毛泽东、狂热投身“文革”到自我意识觉醒、对“文革”产生怀疑及至否定和抗争的心路历程。

改革开放既给中国社会原有的社会群体带来了变化，也促使了一些新的群体产生，这些群体的社会心理及其变化都引起了研究者的关注。如有学者研究改革开放以来中国农民社会心理的变迁[①]，有人研究下岗职工的心理[②]，还有人专门研究腐败官员的社会心理[③]，分析其原因和产生的消极影响。这类成果多是从社会学角度开展研究，现实性较强。

---

① 吴传清：《改革开放与当代中国农民社会心理的变迁》，《荆州师专学报》(社会科学版)1996年第3期；《略论改革开放以来中国农民社会心理的变迁》，《华中师范大学学报》(哲学社会科学版)1996年第4期；朱启臻：《转型期农民社会心理的两重性》，《中国改革》2001年第2期。

② 李斌、毛东宝：《企业下岗职工社会心理问题现状及理论分析》，《湖南大学学报》(社会科学版)2001年第1期；黄雁玲、陆丽琼：《下岗职工的心态及其调适》，《社科与经济信息》2002年第2期。

③ 吴鹏森：《干部腐败行为的社会心理初探》，《安徽师范大学学报》(哲学社会科学版)1995年第4期；朱小宁、高小露：《权力腐败行为的社会心理透视》，《江汉论坛》2003年第4期；丁立平：《对腐败的社会心理层面思考》，《淮南工业学院学报》(社会科学版)2002年第2期；马捷莎：《析腐败现象的社会心理因素》，《思想理论教育导刊》2001年第2期。

三、评析及展望

纵观20多年来心理史学方法在中国当代史研究中的应用，尽管总体来说对心理学理论与方法的运用深浅不一，研究成果质量参差不齐，但在许多方面作了有益的探索，克服了西方心理史学的一些缺陷，以新的视角推动了中国当代史研究的深入。

早在1978年就有学者综合分析了西方心理史学本身存在的缺陷，如心理分析虽有助于对人、政治制度和社会制度的分析，但不宜用于历史研究，因为史料不足；以心理分析研究领袖人物的行为，不能解释全貌，因为人的行为尚受阶级、年龄、宗教、种族、地域、社会环境、个人特殊经验的影响；历史学者要想具备心理学特别是心理分析学的素养，非常困难；心理分析学家把人生物化，近于决定论等。[①] 在唯物史观的指导下，中国当代史领域的心理史学研究利用自身优势，克服了西方心理史学中存在的一些缺陷。

第一，充分运用具有心理史学特点的史料。西方的某些心理史学著述有一个突出的特点，只重视方法运用，而忽视对资料的考察，在研究中往往先确定要研究的问题，根据有限的资料进行“大胆的假设”，寻找问题的答案，最后再用一些“新资料”来验证假设，从而缺乏论据或论据使用牵强附会，这样的结论往往经不住推敲，带有很大的主观成分。我国当代史研究中的心理分析，无论在人物心理还是社会心理研究方面，都注意观点与史料的结合，认真地选择和运用具有心理史学特点的史料，较好地做到史论结合、论从史出，从而避免了西方心理史学中史料不足的缺陷。个中经验，一是较多地保持了我国传统史学重考据、重史料的优点，二是归功于中国当代史史料的充足。与古代史、近代史心理史学研究中存在的心理史料不足的情况相比，当代史学科在口述史料、回忆录、日记、信件、报纸等心理活动史料占有方面有很大的优越性。目前

---

① 张玉法：《心理学在历史研究上的应用》，载康乐、彭明辉主编：《史学方法与历史解释》，中国大百科全书出版社2005年版，第190—192页。

较好的研究成果都充分利用了这一点。如萧延中受罗伯特·J. 利夫顿影响，运用其著作《革命的不朽：毛泽东与中国的文化大革命》一书中提出的“幸存者情结”来分析毛泽东晚年的生命焦虑，作者列举了毛泽东在4件政治大事中的表现，来分析毛泽东的潜意识焦虑。在7000字的论述中，作者引用了毛泽东的讲话资料21种，关于毛泽东的回忆录、讲话8种，毛泽东本人的诗文信函5种。[①]这远远超过了利夫顿所引用的资料。

第二，运用历史唯物主义方法看待心理因素的作用和影响。西方心理史学主要方法论的缺陷在于他们心理学上的还原论，把社会和政治事件还原为心理的原因，把成年后的经历还原为童年的原因，从而夸大人格在历史上的作用，忽视社会物质生产和社会发展对人类行为改变的影响。如利夫顿在1968年指出：在毛泽东的思想和行为中，“‘有一个重大的深层特征尚未得到应有的注意，这就是一种生命存在意义上的绝对化倾向’。这一倾向坚持以‘要么获得一切，要么一无所有’的极端态度去直面死亡。这一特质是塑造文化大革命精神基调的最重要因素”[②]。这就把“文化大革命”的发动还原为毛泽东的“心理特质”。

我国学者在对政治事件的发生进行心理分析时，多是在承认其政治、经济、社会原因的同时，再从心理学的角度予以分析，这种方法才是真正历史唯物主义的方法。例如，景怀斌等从心理学角度分析“文化大革命”发生的原因时就指出：“‘文革’的产生，有其社会、政治、经济等原因。从心理学角度看，不光是领袖人物的心理特征、思维方式，还有当时领导心理，社会民众心态，都为‘文革’的发生打下了‘伏笔’。‘文革’不是某一个人的产物，而是历史多种因素的复合体。”[③]在这样的前提下开展的心理分析，所起的作用就是“补充历史学研究中的其他解释，而不是取代这些解释”[④]。

---

① 萧延中、曾子墨：《探索毛泽东晚年的生命焦虑》，《史林》2007年第4期。

② 转引自萧延中：《论毛泽东革命牺牲的政治学——利夫顿〈革命的永生〉一书解读及其他》，《湖南科技大学学报》（社会科学版）2006年第2期。

③ 景怀斌、朱雾青、廖雅琪：《“文化大革命”发生的心理学分析》，《社会科学家》1989年第4期。

④ ［英］杰夫里·巴勒克拉夫：《当代史学主要趋势》，杨豫译，北京大学出版社2006年版，第88页。

在历史的合力中，对历史发展最终起决定作用的是经济因素。正如恩格斯所指出的："我们自己创造着我们的历史，但是第一，我们是在十分确定的前提和条件下进行创造的。其中经济的前提和条件归根到底是决定性的。但是政治等的前提和条件，甚至那些存在于人们头脑中的传统，也起着一定的作用，虽然不是决定性的作用。"[①]在进行心理因素分析时，一定要把心理史学方法的逻辑起点置于人们的物质生产生活实践，要"从人们的生产生活实践中，从人们实际的物质生活过程中，去找到人们的心理、人们的社会现实发生变化的原因和规律"。如果做不到这一点，稍不留神就会陷入"心理因素决定论"。例如，有人研究了"文化大革命"期间民众主流意识，虽然作者承认"民众主流意识的变化是由广大人民群众的切身利益所要求和规定的"，但仍然得出"民众主流意识的形成与转变，决定了人民群众在'文革'中的态度、作用和地位，也决定了这场运动的历史进程"的结论。[②]社会心理作为一种潜在的精神力量，可以干预和调节人们的社会行为，因而也会对历史发展的面貌产生这样或那样的影响，但是如果说社会心理会决定历史进程的发展，无疑是抬高了社会心理因素的作用，无形中陷入了"心理因素决定论"的窠臼。

中国当代史领域中的心理史学研究也存在自身的不足与缺陷。

首先，表现在高质量成果不多。真正意义上的心理史学研究应当是跨学科的研究，即同时运用心理学与历史学两种学科的方法来从事的研究，在这方面当代史领域的心理史学研究符合这一标准的研究成果不多。一些对心理、心态问题进行研究的文章，只是在题目上有"心理""心态"的字样，但在方法上与传统的研究没有什么区别，只是改换一个角度来论述某一个旧问题，在学术上也没有更多的新意，这就很难称为"心理史学"方法；有些虽然标明是心理史学研究，在不同程度上采用心理学的某些概念或理论，但在资料使用上很欠缺。心理史学的特点不仅应该体现在方法上，也应该体现在资料使用上。结合心理学理论与方法，充分运用反映当时人们心态的第一手资料如论著、笔记、回忆、日记、

---

① 《马克思恩格斯选集》第4卷，人民出版社1995年版，第248页。

② 马英民：《"文化大革命"时期民众主流意识探析》，《党的文献》2003年第6期。

书信、诗文等，才能更好地体现心理史学的特点。

其次，表现为研究队伍的弱小和不稳定。心理史学对研究者素质的要求很高，既要有深厚的史学素养，又要有扎实的心理学基础。在美国，心理史学是历史学与心理学的交叉学科，从事心理史学研究的学者往往具有历史学与心理学的双重学术背景。而当前我国的史学工作者大多还不具备这方面的条件。目前从事当代史心理史学研究队伍的成员多是历史学科专业，还有少数心理学、政治学、社会学专业的研究者，他们各有自己的长处和不足。然而，除了少数比较了解西方心理史学研究的学者能够熟练运用这一方法外，精通史学和心理学的专门的心理史学的研究人员尚十分缺乏。进入 21 世纪，作为一种新的研究视角，心理史学吸引了很多年轻的研究生投入其中，以心理史学为硕士、博士学位论文选题的人不在少数，他们能够较快地学习、应用跨学科的新知识，研究成果大部分质量较高，为心理史学的发展融入了新生力量，但是毕业之后能够持续、深入地进行研究的人却不多，他们在进行了这方面探索之后，很快转变了研究方向。这些在很大程度上制约了我国心理史学的发展。

尽管如此，展望未来，在中国当代史研究中充分运用心理史学方法大有可为。总体来说就是要充分运用当代史领域心理史学资料丰富的优势，大力开拓心理史学研究范围。首先是人物心理研究。我国出版的关于当代史人物尤其是领袖人物的论著、笔记、日记、书信、回忆录、诗文都非常多，但目前在心理史学研究中运用较多的是关于毛泽东的研究，其他人物包括刘少奇、周恩来、邓小平等的研究都很少，充分运用这类资料来研究政治人物的心理活动、潜意识观点，能够弥补官方档案的不足，这是非常值得开拓的一个研究领域。其次就社会心理来说，相关资料也极为浩瀚，保存比较完整。如《人民日报》及各省省报都是研究一定时期社会心理的有效资料；一些普通人的日记也能反映出某一个时期的社会心态，近年来这类日记开始受到史学界的重视。尤其是改革开放以来的社会心理研究，目前还没有引起史学界的关注，也是一个值得开拓的研究领域。

［原载《党史研究与教学》2012 年第 6 期］

新中国社会建设史

1959—1979 年支援人民公社投资述略

支援人民公社投资[①]，是国家安排用于扶持穷社穷队发展生产、增加收入、改变面貌的专项投资。这笔资金自 1959 年开始设立，一直持续到 1979 年，共达 125 亿元。[②]这笔资金虽然列入国家财政支援农业资金口径进行统计，但是专款专用，专门用于扶助穷社穷队发展生产，不能用于非生产性的开支，更不能作为生产队的收益分配给社员。农业部、财政部和中国人民银行等有关部门还制定了严格的使用管理办法。[③]

1979 年 9 月 28 日，中共十一届四中全会通过的《中共中央关于加快农业发展若干问题的决定》指出："我国西北、西南一些地区以及其他一些革命老根据地、偏远山区、少数民族地区和边境地区，长期低产缺粮，群众生活贫困。这些地方生产发展快慢，不但是个经济问题，而且是个政治问题。国务院要设立一个有关部门负责同志参加的专门委员会，统筹规划和组织力量，从财政、物资和技术上给这些地区以重点扶持，帮助他们发展生产，摆脱贫困。对其他地区的穷社穷队，也要帮助他们尽

---

① 这笔资金，1959 年设立时称"支援人民公社投资"，1962 年改称"支援穷队投资"，"文革"时期又改称"支援农村人民公社投资"。为方便起见，本文行文统一用"支援人民公社投资"。

② 《中国农业机械化财务管理文件汇编》，机械工业出版社 1991 年版，第 94 页。

③ 1963 年 3 月 28 日，农业部、财政部、中国人民银行颁布《关于支援穷队投资的分配、使用和管理的暂行规定》；1973 年 4 月 14 日，农林部、财政部颁布《关于支援农村人民公社投资使用管理试行规定》；1979 年 5 月 21 日，财政部、农业部颁发《支援农村人民公社投资使用管理暂行规定》。

快改变面貌。国家支援穷队的资金，要保证用于生产建设。”[①]1980年2月，根据国务院确定的“划分收支，分级包干”的财政管理体制，支援农村人民公社支出，归地方财政支出；支援经济不发达地区的发展资金，由中央专案拨款。[②]至此，国家中央财政拨付的支援人民公社投资结束了它的使命。

支援人民公社投资的设立与发放，对于全国很多穷社穷队改变生产条件，摆脱贫穷面貌发挥了一定的积极作用。通过这一实践，中国共产党对扶持帮助穷队的原则、方法等进行积极探索，积累了一些宝贵的经验教训。

一、中共中央关于帮助穷社穷队发展生产的战略考虑

20世纪50年代初期，中共中央提出了通过农业合作化实现农村共同富裕的思想。1953年12月16日，中共中央通过的《关于发展农业生产合作社的决议》指出：“党在农村中工作的最根本的任务，就是要善于用明白易懂而为农民所能够接受的道理和办法去教育和促进农民群众逐步联合组织起来，逐步实行农业的社会主义改造，使农业能够由落后的小规模生产的个体经济变为先进的大规模生产的合作经济，以便逐步克服工业和农业这两个经济部门发展不相适应的矛盾，并使农民能够逐步完全摆脱贫困的状况而取得共同富裕和普遍繁荣的生活。”[③]1955年7月31日，毛泽东在《关于农业合作化问题》报告中进一步指出：“逐步地实现对于整个农业的社会主义的改造，即实行合作化，在农村中消灭富农经济制度和个体经济制度，使全体农村人民共同富裕起来。”[④]

在农业合作化过程中，由于自然条件和经济基础不同，各个农业社贫富差别很大，所以收入分配上允许差别存在。到1958年，在人民公社

---

① 《三中全会以来重要文献选编》（上），中央文献出版社2011年版，第167—168页。

② 《国务院关于实行“划分收支、分级包干”财政管理体制的通知》，《中华人民共和国国务院公报》1980年第1期。

③ 《建国以来重要文献选编》第4册，中央文献出版社1993年版，第661—662页。

④ 《毛泽东文集》第6卷，人民出版社1999年版，第437页。

化过程中，一些地方在并社和社队收入分配时，出现了穷队富队拉平的平均主义分配现象。这种“共产风”引起广大农民恐慌，出现了瞒产私分风潮。

人民公社化过程中出现的平均主义倾向引起中共中央的重视。1959年春，在2月27日至3月5日郑州召开的中央政治局扩大会议和4月召开的中共中央政治局上海会议上，毛泽东系统深入分析贫富拉平做法的错误所在，提出了由国家投资帮助穷社穷队发展生产，向富社富队看齐的意见。

第一，指出贫富拉平的平均主义倾向，违反了按劳分配的原则。人民公社实行按劳分配、多劳多得的社会主义原则，而“穷队富队拉平的平均主义分配办法，是无偿占有别人的一部分劳动成果，是违反按劳分配原则的”，“所谓平均主义倾向，即否认各个生产队和各个个人的收入应当有所差别。而否认这种差别，就是否认按劳分配、多劳多得的社会主义原则”。①

第二，阐明公社在收入分配问题上要允许差别存在。人民公社存在公社、生产大队、生产队三级所有制，社队之间的自然条件、社员投入劳动的主观努力千差万别，所以生产队分为穷、富、中三等，这样分配也应有差别。“公社在统一决定分配的时候，要承认队和队、社员和社员的收入有合理的差别，穷队和富队的伙食和工资应当有所不同。”②

第三，提出消除贫富差别的正确做法，是国家投资帮助穷队向富队看齐。允许穷富差别存在，并不是放任穷队不管，而是要国家扶助穷社穷队发展生产，通过壮大集体经济改变贫穷面貌。毛泽东指出，“把一个较穷的生产队提高到较富的生产队的生产水平的过程，又是一个扩大公社的积累，发展公社的工业，实现农业机械化、电气化，实现公社工业化和国家工业化的过程”，但是公社财力有限，“目前公社直接所有的东西还不多，如社办企业、社办事业，由社支配的公积金、公益金等”，所以国家必须予以投资帮助扶持。毛泽东“建议国家在十年内向公社投资

① 《建国以来毛泽东文稿》第8册，中央文献出版社1993年版，第62、70页。

② 同上书，第71页。

几十亿到百多亿元人民币，帮助公社发展工业帮助穷队发展生产”。[①]

同时，毛泽东要求各级政府工作重点都要转移到帮助穷队上来。1959 年 3 月 20 日，毛泽东在同江西地方干部谈话时指出：“过去省委、地委、县委的重点都在富队，现在要反过来，要以穷队为重点，帮助穷队搞好，使穷队逐渐变富。”[②] 中央在《关于人民公社的十八个问题（中央政治局一九五九年四月上海会议纪要）》中强调把工作重点转移到穷社穷队上来，明确指出：“目前的工作重点要放在穷社、穷队。”“今后地方各级在工作上抓重点，应当首先抓穷社、穷队和工作较差的社、队，使他们的生产水平和生活水平早日得到提高。其次是抓中间状况的。中间状况的社、队是大量的，抓住了，搞好了，问题就解决了大半。当然富社、富队和工作较好的社和队也要抓，也不可以置之不理，否则，它又会变成落后的。”[③]

第四，要求穷队要有志气，以自力更生为主，国家援助为辅，改变贫穷面貌。毛泽东强调指出：“较穷的社，较穷的队和较穷的户，依靠自己的努力、公社的照顾和国家的支持，自力更生为主，争取社和国家的帮助为辅，有个三五七年，就可以摆脱目前的比较困难的境地，完全用不着依靠占别人的便宜来解决问题。我们穷人，就是说，占农村人口大多数的贫农和下中农，应当有志气，如像河北省遵化县鸡鸣村区的被人称为‘穷棒子社’的王国藩社那样，站立起来！用我们的双手艰苦奋斗，改变我们的世界，将我们现在还落后的乡村建设成为一个繁荣昌盛的乐园。”[④] 李先念也指出：“一九五九年根据党中央和毛主席的指示，在经济建设支出中增加了对人民公社的投资十亿元，作为国家对人民公社的财政补助。这笔资金主要地将分配给经济条件较差的人民公社和生产队，帮助他们发展生产，使他们能在不长的时间内，赶上比较富裕的公社的水平。当然，国家拨给的资金是有限度的，人民公社发展经济主要还是依靠本身的积累，正如毛主席说过的，一切经济比较落后的公社和生产

① 《建国以来毛泽东文稿》第 8 册，中央文献出版社 1993 年版，第 68—69 页。

② 同上书，第 140 页。

③ 《建国以来重要文献选编》第 12 册，中央文献出版社 1997 年版，第 177 页。

④ 《建国以来毛泽东文稿》第 8 册，中央文献出版社 1993 年版，第 72 页。

队，应当像河北省遵化县被人称为‘穷棒子’社的王国藩社那样，自力更生，用自己的双手艰苦奋斗，改变现在经济上落后的面貌。”[①] 毛泽东对于穷社穷队摆脱贫困信心满满，“我认为，穷社、穷队，不要很久，就可以向富社、富队看齐，大大发展起来”[②]。

二、支援人民公社投资的设立与使用中出现的问题

按照毛泽东在郑州会议上的指示精神，1959 年，国家财政拿出 10 亿元投资资金，帮助穷社穷队改善生产条件，在生产上早日赶上富社富队。当时中央就这笔资金的主要用途和分配方法进行了明确规定，指出：“在目前，这笔钱的大部分，不少于百分之七十，要保证用在穷队；一部分，不超过百分之三十，用在公社。公社不能把应当用在穷队的钱截留下来。这笔钱既然是投资性质，它的用途，应当主要用于生产性的基本建设，一部分可以作为生产周转金。一九五九年的十亿元投资，百分之九十按各省农业人口多少进行分配，百分之十调剂给某些人口少、土地多、劳动力不足、土地贫瘠、生产水平和群众收入水平较低的省份。”[③]

此后，国家支援人民公社投资年年增加，1959—1961 年 3 年共拨款 42.09 亿元[④]，占同期国家财政支援农业资金总额 249.2 亿元的 16.89%[⑤]。1962 年，在国家财政经济相当困难的形势下，国家仍然拿出公社投资资金 4 亿元，帮助穷社穷队购买拖拉机、排灌机械等农业生产设备。由此可见中央对扶助穷社穷队的重视程度。

在中央的重视和动员之下，全国各地农村人民公社出现了扶助穷队猛赶富队的热潮。许多县委和公社党委对穷队贫困的原因进行全面研究，

---

① 李先念：《关于一九五八年国家决算和一九五九年国家预算草案的报告——一九五九年四月二十一日在第二届全国人民代表大会第一次会议上》，《人民日报》1959 年 4 月 22 日。

② 《建国以来毛泽东文稿》第 8 册，中央文献出版社 1993 年版，第 69 页。

③ 《建国以来重要文献选编》第 12 册，中央文献出版社 1997 年版，第 176 页。

④ 《1958—1965 中华人民共和国经济档案资料选编》财政卷，中国财政经济出版社 2011 年版，第 611 页。

⑤ 据《1953—1962 年国家支援农业资金统计表》（1962 年 8 月 1 日）计算，参见《1958—1965 中华人民共和国经济档案资料选编》财政卷，中国财政经济出版社 2011 年版，第 614 页。

制订改变穷队面貌的规划，并派出有经验的干部或工作组加强这些队的领导，举行穷队赶富队的现场会，鼓舞穷队力争迅速改变面貌的干劲。为了帮助穷队摆脱穷困，各地人民公社还千方百计地帮助穷队广辟生产门路，使农、林、牧、副、渔和工业全面发展，增加收入。[①]很多地方还出台了穷队赶上富队的标准，例如，河南省制定的穷队赶上富队的标准“大体有四个：一是水利和基本建设等生产条件基本上改变面貌；二是单位面积产量、社员平均收入和富队基本趋于平衡；三是生产稳定上升，并且有一定的粮食储备；四是落后队要加以改造，健全党、团组织，树立贫农、下中农的领导优势”[②]。

对于支援人民公社投资的效果，国家非常关注。1960 年初，财政部、农业部部署各省（市）检查 1959 年支援人民公社投资款的分配、使用、效果，要求各地将使用情况及时上报。根据各地总结上报的情况看，公社投资资金使用比较规范，一般采取从上而下分配指标，从下而上汇报使用计划，由财政部门组织安排，供销部门负责采购供应生产资料，受补助单位凭发票报销的办法，所以投资资金的拨付使用速度快、效果好，很多穷队、穷社在当年就赶上了富队、富社的收入水平。例如，1959 年北京支援人民公社投资 460 万元，补助穷队 870 个，当年收入水平赶上富队的 196 个，占补助穷队总数的 22.6%；有 381 个穷队赶上一般队的水平，占补助穷队总数的 43.8%；过去基础薄弱，尚未赶上一般收入水平的穷队还有 293 个，占 33.6%，但是当年收入水平较上年有不同程度的增长。[③]其他省（市）也十分注意扶持穷队发展生产，将其作为重点工作来抓，取得了明显成效。例如，上海 1958 年有穷队 422 个，占总队数的 17.11%，到 1959 年底已经有 310 个队基本赶上了富队，占原有穷队数的 73%。安徽 1958 年有穷队 2932 个，占总队数的 23.8%。经过一年多的努力，已经有 1232 个穷队赶上了一般队或富队，占原有穷队数的

① 《穷队变富队 公社万家春，上海甘肃广东一批原来比较贫困的生产队经济水平显著提高》，《人民日报》1961 年 1 月 3 日。

② 史向生：《关于巩固和发展人民公社的几个问题》，《人民日报》1960 年 3 月 14 日。

③ 《北京市财政局关于 1959 年国家支援人民公社投资使用情况的汇报》（1960 年 2 月 8 日），北京市档案馆藏。

58%。江苏1958年有穷队7192个，占总队数的28.7%，1959年已经有2881个穷队赶上了一般队，占原有穷队数的40%；有904个穷队赶上了富队，占原有穷队数的12.6%。[①]

与此同时，支援人民公社投资分配使用上出现一些问题。

一是国家投资分配给穷队的比例不大。虽然中央规定用在穷队的投资不少于70%，但是随着公社管理权限的扩大，公社占用的投资资金增多，加上上级单位留用，使得直接用于穷队的资金减少。据统计，在1960年支援公社投资的16亿元中，省（市、自治区）级留用3%，县级留用3.5%，公社级留用35.3%，分配给穷队的只占58.2%。[②]有些地方公社留用部分占了相当大的比重，公社留用的资金，大部分搞了社办工业。例如，1960年北京市分到支援人民公社投资1200万元，公社与生产队的分配比例各为50%，拨给公社使用的50%主要用于发展社有经济，包括建立机械修配厂、农具厂、化肥厂、养猪场、良种繁殖场、饲料加工厂等。[③]由于经营管理不善，很多社办企业亏损，资金打了水漂。例如，湖北省襄阳县东津公社和程河公社举办的农具厂，除将全部支援款赔光以外，还欠银行贷款9万余元；石桥公社办的两座水泥厂，产品全部报废，投资全部赔光。[④]

二是分配给生产队的投资款存在平均分配的做法。中央强调支援人民公社投资主要是帮助穷社穷队发展生产，一般穷社由县区委确定，穷队由公社党委确定。有些地方却不区分穷队富队，资金平均分配使用，从而使得需要资金的穷队没有钱用，不需要资金的队资金积压。

三是直接用于农业生产的资金较少。不少地区把支援公社投资资金用于社员分配收入、平调退赔、购买口粮和发放工资。1960年，河南省

---

① 《1958—1965中华人民共和国经济档案资料选编》农业卷，中国财政经济出版社2011年版，第88页。

② 《1958—1965中华人民共和国经济档案资料选编》财政卷，中国财政经济出版社2011年版，第611页。

③ 《北京市财政局关于1960年国家支援人民公社投资的分配和使用意见（草案）》（1960年1月6日），北京市档案馆藏。

④ 《1958—1965中华人民共和国经济档案资料选编》财政卷，中国财政经济出版社2011年版，第611页。

新乡专区的12个县将投资款的70%买了口粮；湖南省衡阳专区的8个县、89个公社把投资款的38.9%用于购买口粮和发放工资。其中也有相当一部分资金，修建了楼、堂、馆、所。例如，四川省简阳县把9000元支援公社投资修盖了职工宿舍。据财政部估计，1959—1961年，国家用于支援公社投资42.09亿元中，真正用到农业生产，并且发挥了效益的，不会超过50%。[①]

三、调整政策，改善支援人民公社投资资金的使用

针对支援人民公社投资使用中存在的问题，1962年8月，财政部提出了两点建议，一是有重点地使用资金，“资金的使用必须有重点，对灾区、商品粮基地有严重困难的生产队要特别照顾，切忌资金分配上的平均主义现象”；二是建议压缩支援人民公社无偿投资，“国家财政支援农业的无偿投资形式今后还要继续采用，但比重不宜太大，范围要适当控制。对多数地区和生产队应当更多地采取长期无息贷款形式，以利于资金的合理分配和充分发挥资金的效益”。[②]

根据财政部的建议，1962年8月28日和12月25日，中共中央、国务院先后发出《关于农业生产资金问题的通知》《关于坚决执行国家计划和预算，严格管理资金和物资的指示》。1963年1月5日，中共中央批转《目前穷队的特点和支援办法》，及时调整支援人民公社投资有关政策，压缩支援人民公社投资的数额。

第一，把支援人民公社投资改称“支援穷队投资”，明确其用途是专门扶持穷队进行生产。中央指出：支援穷队无偿投资是“为了帮助一部分特殊困难确实没有偿还能力的生产队，能够在较快的时间内，恢复农业生产，由国家财政拿出一笔钱来，采取‘无偿投资’的形式给予支援。这项投资只限于交给生产队使用，任何部门任何单位不许挪用”；并且严格限定了资金的使用范围，一是生产队购买耕畜、水车、大车、农船、

---

① 《1958—1965中华人民共和国经济档案资料选编》财政卷，中国财政经济出版社2011年版，第612页。

② 同上书，第613页。

渔网、排灌机械；二是生产队购买化肥、农药、农药器械、小农具；三是农村土特产品和副业生产所需要的短期周转资金。[①]

第二，纠正平均分配资金的做法，要求集中使用，重点使用。中央强调："把支援穷队投资和长期无息贷款平均分配了的，应当纠正过来。"[②]1963 年，中央将支援穷队的资金分为无偿投资与长期无息农业贷款两种[③]，"一九六三年，国家支援穷队专款两亿元，另有长期无息农业贷款四亿元，主要也是支持穷队的。这六亿元应该适当地集中使用，采用打歼灭战的办法，按照先易后难的步骤，改变一批穷队的面貌。各地应有计划地争取在第三个五年计划期内，基本上解决穷队的问题"[④]。

第三，进一步加强对支援穷队投资资金的管理。1963 年 3 月 28 日，农业部、财政部、中国人民银行做出《关于支援穷队投资的分配、使用和管理的暂行规定》，对支援人民公社投资的分配、使用和管理进行了详细全面的规定。其一，规定支援穷队投资的分配原则、分配对象和发放面，"应当有重点地发给农村人民公社中那些生产资金特殊困难，如果贷款又无偿还能力的生产队，决不能平均分配。支援穷队投资的发放面，一般应该控制在生产队总数的 5% 左右，经济条件差的地区，最高不得超过 10%。准备在 3—5 年的时间内，分期分批地帮助那些最困难的生产队恢复和发展生产"，"支援穷队投资，不发给非基本核算单位，也不发给社员个人和单干户"。其二，详细明确资金的使用范围，"（1）用于添置耕畜、大车、水车、排灌机械和其他生产性设备的购置（包括大型农具和农业机械的大修费用）以及打井、修渠、植树造林等基本建设。（2）用于购买化肥、农药和其他农业生产费用的开支。（3）用于支付机

---

① 《1958—1965 中华人民共和国经济档案资料选编》金融卷，中国财政经济出版社 2011 年版，第 360 页。

② 《1958—1965 中华人民共和国经济档案资料选编》财政卷，中国财政经济出版社 2011 年版，第 485 页。

③ 1963 年 11 月 15 日，农业部、林业部、水利电力部、水产部、财政部颁发《关于农业资金的分配、使用和管理的暂行规定（草案）》，指出："银行对社队发放的长期无息贷款，从一九六四年起，停止发放。"《1958—1965 中华人民共和国经济档案资料选编》财政卷，中国财政经济出版社 2011 年版，第 629 页。

④ 《建国以来重要文献选编》第 16 册，中央文献出版社 1997 年版，第 79 页。

耕费和排灌费。（4）用于农牧林渔业生产、土特产和副业生产短期周转资金的需要。支援穷队投资，一律不准用于非生产性的开支，更不能作为生产队的收益，分配给社员”。其三，加强资金使用管理，要求“支援穷队投资的指标，以农业部门为主，会同财政、银行部门，在批准的预算范围内审查分配，联合下达，并且逐级落实到生产队。必须保证专款专用，任何部门、任何单位不许截留和挪用。支援穷队投资的指标确定以后，生产队应该编制使用计划，经社员群众民主讨论，并报经县级农业部门审查批准后，将副本抄送县级财政、银行部门，由县级财政部门按照生产季节分期拨款，交由人民银行逐笔监督支付”。人民银行对投资使用有监督职能，“生产队如有不接受监督的，银行有权拒绝支付。财政不如期拨款，其他部门随意截留、挪用穷队投资的，银行应向上反映”。支援穷队投资的使用效果，由农业、财政、银行部门组成专门小组，对于支援穷队投资的分配、发放、使用情况和投资效果，进行季度检查报告和年度总结。①

第四，进一步对穷队的标准做出明确界定。针对一些地方没有划清穷队和困难队的界限而使投资分散，穷队主要问题得不到解决的状况，1963 年 11 月 15 日，农业部、林业部、水利电力部、水产部、财政部《关于农业资金的分配、使用和管理的暂行规定（草案）》再次对“支援穷队投资使用和管理问题”进行申明，并统一规范了穷队的标准，指出：“穷队的标准应该是，基本生产资料（如耕畜、大车、水车、农渔船、大件农渔具、牧区的种畜等）严重不足，不能维持简单再生产，正常年景粮食不能自给，收入很少，在生产上、生活上十分困难的生产队。”要求各级政府“对于这类急需支援的穷队，应当根据国家财力的可能，分批分期帮助它们改变面貌”。由于这时四清运动已经进入高潮，支援穷队的工作强调坚持党的阶级路线，所以《暂行规定（草案）》强调“支援穷队投资，应当尽先分配给经过整社和社会主义教育、贫下中农政治上的优势已经树立起来的穷队。凡是不具备这些条件的穷队，暂时不给予支援，

① 《中国农业机械化财务管理文件汇编》，机械工业出版社 1991 年版，第 85—86 页。

待具备这些条件后，再给予支援”。[①]

明确穷队标准，使各地的支援穷队工作开展得更有针对性、更有效。例如，山东省各地根据这一标准对原有的 7 万多个穷队进行了审查，“初步审掉 1 万多个队，确定为穷队 5.15 万个”；各地区计划 1964 年重点支援 2.1 万个穷队，“上半年各地已经重点支援了 1.89 万个穷队，发放穷队投资和贷款 1571 万元（平均每队 831 元）。帮助这些队增添耕畜 1.72 万头，运输工具 16358 辆，中型农具 1.4 万件，渔船 273 只，渔网 13800 扣，建烤烟房 546 座。并帮助解决了部分生产费用不足的困难，对于支援春夏季生产起到重要作用。据各地报告，今年上半年重点支援的穷队中，有 72% 的队已经达到基本生产资料能够维持简单再生产、春季和口粮自给或有余”。[②]

四、支援人民公社投资的演变

“文化大革命”时期，支援穷队投资得以保留并持续发放。1966 年 7 月，全国农业机械化会议提出了“一九八〇年基本上实现农业机械化”的目标，全国迅速掀起了大办农业机械化的热潮。与这种形势相适应，支援穷队投资改称“支援农村人民公社投资”，“是国家用于帮助资金困难较大的农村社队实现农业机械化、发展农业生产建设的一项无偿投资”；资金使用的重点，“主要是帮助社队购买耕作、植保、收获、运输、牧业、渔业和农副产品加工等各种农机具及其必要的维修设备，其次也可以用于帮助少数资金特殊困难的社队购买耕畜和其他生产性设备”。[③] 这样，支援穷队投资由主要帮助穷队发展生产转变为主要帮助穷社穷队发展农业机械化。

各地在使用这笔资金时都进行了调整。例如，1969 年，山东省有关

---

① 《江西省人民委员会转发国务院农林办公室、财贸办公室批转“五个部‘关于农业资金的分配、使用和管理的暂行规定（草案）’的通知”》,《江西政报》1964 年第 3 期。

② 《中国农业银行山东省分行 1964 年上半年支援穷队工作情况的报告》（1964 年 10 月 4 日），山东省档案馆藏。

③ 《中国农业机械化财务管理文件汇编》，机械工业出版社 1991 年版，第 91—92 页。

部门在分配支援农村人民公社投资时指出："现将中央分配我省支援农村人民公社资金2300万元，分配各地列1969年预算指标，请迅速将这笔资金安排到县。根据国务院指示，这笔资金用途'主要应用于农村人民公社发展农业机械化，帮助社队购买各种农业机械设备'。（一）要真正投放到劳、畜力缺乏，收入水平较低的贫困社、队，不得挪用；（二）对革命形势好、有奋发图强精神的经济有困难的社、队，分配中要优先照顾。（三）分配时要注意钱物结合，把农业机械设备的供应工作同资金发放工作紧密结合。（四）今年这笔资金的发放可采取财政无偿支援办法处理。"1970年再次强调："使用范围严格控制在国务院指示范围内，主要是帮助社队购买耕作、排灌、扑捞、治虫、饲料粉碎、农副产品加工等农业机械。在安排好农机投资的情况下，如果资金许可，可以酌情搞些其他生产性基本建设，如大牲畜的购置等，但这些开支必须严格控制，不得转移资金使用重点，更要禁止用于非生产性支出。"①

然而，支援农村人民公社投资重点的转移没有收到很好的效果。首先，农业机械虽然也对农业的稳产增产发挥了作用，但除少数多种经营比较发达的社队之外，社员的实际收入并未因农业机械化的发展而有明显的增加。有的地方集体为筹措农业机械化事业所需要的资金，采取多留公积金或减少社员分配额的办法，因而加重了农民的经济负担，有些农民的实际收入反而相对减少。其次，使用这笔资金的部门多，却没有一个专门的部门统筹制订改变穷社穷队面貌的具体规划，并对投资的分配和效果负责，造成资金分配"撒了胡椒面"，没有集中使用。还有相当一部分资金被挪用，据20个省（区）的不完全统计，1976—1977年，共安排支援人民公社投资14.5亿元，使用基本正当的12亿元，占83%；被挪用于搞国营拖拉机厂、化肥厂等基建的2亿元，占14%；被挪用于兴建楼堂馆所等非生产性建设及被挥霍浪费的5000万元，占3%。②

1979年5月3日，财政部、农业部颁发《支援农村人民公社投资使

---

① 《山东省革命委员会生产指挥部关于分配1969年支援农村人民公社发展农业机械化资金的通知》（1969年7月18日），山东省档案馆藏；《山东省水利局、农业局关于1970年支援农村人民公社资金安排使用意见的报告》（1970年5月25日），山东省档案馆藏。

② 《中国农业机械化财务管理文件汇编》，机械工业出版社1991年版，第94页。

用管理暂行规定》，在总结“文革”时期支援农村人民公社投资分配使用的经验教训基础上，重申支援农村人民公社投资的使用目的、范围和原则。第一，重申支援人民公社投资的根本用途是扶持穷社、穷队发展生产，即“支援农村人民公社投资是国家安排用于扶持穷社穷队发展生产、增加收入、改变面貌的专项投资，必须专款专用，任何部门和个人都不得截留挪用”。第二，明确支援人民公社投资的使用范围，一是根据当时国家鼓励发展社队企业的精神，允许支援农村人民公社投资扶持发展社队企业，并规定“用于社队企业的资金以不少于一半为宜”；二是扶持穷队因地制宜地解决促进增产增收、改变面貌的关键问题，如帮助开展多种经营，增添为改善生产条件、提高生产能力所必需的小型农机具和耕畜等。第三，重申支援人民公社投资的使用原则，一是“贯彻集中力量打歼灭战的方针和讲求实效的原则”，农业和财政部门对本地区内穷社穷队的支援，“要作出全面规划，有计划、有重点、分期分批地扶持。在同等条件下，对那些领导有力，奋发图强精神强的穷社穷队，要优先支援。坚决纠正那种‘撒胡椒面’、平均分配资金和其他不讲实效的做法”；二是仍然实行无偿支援，但允许在扶持发展社队企业时对收益较快较大的项目试行有偿支援，“收回的投资，一定要作为扶持穷社穷队办企业的专项资金，继续周转使用，不得挪作他用”。第四，明确各部门对于资金的管理和监督责任，规定“各级农业、社队企业部门是支援农村人民公社投资的主管部门，要对资金使用效果负主要责任。各级财政部门应发挥促进和监督作用，积极协助主管部门管好用好这项投资”。同时规定必须严肃财经纪律，对于截留、挪用国家支援农村人民公社投资的，必须坚决制止；财政部门和有关主管部门应立即收回和扣回投资指标，银行应停止付款，并应追究责任，严肃处理。①

尽管从20世纪50年代末开始，为了实现农村所有农民共同富裕，党和国家为改变穷队面貌做出了艰苦努力，也拿出了不少资金、物资，对于改变一些地区的贫穷面貌发挥了一定作用。然而，从根本上看，在怎样实现共同富裕的探索中，毛泽东等中国共产党人对社会主义初级阶

---

① 《中国农业机械化财务管理文件汇编》，机械工业出版社1991年版，第95—96页。

段没有予以正确认识，不仅试图让农民在过于单一的集体经济形式下摆脱贫穷、实现共同富裕，确信可以通过不断提高公有化程度来达到推动生产力发展的目的，而且把同等富裕和同步富裕等同于共同富裕，结果反而出现吃“大锅饭”等平均主义现象，导致了人们的普遍贫穷。正如邓小平后来所总结指出的：“我们坚持走社会主义道路，根本目标是实现共同富裕，然而平均发展是不可能的，过去搞平均主义，吃‘大锅饭’，实际上是共同落后，共同贫穷，我们就是吃了这个亏。”①

“文化大革命”结束后，1977 年全国 28 个省（市、区）（西藏除外）人均分配收入 50 元以下的穷县数量为 515 个，占全国总县数的 22.5%；人均分配收入 50 元以下的穷队 180 万个，占全国总队数的 39%。1979 年，穷队减少到 137 万个，占全国总队数的 27.2%。② 西北、西南等地区，由于自然条件和历史原因，生产条件很差；在人民公社时期分到的支援穷队投资又比较少，造成社会生产力发展缓慢，贫困状况更为突出。1977—1979 年，连续 3 年人均分配收入都在 50 元以下的 221 个穷县主要分布在五大片，即冀鲁豫皖接壤地带 71 个县，西南云南、贵州 66 个县，西北黄土高原干旱地区 48 个县，福建省 11 个县，新疆维吾尔自治区 8 个县。③

1979 年 9 月 28 日，中共十一届四中全会正式通过《中共中央关于加快农业发展若干问题的决定》，确定对西北、西南一些地区以及其他老、少、边、穷地区实行扶持政策。根据这一中央精神，自 1980 年起，中央财政设立支援经济不发达地区的发展资金，作为边远地区、少数民族自治地方、老革命根据地和经济基础比较差的地区的专项扶贫资金；而支援农村人民公社投资则改变为地方财政支出，由各地视地方财力情况，帮助各自“分散插花贫困乡村”改变贫穷落后面貌。④

① 《邓小平文选》第 3 卷，人民出版社 1993 年版，第 155 页。

② 农业部人民公社管理局：《1977—1979 年全国穷县情况》，《农业经济丛刊》1981 年第 1 期。

③ 同上。

④ 参见《国务院关于实行“划分收支、分级包干”财政管理体制的通知》，《中华人民共和国国务院公报》1980 年第 1 期；《中共中央、国务院关于帮助贫困地区尽快改变面貌的通知》，《中华人民共和国国务院公报》1984 年第 25 期。

五、支援人民公社投资的成效和影响

从 1959 年到 1979 年的 20 年间，虽然支援人民公社投资名称先后演变为支援穷队投资、支援农村人民公社投资，资金使用主体由穷社穷队到穷队再到穷社穷队，资金使用范围从购置生产工具到农业机械再到允许扶持社队企业，但是扶持穷社穷队脱贫致富的根本目的一直没有变。支援人民公社投资对于扶持穷社穷队发展生产、改变贫穷面貌发挥了积极作用，很多贫困农民通过集体生产条件的改善，提高了收入水平。

据山东、贵州、广东等地的统计，经过国家的支援，占穷队总数 30% 左右的穷队，原来缺少耕畜、农具、车辆等基本生产资料，经过支援，开始改变面貌。山东省全省共有穷队 71000 个，1963 年列为重点支援的有 39138 个。这些重点支援的穷队，平均每队得到国家支援 1000 多元，通过国家这些援助，原有 4631 个无畜队中，已有 87% 的队变为有畜队；原有 18742 个独畜队中，已有 78% 的队达到配套；原有 18253 个无犁无耧无耙队中，已有 85% 的队添置了犁耧耙；原有 16653 个无车队中，已有 81% 的队变成了有车队。据 1963 年 11 月底的统计，重点支援的 39138 个穷队中，已有 37% 的队赶上或超过当地一般的生产收入水平，已有 26% 的队接近一般队的生产水平，还有 37% 的穷队虽然还未能改变面貌，但经济情况也有了改善。[①]

更重要的是，中国共产党对扶持帮助穷队的原则、方法等进行积极探索，积累了一些宝贵的经验教训。

第一，确定了“自力更生为主，国家支援为辅”的扶持原则。扶贫与济贫的根本不同，就在于扶贫工作中贫困群众居主体地位，需要通过贫困群众努力发展生产来摆脱贫穷面貌，因此必须重视激发群众的自力更生精神。如前所述，1959 年，毛泽东在建议国家投资帮助穷队发展时，就鼓励穷队要有志气，以自力更生为主、国家扶持为辅，实现脱贫致富。

---

① 《1958—1965 中华人民共和国经济档案资料选编》金融卷，中国财政经济出版社 2011 年版，第 304 页。

1963 年 1 月 5 日，中央进一步强调，解决穷队的问题，“经济上的支援只能是补助的。只有调动穷队社员和干部的积极性，再加上必需的经济支援，才能又快又好地改变穷队的面貌”[①]。

在实际工作中，“社队自力更生为主，国家支援为辅”一直是支援穷队投资使用的基本要求。例如，1962 年 8 月 28 日《中共中央、国务院关于农业生产资金问题的通知》指出：支援穷队无偿投资等农业资金“必须贯彻执行‘自力更生为主，国家支援为辅’的原则。今后生产队需要的生产费用，应当在收入分配中打够留足。应当先使用生产队自己的资金，后使用国家的资金”[②]。1963 年 11 月，农业部、财政部等部门要求“得到国家支援的穷队，要奋发图强，勤俭办社，主要依靠自己的力量和集体经济的优越性，同时要有效地使用国家支援的资金，尽快地改变贫穷面貌”[③]。到 1979 年 5 月，为了充分体现“社队自力更生为主，国家支援为辅”的原则，农林部、财政部强调“穷社穷队应当发扬自力更生精神，资金确有困难，要求国家支援时，必须自下而上申请，提出发展项目和措施，以及达到的经济目标，由公社审查汇总上报县级主管部门和财政部门审核批准”[④]。

“自力更生为主，国家支援为辅”扶持原则的确定，对于防止贫困地区、贫困农民产生“等、靠、要”的依赖思想、对于改革开放时期倡导“扶贫先扶志”的精神具有重要启发意义。

第二，探索了集中使用、先易后难打歼灭战的扶持方法。人民公社时期，国家财政比较困难，资金的投放必须是有计划的、有控制的、有重点的，有限的资金要使用在最需要、最有效的地方。支援穷队投资起初按农业人口多少分配到各省，各省再分配给穷社穷队使用。在这一过程中不少地方将资金平均分配，没有真正将资金用到穷队，影响了资金

---

① 《建国以来重要文献选编》第 16 册，中央文献出版社 1997 年版，第 79 页。

② 《1958—1965 中华人民共和国经济档案资料选编》金融卷，中国财政经济出版社 2011 年版，第 360 页。

③ 《1958—1965 中华人民共和国经济档案资料选编》财政卷，中国财政经济出版社 2011 年版，第 629 页。

④ 《中国农业机械化财务管理文件汇编》，机械工业出版社 1991 年版，第 96 页。

使用效果。自 1962 年起，中央着手纠正扶贫资金“胡椒面”分散使用、平均分配的问题，探索并提出了集中使用、先易后难打歼灭战的扶贫办法。中央申明支援穷队投资“应该适当地集中使用，采用打歼灭战的办法，按照先易后难的步骤，改变一批穷队的面貌”①。

从 1962 年支援人民公社投资的划拨来看，改变了以往按农业人口多少分配的做法。1962 年 4 月，在已经拨付的 3.59438 亿元支援人民公社投资资金中，东北区辽、吉、黑三省分到的投资最多，为 1.61464 亿元，约占全部投资的 45%；其次是华东区苏、浙、皖、赣、闽、鲁、沪六省一市，分配到资金 0.60711 亿元，约占 16.9%；再次是中南粤、桂、鄂、湘、豫五省（自治区），分配资金 0.53996 亿元，占 15%；然后是华北冀、晋、蒙、京四个省（市、自治区），得到资金 0.52064 亿元，约占 14.5%；西南区云、贵、川、藏四个省（自治区）分配资金 0.16457 亿元，占 4.5%；最少的是西北区陕、甘、宁、青、新五个省（自治区），分配资金 0.14746 亿元，仅占 4.1%。② 这种分配充分体现了中央首先集中扶持东北地区脱贫的思路，西南、西北地区自然条件极为恶劣，脱贫难度大，排在了最后。

为了把资金集中起来打歼灭战，国家还要求“支援穷队投资的分配和使用，应当同国家补助社队的小型农田水利费、造林费、水土保持费和银行发放的贷款等资金统筹安排，合理分配，计划使用……要有效地使用国家支援的资金，尽快地改变贫穷面貌”③。这与当前国家要求贫困县统筹整合使用财政涉农资金、以实现脱贫效益最大化的精神是一致的。

第三，一些地方在实际工作中采取了立卡建档等有益的工作办法。在扶持穷队工作中，为了提高资金效用，各地注意扶持的精准性，注意区别穷队与困难队。山东等地采取了“凡符合穷队标准的队就逐队进行卡

① 《建国以来重要文献选编》第 16 册，中央文献出版社 1997 年版，第 79 页。

② 《财政部、农垦部、农业部分配 1962 年支援人民公社投资指标的通知》（1962 年 4 月 26 日），北京市档案馆藏。

③ 《1958—1965 中华人民共和国经济档案资料选编》财政卷，中国财政经济出版社 2011 年版，第 629 页。

片登记，建立档案，并逐级报省农业银行备查”的工作办法[①]，对于准确识别穷队，更好地发挥有限的扶持资金的效用具有很大的帮助。这与当前精准扶贫工作开展的对贫困户、贫困村、贫困人口的建档立卡工作相比，是极其可贵的探索。

此外，在支援人民公社投资资金使用的20年间，尽管国家一再强调专款专用扶持穷队生产并加强监管，但是资金总是被违规挪用的现象一直不能杜绝。人民公社时期，党和国家有关领导人高度重视这种现象，分析指出资金管理不好的原因，一方面在于思想认识不到位，有人认为“什么财政的钱、银行的钱，都是国家的钱，何必分得那么清楚呢？”另一方面在于有些社队干部对国家资金不负责、对群众也不负责，“他们敢借、敢用、敢不还”。因此，要求各级党政领导“要坚持按计划、按政策、按制度办事。国家支援农业的钱，都是按照政策和计划安排的，各种钱各有特定的用途，必须分口管理，分别使用，不能混淆，不能互相挪用”，并且要发动群众、依靠群众监督，要有严格的管理制度，还要有严格按制度办事的人；同时，要求银行等资金管理部门“进一步改进作风，坚持原则，担负起管好、用好资金的光荣职责”。[②]这种探索，对于认识纠正当今脱贫攻坚工作存在的挤占挪用扶贫资金问题也有一定的启发意义。

［原载《中共党史研究》2018年第9期］

---

① 《中国农业银行山东省分行关于支援穷队情况和意见的报告》（1964年5月16日），山东省档案馆藏。

② 《1958—1965中华人民共和国经济档案资料选编》财政卷，中国财政经济出版社2011年版，第622—623页。

1978—1985 年的农村扶贫开发

扶贫是新中国成立以来中国共产党为扶持农村贫困地区、贫困人口尽快改变贫穷落后面貌，实现共同富裕而采取的一项重大政策。在新中国扶贫工作实践基础上，改革开放初期，中共中央和国务院确定了新时期农村扶贫开发方针，设立专项中央财政“支援经济不发达地区发展资金”和专项低息贷款，扶持贫困地区、贫困人口发展经济，摆脱贫穷面貌；开展对“三西”[①]地区重点区域专项扶贫开发、以工代赈扶贫工程等工作，并对科技扶贫、教育扶贫、对口扶贫等扶贫方式进行探索，使农村扶贫开发工作一开始就表现出适应改革开放新形势的新特点。

然而，1978—1985 年的农村扶贫开发工作一直没有得到学界和社会的重视，学界通常认为国家扶贫开发专项行动始于 1986 年，这一年成立了专门扶贫工作机构，安排专项资金，制订专门的优惠政策，确定了开发式扶贫方针。对于 1978—1985 年的农村扶贫开发工作，要么不予提及，要么一笔带过，认为这一阶段是“体制改革推动扶贫”[②]；甚至有人认为“我国最早大规模、有组织的减贫运动始自 1986 年……而在 1986 年

---

① “三西”地区是指甘肃的河西走廊、以定西为代表的中部干旱地区和宁夏的西海固地区，共计 47 个县（区）。

② 韩广富：《中国共产党农村扶贫开发工作史纲的逻辑构建》，《理论学刊》2012 年第 6 期；范小建：《60 年：扶贫开发的攻坚战》，《求是》2009 年第 20 期；文建龙：《改革开放以来中国共产党的扶贫实践》，《大庆师范学院学报》2016 年第 1 期。

之前，国家并没有明确的扶贫意识”[①]，但也有人认为“在 1986 年国家开展大规模的扶贫行动以前，中国实施的主要扶贫措施是，为因遭受严重的自然灾害或其他突发的事件等原因生活极端困难的特困户，提供临时的生活救济……从 80 年代中期开始，中国政府提出了以开发性扶贫取代救济性扶贫的扶贫新思路”[②]。这些认识不符合改革开放以来农村扶贫开发工作的历史实际，也不利于全面回顾总结新时期农村扶贫开发的历史经验。基于此，本文对 1978—1985 年农村扶贫开发工作进行回顾梳理，尽可能澄清一些基本历史事实，使学界对新时期扶贫开发工作的起始有一个较清晰的认识。

一、新时期农村扶贫开发方针的确定

准确地说，农村扶贫开发不是改革开放时期才出现的新生事物，而是新中国成立以来中国共产党的一贯政策，是中国共产党共同富裕战略思想中不可或缺的重要内容。20 世纪 70 年代末，新时期农村扶贫开发方针是在新中国扶贫工作的基础上确立的。

（一）扶持贫困地区、贫困人口发展生产，摆脱贫穷，是新中国的一贯政策

众所周知，新中国成立后，中国共产党对农村中的“五保户”及贫困户采取救济政策，使之能够维持基本的生活。据统计，1950—1954 年，由民政部门统筹，各级政府向农民发放的救灾、救济费近 10 亿元；农业集体化时期，对生活困难的贫困社员采取依靠集体经济、辅之以国家必要救济的办法，1955—1978 年，国家用于救济农村贫困户的拨款达 22 亿元，使绝大多数农村贫困户的基本生活得到保障。[③] 然而，这并不意味着救济是改革开放前中国共产党对于绝对贫困的主要解决之道。扶贫，

---

① 吴琼：《多穷才算穷？》，《中青报》2015 年 10 月 14 日。

② 吴国宝：《扶贫贴息贷款政策讨论》，载《中国扶贫论文精粹》，中国经济出版社 2001 年版，第 419 页。

③ 《当代中国的民政》（下），当代中国出版社 1994 年版，第 67—68 页。

即国家通过扶持帮助农村贫困地区和贫困人口发展生产，提高生活水平，改变贫穷面貌，才是中国共产党解决农村绝对贫困的主要方式。1955 年 10 月 11 日，毛泽东明确提出："领导农民走社会主义的道路，使农民群众共同富裕起来，穷的要富裕，所有农民都要富裕。"[①] 全国农村建立人民公社后，鉴于社队之间穷富差别较大，1959 年 2 月，毛泽东提出了扶持穷社、穷队的建议，即"建议国家在十年内向公社投资几十亿到百多亿元人民币，帮助公社发展工业帮助穷队发展生产。我认为，穷社、穷队，不要很久，就可以向富社、富队看齐，大大发展起来"[②]。根据这一精神，当年在经济建设支出中增加了支援穷队无偿投资 10 亿元，这笔资金占当年国家预算支出的 1.92%，主要无偿分配给生产资金特殊困难又无偿还贷款能力的生产队和人民公社，用于社队集体添置购买生产资料、生产性设备，支付生产建设费用，改善生产条件。由于这笔资金的拨付使用速度快、效果好，很多穷队、穷社在当年就赶上了富队、富社的收入水平。例如，江苏省 1958 年有穷队 7192 个，占总队数的 28.7%，1959 年已有 2881 个穷队赶上了一般队，占原有穷队数的 40%；有 904 个穷队赶上了富队，占原有穷队数的 12.6%。[③] 此后，支援穷队无偿投资（后称"支援农村人民公社投资"）作为国家扶贫专款年年发放，"文化大革命"期间也不例外。据统计，1959—1978 年中央财政用于扶持穷社、穷队发展农业生产摆脱贫穷的无偿投资就达 125 亿元。[④]

扶助农村贫困户发展生产、摆脱贫穷，是新中国成立后扶贫的另一种方式。1951 年，热河省率先制定扶助贫困户发展生产的办法，通过扶助贫困户发展农副业生产，解决其生活上的困难，这种方式得到政务院、内务部的认可。其他省份也进行了扶助贫困户发展生产、解决生活困难的探索。从各地实践来看，主要采取两种方法：一是救济扶贫，即用救济款购买生产资料无偿发放给贫困户。例如，1953 年青海省根据"解

① 《建国以来重要文献选编》第 7 册，中央文献出版社 1993 年版，第 308 页。

② 《建国以来毛泽东文稿》第 8 册，中央文献出版社 1993 年版，第 69 页。

③ 《1958—1965 中华人民共和国经济档案资料选编》农业卷，中国财政经济出版社 2011 年版，第 88 页。

④ 《中国农业机械化财务管理文件汇编》，机械工业出版社 1991 年版，第 94 页。

决生产资料为主，生活资料为辅，密切配合各方面力量，逐步扶助贫苦牧民从事生产”的方针[①]，用救济款购买生产资料，发给贫困牧民，帮助他们发展生产。二是农贷扶贫，即以低息或无息贷款的方式扶助贫困户购买生产资料。例如，吉林省农村信贷部以扶助互助组和贫困农户生产为主，多在春耕夏锄结合群众资金购买车、耕畜、农具、肥料等，全省1952年上半年帮助群众解决了444匹马、820头牛、737台车、394500斤种子；其中永吉县信贷部给贫困户的贷款占贷出总额的80%以上。[②]

随着农业生产合作化和人民公社化的发展，国家对农村的扶贫重点由贫困户转移到穷社、穷队，但是一直没有放弃对贫困户的扶持。1964年2月，中共内务部党组在给中央的《关于在社会主义教育运动中加强农村社会保险工作，帮助贫下中农困难户克服困难的报告》中强调，要给困难户中的劳力安排适当的生产门路，使他们增加收入，这是帮助困难户解决生活困难的根本办法；要帮助他们搞好家庭副业生产，使他们依靠集体经济，通过生产自救，逐步走上共同富裕的道路。1963—1970年，中国农业银行每年安排5000万元专项贷款，用于扶持贫下中农困难户解决生产生活困难。[③]这种扶助虽然不能从根本上改变贫困户的经济面貌，但对于帮助贫下中农解决生产、生活困难发挥了一定作用。

可以说，新中国成立后近30年间国家对于穷队、穷社的无偿财政投资，对于贫困户的扶持，都是对解决绝对贫困问题的探索，在资金使用等方面积累了丰富的实践经验，为新时期快速有效地开展扶贫开发工作奠定了基础。

（二）中共中央关于新时期农村扶贫开发政策方针的确定

尽管中国共产党为改变一些地区的贫穷面貌付出了很大努力，但直到“文化大革命”结束后，全国人均分配收入50元以下的穷队仍占全

---

① 《当代中国的民政》（下），当代中国出版社1994年版，第136页。

② 《1949—1952中华人民共和国经济档案资料选编》农村经济体制卷，社会科学文献出版社1992年版，第645—646页。

③ 《1958—1965中华人民共和国经济档案资料选编》金融卷，中国财政经济出版社2011年版，第294页。

国总队数的 39%。尤其是以前得到支援农村人民公社投资较少的西北、西南地区，由于自然条件和历史原因，生产条件很差，社会生产力发展缓慢，贫困情况更为突出。1977—1979 年连续 3 年人均分配收入都在 50 元以下的穷县全国有 221 个，其中，西南地区的云南、贵州有 66 个县，占总数的 29.9%；西北黄土高原的干旱地区有 48 个县，占总数的 21.7%。此外，冀、鲁、豫、皖的接壤地带有 71 个县，占总数的 32%；福建省有 11 个县，占总数的 5%；新疆维吾尔自治区有 8 个县，占总数的 3.6%。这 5 大片共有穷县 204 个，占总数的 92.3%。[①] 这些地方多是为中国革命做出过重大贡献的山区老革命根据地和边疆少数民族地区，其贫困问题的解决，不仅是事关全国人民能否实现共同富裕的经济问题，还是影响民心所向、社会稳定的政治问题，但是这些连成片的穷县，很难靠自身力量改变贫穷面貌。

改革开放之初，邓小平就提出贫穷不是社会主义，社会主义首先要发展生产力的要求，强调改革开放就是要发展社会主义生产力，“我们现在就是做一件事情，使占人类四分之一的人口摆脱饥饿和贫困，达到小康状态”[②]。针对各地区发展不平衡的特点，邓小平在提出发展经济、鼓励先富带动后富最终实现共同富裕的战略构想时，强调要重点扶持和帮助贫困落后地区。他说：“在经济政策上，我认为要允许一部分地区、一部分企业、一部分工人农民，由于辛勤努力成绩大而收入先多一些，生活先好起来。一部分人生活先好起来，就必然产生极大的示范力量，影响左邻右舍，带动其他地区、其他单位的人们向他们学习。这样，就会使整个国民经济不断地波浪式地向前发展，使全国各族人民都能比较快地富裕起来。当然，在西北、西南和其他一些地区，那里的生产和群众生活还很困难，国家应当从各方面给以帮助，特别要从物质上给以有力的支持。这是一个大政策，一个能够影响和带动整个国民经济的政策，建议同志们认真加以考虑和研究。”[③]

这样，20 世纪 70 年代末，中共中央就把帮助贫困地区发展作为一项

① 农业部人民公社管理局：《1977—1979 年全国穷县情况》，《农业经济丛刊》1981 年第 1 期。

② 《邓小平年谱（1975—1997）》（下），中央文献出版社 2004 年版，第 870 页。

③ 《邓小平文选》第 2 卷，人民出版社 1994 年版，第 152 页。

经济任务，同时更作为一项重要的政治责任提了出来。1978 年 12 月 22 日，中共十一届三中全会通过《中共中央关于加快农业发展若干问题的决定（草案）》，提出了设立专门机构负责西北、西南一些地区以及其他一些革命老根据地、偏远山区、少数民族地区和边境地区开展扶贫开发工作的建议。[①]1979 年 9 月 28 日，中共十一届四中全会通过《中共中央关于加快农业发展若干问题的决定》，指出："我国西北、西南一些地区以及其他一些革命老根据地、偏远山区、少数民族地区和边境地区，长期低产缺粮，群众生活贫困。这些地方生产发展快慢，不但是个经济问题，而且是个政治问题。国务院要设立一个有有关部门负责同志参加的专门委员会，统筹规划和组织力量，从财政、物资和技术上给这些地区以重点扶持，帮助他们发展生产，摆脱贫困。对其他地区的穷社穷队，也要帮助他们尽快改变面貌。国家支援穷队的资金，要保证用于生产建设。"[②]

20 世纪 80 年代初，农村扶贫开发被确定为国家的一项大政方针。1982 年 12 月 10 日，五届全国人大五次会议批准的《中华人民共和国国民经济和社会发展第六个五年计划（1981—1985）》规定："帮助少数民族地区和经济不发达地区发展经济文化事业。""每年拨专款 5 亿元，作为支援经济发展的资金。"[③]1983 年中央 1 号文件《当前农村经济政策的若干问题》指出："目前有些边远山区和少数民族地区，生产水平仍然很低，群众生活还有很多困难。必须给予高度关注，切实加强工作，力争尽快改变贫困面貌。对这些地区，在各项政策上，要比其他地区更加放宽；在生产上要发挥当地资源的优势，并有效地利用国家财政扶持，开展多种经营，以工代赈，改变单纯救济做法。注意改善交通条件，解决能源困难，防治地方病，办好教育。"[④] 上述文件实际上指出了新时期农村扶贫开发工作的原则和方向。

---

① 《中共中央关于加快农业发展若干问题的决定（草案）》，《新疆林业》1979 年第 S1 期。

② 《三中全会以来重要文献选编》（上），中央文献出版社 2011 年版，第 167—168 页。

③ 《中华人民共和国国民经济和社会发展第六个五年计划（1981—1985）》（1982 年 12 月 10 日第五届全国人民代表大会第五次会议批准）（摘要），《人民日报》1982 年 12 月 13 日。

④ 《十二大以来重要文献选编》（上），人民出版社 1986 年版，第 266 页。

1984 年 9 月 29 日，中共中央、国务院发出《关于帮助贫困地区尽快改变面貌的通知》，明确了新时期农村扶贫开发工作的原则、重点、措施和机构等。通知强调农村扶贫开发的基本原则是“将国家扶持的资金重点用于因地制宜发展生产”，而不是“单纯用于救济”。工作重点是“要突出重点，目前应集中力量解决十几个连片贫困地区的问题”，“不能采取‘撒胡椒面’的办法平均使用，更要严禁挪作他用”。通知规定的政策措施主要包括实行比一般地区更灵活、更开放的土地承包、经营政策，免征农业税、企业所得税等优惠政策以及修路、办教育、规划科技卫生工作等。同时，通知还要求有关各省（市、自治区）要成立贫困山区工作领导小组，负责检查督促各项措施的落实，国家各有关部门也要指定专人负责扶贫开发工作。[①] 这是新时期中共中央、国务院发出的第一个农村扶贫开发文件，有力地指导、推动了农村扶贫开发工作的快速展开。

根据中央精神，一些省份召开了扶贫开发工作会议，部署落实省内扶贫开发工作。例如，1984 年 7 月 31 日至 8 月 3 日，四川省召开盆周山区第一次扶贫开发会议，研究部署开发川东涪陵、万县、达县等地的山区经济，以尽快摆脱贫困状态，从而拉开了四川省盆周山区扶贫开发的序幕。1985 年，山东省召开沂蒙山区第一次现场办公暨全省扶贫工作会议，确定因地制宜地从实际出发开展生产的方针，部署横向联合由城市对口支援贫困县人民脱贫致富等政策措施。此后，这些省每年都召开扶贫开发工作会议，总结过去一年的工作经验和教训，进一步完善有关政策，安排下个年度的扶贫开发工作。

二、新时期农村扶贫开发工作的启动

20 世纪 80 年代初，虽然国务院没有成立负责农村扶贫开发工作的专门机构，但是扶贫开发工作以财政扶贫资金为龙头，信贷扶贫资金为辅助，在财政部、国家计委、国家经委、国家民委、民政部以及中国人民

---

① 《中共中央、国务院关于帮助贫困地区尽快改变面貌的通知》，《中华人民共和国国务院公报》1984 年第 25 期。

银行等部门的协同推动下，蓬勃地开展起来。

（一）设立支援经济不发达地区发展资金，帮助老少边穷地区发展生产

如前所述，改革开放以前，支援穷队投资是国家安排用于扶持穷社、穷队发展生产、增加收入，改变面貌的专项财政扶贫资金。1963 年 1 月 5 日，中共中央批转《目前穷队的特点和支援办法》，明确要求支援穷队的资金“应该适当地集中使用，采用打歼灭战的办法，按照先易后难的步骤，改变一批穷队的面貌”[①]。按照这一原则，资金重点投向了东北、华北、华东等自然条件较好，通过生产建设的改进比较容易提高农业生产水平、改变贫穷面貌的省份；相对而言，自然条件恶劣的西南、西北各省得到的资金较少。也正是由于这一因素，到 20 世纪 70 年代末，西南、西北地区的贫困问题仍十分突出。

改革开放之初，国务院对扶贫资金进行了调整。1980 年 2 月 1 日，国务院做出《关于实行“划分收支、分级包干”财政管理体制的暂行规定》，指出：“对于边远地区、少数民族自治地方、老革命根据地和经济基础比较差的地区，为了帮助他们加快发展生产，中央财政根据国家财力的可能，设立支援经济不发达地区的发展资金。此项资金占国家财政支出总额的比例，应当逐步达到百分之二，并由财政部掌握分配，实行专案拨款，有重点地使用。”[②]原有的支援农村人民公社投资支出划归地方财政。这样，支援经济不发达地区发展资金作为中央专项财政扶贫资金，每年集中投向划定的“经济不发达的革命老根据地、少数民族地区、边远地区以及穷困地区”使用；而支援农村人民公社投资继续保留，改为地方财政支出，用以扶持划定贫困地区之外的穷队、穷社的发展，资金数额由地方根据财力而定。[③]

---

① 《建国以来重要文献选编》第 16 册，中央文献出版社 1997 年版，第 79 页。

② 《国务院关于实行“划分收支、分级包干”财政管理体制的通知》，《中华人民共和国国务院公报》1980 年第 1 期。

③ 到 1985 年，支援农村人民公社投资改称“支援农村合作生产组织资金”，仍然实行无偿拨款办法。

为了更好地管理、使用发展奖金，国家层面成立了全国支援经济不发达地区发展资金管理委员会，受援省（自治区）也成立了各级发展资金管理机构。1980—1986年，中央财政预算共安排支援经济不发达地区发展资金40亿元，再加上其他方面资金的配合，共同促进了农村各项建设事业的发展。1985年，全国各省（区）的扶贫受援县已达1230个，比1980年增加608个。几年来，发展资金用以建设小水库873座，增加蓄水量8亿立方米；修建人畜饮水工程20万处，解决了1328万人和598万头牲畜的饮水问题；增加茶叶种植面积311万亩、果树530万亩、桑田106万亩，草场增加1322万亩，造林5082万亩；养猪254万头、羊278万只、牛67万头；修建公路6.63万公里，架设桥梁5902座，修建小水电站4273座，架设输变电线路3.47万公里；支援乡镇企业1万多个。[①]财政资金的大力支持，使绝大多数受援省（自治区）的扶贫工作取得了明显效果，对帮助经济落后地区群众解决温饱问题进而脱贫致富发挥了重要作用。

（二）设立专项资金，扶助“三西”地区扶贫开发建设

“三西”地区是历史上著名的干旱缺水、贫穷落后地区，“苦瘠甲天下”，因受自然条件及多种因素的限制，也是西北黄土高原腹地最大的集中连片贫困地区，73%的人口温饱问题没有解决，吃、穿、烧、用无保证，长期依靠国家救济。

1982年7月，国务院负责人到甘肃河西、定西地区视察工作。12月10日，中央财经领导小组召开会议，专题研究“三西”地区农业建设发展问题，决定从1983年开始，在拨付支援经济不发达地区发展资金援助“三西”地区建设的同时，用10年时间每年增加拨款专项资金2亿元，扶持开发自然条件较好的甘肃河西地区和宁夏河套地区，改造自然条件最差的甘肃中部干旱地区18个县和宁夏西海固干旱高寒山区的8个县，集中解决这一片的贫困问题。由此，“三西”地区的扶贫开发工作正

① 《总结经验，加强管理，提高发展资金使用效益——第二次全国支援经济不发达地区发展资金管理工作座谈会在京召开》,《中国财政》1987年第1期。

式启动。

在中央的直接关怀和领导下，“三西”地区制订了“兴河西之利，济中部之贫”的发展战略，确定了“有水路走水路，水路不通走旱路，水旱路都不通另找出路”和“大力种草、种树，兴牧促农，因地制宜，农林牧副全面发展”的扶贫开发思路，提出“3年停止生态破坏、5年解决群众温饱、10年20年改变面貌”的奋斗目标。[①] 为此，“三西”地区采取一系列综合措施，从保护和恢复生态条件入手，着手退耕还林、种草种树、推广节能灶，妥善解决燃料和饲料等问题，发展畜牧业生产；以加强农业基础建设为重点，进行基本农田建设、水利建设、人畜饮水工程建设、林草建设、农电建设，增强“三西”地区抗御自然灾害的能力；与此同时，还实施了大规模的自愿移民搬迁工作。

到1985年，“三西”地区种草1000多万亩，种树600多万亩，其中退耕还草、还林400多万亩。新植林草超过新中国成立以来保存面积的98%，大牲畜增长8%，羊只和生猪的商品率都有较大幅度的提高。同时，建设提灌工程2项，中小型水利工程79项，支干渠衬砌近2000公里，增加保灌面积82万亩，兴建农田117万亩。甘肃中部和宁夏西海固地区的26县，人均产粮达到600斤。此外，对那些生产、生活条件特别恶劣，生存条件十分困难的地方，甘肃、宁夏两省（区）共组织移民13万多人。[②]

“三西”地区的扶贫开发建设开创了集中连片扶贫的先河，为1984年中央确定重点进行集中连片扶贫的方针奠定了实践基础。

（三）设立专项低息贷款，支持老少边穷地区发展经济、脱贫致富

为帮助各少数民族地区加速发展经济，经国务院批准，从1983年开始，中国人民银行在信贷计划中安排了专项“发展少数民族地区经济贷款”，实行优惠利率，主要支持内蒙古、广西、宁夏、新疆四个民族自

① 《向贫困宣战：“三西”农业专项建设》，《宁夏日报》2015年4月16日。

② 张述圣、卢小飞：《“三西”地区农业建设有突破》，《人民日报》1985年10月22日。

治区和贵州、云南、甘肃、青海四个省的边远贫困地区发展经济。1983 年、1984 年，每年安排发展少数民族地区经济贷款 3 亿元。从 1985 年开始，该项贷款范围扩大到全国，改称“老少边穷地区发展经济贷款”（以下简称“老少边穷贷款”），贷款资金每年增加到 10 亿元。

作为用于脱贫致富的经济开发性专项低息贷款，“老少边穷贷款”重点面向集中连片贫困地区，主要用于能发挥老少边穷地区资源优势、增强经济实力的重点建设项目，强调重点扶持，讲求经济效益。中国人民银行要求各省（自治区）一定要坚持以项目定贷款，对老少边穷地区经济开发计划安排的项目，经过筛选、评估，确认符合贷款条件后，才能在人民银行总行下达的专项贷款限额之内批准发放。例如，四川省凉山州人民银行从 1985 年开始到 1988 年，对全州 17 个县（市）发放了“老少边穷贷款”7276 万元，共安排固定资产投资项目 145 个，已建成投产的 139 个，占贷款金额的 87%，其中发挥经济效益的占 97.4%。按 1988 年综合统计，新增工业产值 14800 万元，新增税利 6612 万元。“老少边穷贷款”为凉山州民族经济的发展增强了后劲，受到了当地群众的好评。[①]

（四）在贫困地区实施以工代赈专项扶贫工程

交通、水利等基础设施落后是影响贫困地区发展的重要因素之一，在“三西”地区扶贫建设中，国家采取以工代赈方式在定西、西海固地区开展乡村道路和小型农田水利设施建设，将改善交通、水利等基础设施条件作为解决贫困地区问题的突破口。以工代赈，就是由政府在农村投资建设基础设施工程，贫困农民参加工程建设获得劳务报酬，以此取代直接救济的一种农村扶贫政策。这一办法既能改善贫困地区的农业生产条件，为贫困地区人民脱贫致富创造必要的条件，又能直接增加贫困户收入，给贫困地区政治、经济、文化的发展带来生机和活力，因而受到贫困地区人民的欢迎。

1984 年，根据中共中央、国务院关于帮助贫困地区尽快改变面貌的通知精神，依据农业连年获得丰收、粮食储备较充裕的实际情况，国务

---

① 唐登义：《老少边穷贷款管理之探索》，《四川金融》1989 年第 12 期。

院决定从1984年冬到1987年，从商业库存中拿出粮食100亿斤、棉花200万担、棉布5亿米，加上地方配套部分，总金额在50亿元左右，[①]拨给贫困地区，重点是严重缺粮、缺衣被和交通十分闭塞的县、乡，主要用于修筑由县到乡（区或公社）以及由乡到农副产品集散地的道路，整修可以通航的河道以及修建一些中、小型的农田水利工程。国家调拨给贫困地区的物资采取以工代赈的方式，作为参与上列工程的民工工资补助。实施范围重点是全国14个集中连片的贫困地区，特别是西南、西北贫困面较大的省（区）及边远少数民族地区。这是新中国成立以来投资最多、规模最大的一项贫困地区的基本建设，并且迅速收到良好成效。

水利工程建设方面，1985年全国用于贫困地区修建水利工程的粮食4.8亿公斤、棉花1060万公斤、棉布4800万米，折价约2.6亿元；连同地方配套资金2.5亿元，共约完成投资5.1亿元。一年间以工代赈共解决了408万人、297万头牲畜的饮水问题，新增灌溉面积74万亩，改善灌溉面积492万亩，除涝治理面积238万亩，水土保持治理面积708万亩，修复河堤1080公里，新增小水电装机5万千瓦。[②]据《国家计划委员会关于动用国家库存粮棉布以工代赈帮助贫困地区修建道路和水利工程的总结报告（1988年5月17日）》的数据，截至1987年底，水利工程方面共解决了1440万人、971万头牲畜的饮水问题；新增灌溉面积259万亩，改善灌溉面积1055万亩；完成除涝治理面积362万亩，水土保持治理面积1701万亩；维修加固水库558座，新增小水电装机15.6万千瓦。这为解决贫困地区人民生产、生活困难，加强贫困地区自我发展能力发挥了重要作用。

“要想富，先修路”，27亿元粮、棉、布以工代赈专项资金中用于公路建设部分折合人民币约17亿元。据《国家计划委员会关于动用国家库存粮棉布以工代赈帮助贫困地区修建道路和水利工程的总结报告（1988年5月17日）》的数据，截至1987年底，共新建、改建公路、机耕道、驿道12万公里，其中新建等级公路4.6万多公里；新建大、中桥梁7200

---

① 唐杰：《交通扶贫的出路》，《瞭望》1987年第18期。

② 刘斌：《以工代赈帮助贫困地区修建水利工程》，《中国水利》1986年第12期。

座，16.3 万延米；整治航道 1800 多公里，新建码头 65 座。各贫困地区通过以工代赈建成大批公路，大大改变了当地交通运输条件，增强了“造血”功能，取得了较好的经济效益和社会效益。

上述工程对开发贫困地区特别是集中连片贫困地区的资源，繁荣山区经济，改善群众生产、生活条件，加快脱贫致富的步伐起到了积极的推动作用，并为其经济开发和进一步发展奠定了基础，创造了条件。正是由于以工代赈扶贫开发效果显著，得到广大群众的热烈欢迎和衷心拥护，这种方式作为农村扶贫开发的一个主要办法一直延续下来。

（五）减免贫困地区农业税，减轻其财税负担

除了专项财政投入之外，国家还对贫困地区实行减轻负担的政策。自 1979 年开始，国家为减轻穷队负担，支持他们发展生产，对农业税实行起征点办法，得到免税照顾的农业人口达 13292 万人，平均每人免税合人民币 4.06 元。其中经济条件差的革命老根据地、少数民族地区、边疆地区和山区，得到的减免照顾更多一些。对于确属自然条件差、长期低产缺粮、收入水平低、维持简单再生产和最低生活有困难且改变这种状况需要较长时间的生产队，凡符合起征点以下免税条件的，从 1980 年开始，实行免税一定 3 年的办法。到 1983 年停止执行农业税起征点办法，但是对于贫困地区极少数口粮和收入水平仍然很低、不能维持基本生活需要、纳税确有困难的队和户仍然予以减免。①

1984 年 9 月，中共中央、国务院在《关于帮助贫困地区尽快改变面貌的通知》中专门强调减轻贫困地区负担，给予贫困地区经济开发优惠。具体有 5 项内容：（1）对贫困地区从 1985 年起，分别情况，减免农业税。最困难的免征农业税 5 年，困难较轻的酌量减征 1—3 年；（2）鼓励外地到贫困地区兴办开发性企业（林场、畜牧场、电站、采矿、工厂等），5 年内免交所得税；（3）乡镇企业、农民联办企业、家庭工厂、个体商贩的所得税可以减免，减免的幅度和时间由县人民政府自定；（4）一切农、

---

① 《财政部关于停止执行农业税起征点办法的通知》（1983 年 8 月 18 日），《中国财政》1983 年第 10 期。

林、牧、副、土特产品（包括粮食、木、竹），都不再实行统购、派购办法，改为自由购销，有关的国营部门和供销合作社应积极开展代购、代销业务；（5）部分缺衣少被的严重困难户，可由商业部门赊销适量的布匹（或成衣）和絮棉，需要蚊帐的赊销给蚊帐，赊销贷款免息。[①]

这一政策在全国各贫困地区普遍得到了贯彻落实。例如，1985 年 6 月 22 日，广西壮族自治区人民政府发出《关于对贫困地区减免农业税问题的通知》，对贫困地区的 254 个乡镇，常年现金收入人均在 100 元以下的困难农户，免征农业税一年，一年一定。[②]这项政策一直持续到 1990 年。1990 年，考虑到贫困地区经济已有较大发展，多数贫困地区人民的温饱问题已基本解决，有的已经脱贫致富，因此，从当年起，对贫困地区原则上恢复了征税。但是对温饱问题尚未解决、纳税确有困难的农户，按《财政部关于对贫困地区、国营华侨农场、劳改劳教单位征收农业税问题的通知（1990 年 5 月 18 日）》，国家仍然按农业税减免办法继续予以照顾。这对帮助贫困地区改变面貌起到了积极作用，产生了良好的政治影响。

（六）扶助农村贫困户发展生产

中共十一届三中全会以来，农村实行生产责任制、发展多种经营，促进了生产发展，使广大农民迅速摆脱贫困面貌。但是，由于缺劳力、缺资金、缺技术以及天灾人祸等原因，仍然有一部分农户相当贫困。1978 年以来，各地在鼓励一部分农民先富起来的同时，广泛开展了扶贫工作。民政、财政、农业、商业、教育、卫生等有关部门有计划地扶助农村贫困户发展生产。到 1982 年，据 24 个省（市、自治区）不完全统计，1978 年以来被扶助的 273 万多户中，有 102 万多户改变了贫困面貌。[③]

---

① 《中共中央、国务院关于帮助贫困地区尽快改变面貌的通知》，《中华人民共和国国务院公报》1984 年第 25 期。

② 《自治区人民政府关于对贫困地区减免农业税问题的通知》，《广西政报》1985 年第 8 期。

③ 《国家经济委员会、民政部、财政部、中国农业银行、商业部、农牧渔业部、教育部、对外经济贸易部、国家物资局关于认真做好扶助农村贫困户工作的通知》（1982 年 12 月 15 日），《中华人民共和国国务院公报》1983 年第 1 期。

1982 年 9 月，中共十二大报告强调指出："在农村中的一部分低产地区和受灾地区，农民还很贫困，要积极扶助他们发展生产，增加收入。"[①] 根据这一精神，同年 12 月 15 日，国家经济委员会、民政部、财政部等 9 部门联合发出《关于认真做好扶助农村贫困户工作的通知》，指出扶助农村贫困户是党的一项重要政策，帮助贫困户摆脱贫困是关系全局的、具有战略意义的一件大事。通知要求各地定准扶贫对象，采取多方面措施，着重"扶志"和"扶本"，帮助贫困户树立摆脱贫困、奋发向上的志气，千方百计地帮助贫困户种好承包田、自留地，搞好多种经营，广开财路，增加收入，摆脱贫困。[②]

根据这些精神，各地普遍开展了扶助贫困户的工作，取得了一定的成绩。但是到 1985 年初，据不完全统计，全国仍有贫困户 1400 万户，7000 多万人，约占全国农村人口的 9%，[③] 扶持贫困户形势依然严峻。根据十二届三中全会通过的《中共中央关于经济体制改革的决定》所提出的"对还没有富裕起来的人积极扶持""实行特殊的优惠政策"的精神，1985 年 3 月 18 日，民政部、国家经济委员会、财政部、中国农业银行等 9 部门向国务院提出《关于扶持农村贫困户发展生产治穷致富的请示》，提出通过减轻贫困户的负担，对贫困户给予优惠，加大对贫困户的扶持力度。国务院同意了这一请示，规定对贫困户缴纳农业税确有困难的酌情减免，贫困户个人或集体兴办的工业、商业、运输业、建筑业和服务业的减免税收，减免贫困户的义务工和教育等各种公益事业收费，并优先吸收贫困户青年到国营企业、乡镇企业就业，以此激发贫困户发展生产的积极性。[④]

在各地的努力下，"六五"期间扶持贫困户工作取得了比较显著的成果。到 1986 年 11 月，全国累计扶贫 1000 万户，其中一半左右摆脱了贫

---

① 《改革开放三十年重要文献选编》（上），中央文献出版社 2008 年版，第 270 页。

② 《国家经济委员会、民政部、财政部、中国农业银行、商业部、农牧渔业部、教育部、对外经济贸易部、国家物资局关于认真做好扶助农村贫困户工作的通知》（1982 年 12 月 15 日），《中华人民共和国国务院公报》1983 年第 1 期。

③ 《国务院批转民政部等部门关于扶持农村贫困户发展生产治穷致富的请示的通知》（1985 年 4 月 26 日），《中华人民共和国国务院公报》1985 年第 14 期。

④ 同上。

困。[①]

此外，各地还对科技扶贫、教育扶贫等扶贫方式进行探索，并普遍开展对口支援扶贫。例如，1984年，为了促进甘肃省“两西”地区[②]的经济发展，经国务院“三西”地区建设领导小组与江苏、山西省协商，两省选派了一批经济工作经验丰富的离休、退休老干部和水土保持、林业、畜牧等方面的工程技术人员到甘肃省“两西”地区帮助工作，就当地发展乡镇企业、商品生产和小流域治理等开展咨询和技术指导。[③]有的地方还动员有技术专长的党员干部和农技员、能工巧匠、专业户组成科技扶贫组，与贫困户建立扶贫联系，并逐户签订扶贫协议，技术人员帮助制定科学致富方案，引进优良品种，传授农业技术。[④]1985年，河北省筹集资金1000万元用于支持“山、老、边、穷地区”办教育，并长期进行对口支援，从省直机关、科研单位抽调一批能胜任师资培训工作的同志，轮流到基层帮助搞培训工作。[⑤]为增强沂蒙山区的经济活力，济南市同蒙阴县、费县，青岛市同沂水县、沂南县，淄博市同沂源县，烟台市同平邑县结成“对子”，展开了对口支援活动。这4个城市利用自己经济基础好、技术力量强、传递信息快等方面的优势，从资金到设备，从技术到人才，从生产到销售，全面帮助蒙沂山区6个县发展“起步产业”，增强“造血”机能。[⑥]

---

① 曾祥平、李德金:《扶贫扶优工作经验交流暨表彰大会在京举行，我国五百万农户脱贫，乔石要求各地把“双扶”工作纳入经济和社会发展规划》,《人民日报》1986年11月19日。

② 甘肃省“两西”地区指甘肃省河西走廊地区和以定西为代表的中部地区。

③ 陈惠明:《江苏、山西咨询组到甘肃“两西”地区帮助工作》,《人民日报》1984年4月15日。

④ 姜圣瑜:《喜看农村形势好，引导农民科学种田，宗村乡最困难的68户一年致富》,《人民日报》1984年1月7日。

⑤ 杨振武、王庚南:《河北省筹集资金一千万元支持山、老、边、穷地区办教育》,《人民日报》1985年7月23日。

⑥ 贾建舟:《既锦上添花又雪里送炭，山东省调动各方力量帮助沂蒙山区脱贫致富》,《人民日报》1985年10月12日。

三、改革开放初期农村扶贫开发的特点

新中国在改革开放以前的扶贫工作中，支援穷队资金的使用总的来说是有成效的，但也存在一些问题。一是资金“撒胡椒面”式的分散使用比较突出，且各地在使用中大都采取平均分配的做法。二是支援农村人民公社投资一直是无偿性质的财政投资，经常出现资金被挪用的情况。这些都影响了扶贫资金效益的发挥。新时期的扶贫开发工作是对新中国成立后近 30 年扶贫工作的继承和发展，与过去相比，改革开放初期在设立中央财政扶贫专项资金、扶持贫困户发展生产等方面，与以前的扶贫工作有共同点。更重要的是，在总结以往扶贫工作经验教训的基础上，新时期的扶贫开发工作一开始就表现出改革开放新形势下的新特点。

（一）瞄准重点区域、重点对象，集中力量解决连片贫困地区的贫困问题

在农村扶贫开发工作中，扶贫对象的选择以及之后扶贫资金的投放，直接关系到扶贫开发工作的成效。在资金有限的情况下，把资金用在确实非常贫困的地区，瞄准目标集中使用，能够发挥更好的作用。为了纠正“撒胡椒面”式的平均使用扶贫资金的问题，早在 1979 年 3 月，财政部、农业部就改进支援农村人民公社投资使用管理向国务院提交报告，提出了“坚决纠正那种‘撒胡椒面’、平均分配资金和其他不讲实效的做法”“重点扶持长期低产缺粮的地区”的建议①。同年 9 月通过的《中共中央关于加快农业发展若干问题的决定》接受这一建议，确定对“长期低产缺粮，群众生活贫困”的西北、西南一些地区以及其他革命老根据地、偏远山区、少数民族地区和边境地区进行“重点扶持”②。1984 年 9 月，《中共中央、国务院关于帮助贫困地区尽快改变面貌的通知》进一步明确提出“解决贫困地区的问题要突出重点，目前应集中力量解决十几个连

① 《中国农业机械化财务管理文件汇编》，机械工业出版社 1991 年版，第 94、96 页。

② 《三中全会以来重要文献选编》（上），中央文献出版社 2011 年版，第 167—168 页。

片贫困地区的问题”的指导原则。[①]

从支援经济不发达地区发展资金的发放来看，自1980年资金开始设立就改变了原来支援穷队投资全国各省（市、自治区）都分配使用的做法，有重点地投向一些穷困突出的地区。1980年，全国13个省（自治区）的贫困地区分配了这项资金，1983年，使用这项资金的范围扩大到18个省（自治区）的贫困地区。[②]1984年底，根据中央重点扶持集中连片贫困地区的指示以及人均年纯收入200元以下的标准，在全国确立了14个大的集中连片贫困地区，所属贫困县共225个。[③]此后，中央财政拨出的支援经济不发达地区发展资金、以工代赈扶贫资金重点面向这14个集中连片贫困地区投放。例如，1984—1985年，中央分配给山东省支援经济不发达地区发展资金1350万元，重点支援沂蒙山区革命老根据地13个县，安排资金1250万元；由于山东省没有少数民族县，只有少数民族聚居的乡镇，所以为了照顾287个乡镇安排资金100万元。[④]

1983年开始的“三西”地区农业专项建设，是全国第一个区域性扶贫开发实验，它本身就是中央瞄准重点区域开展重点扶贫的举措。为保证扶贫效果，国务院要求，“专项资金的使用一定要精心筹划，保证重点，讲求实效。要把资金真正用在为了制止植被破坏和解决群众温饱问题而必须国家扶持的建设项目上，绝不能投资十年，山河依旧，群众依然不得温饱，生态的恶性循环还在继续”[⑤]。在实际工作中，尽管甘肃省其他几个困难县也要求按中部各县的办法给予补助，但是为了保证“力争三年停止破坏、五年基本解决温饱”目标的实现，专项资金的使用没有“撒胡椒面”，也没有扩大使用范围，而是集中投向甘肃中部和宁夏西海固两

---

① 《中共中央、国务院关于帮助贫困地区尽快改变面貌的通知》，《中华人民共和国国务院公报》1984年第25期。

② 李福玉、苗松浦：《加强支援经济不发达地区发展资金管理的几个问题》，《中国财政》1981年第12期；《支援经济不发达地区发展资金座谈会在北京召开》，《中国财政》1983年第11期。

③ 《我国贫困地区经济社会发展现状》，《农业经济丛刊》1986年第6期。

④ 《山东省财政厅关于报送发展资金管理经验座谈会材料的函》（1986年6月4日），山东省档案馆。

⑤ 《“三西”地区农业建设领导小组第三次扩大会议的汇报提纲》，《中华人民共和国国务院公报》1983年第25期。

省区最困难的 26 个县。这一探索为 1986 年国家开始确定全国第一批重点贫困县进行集中扶助奠定了实践基础。①

（二）注重投资效益，资金使用由无偿改为有偿、无偿相结合

1983 年以前，针对老少边穷地区经济基础薄弱、人民群众尚未解决温饱问题的实际情况，支援经济不发达地区发展资金基本上是无偿使用的，但是许多资金使用效果不够理想。由于资金是无偿的，一些受援对象和地区容易养成依赖思想，有些地区不考虑经济效益和社会效益，要么乱花、挪用，要么平均分散使用；有些地区没有把资金投入开发性生产建设，而是当成“第二救济款”发放了。为了提高发展资金使用效果，结合一些地区经济发展的变化，1983 年 11 月 1 日，财政部发布《关于支援经济不发达地区发展资金管理暂行办法》，规定发展资金的使用实行无偿和有偿两种办法，对没有直接经济收益的项目，实行无偿使用；对有经济收益的项目，原则上实行有偿使用，不计利息，定期收回；有偿支援项目到期收回的资金，留给受援县按照发展资金的分配使用原则周转使用；对长期穷困地区也可以在一定时期内，全部实行无偿使用的办法。②

随着老少边穷地区商品经济的迅速发展，很多地区都具备了有偿使用发展资金的条件。1986 年 12 月 25 日修订颁布的《支援经济不发达地区发展资金管理办法》规定，发展资金的使用实行有偿、无偿相结合，以有偿为主的原则。凡是有经济效益的项目或有偿还能力的受援对象，

---

① 从 1986 年起，中国人民银行委托中国农业银行每年发放 10 亿元专项贴息贷款，支持全国重点贫困县开发经济，发展商品生产，解决群众温饱问题。国务院贫困地区经济开发领导小组核定第一批全国重点贫困县的标准是农民人均收入 150 元以下的县；对革命老区放宽到人均收入 150—200 元的县，对井冈山、延安等做出特殊贡献、在国内外有重要影响的革命老区放宽到 200—300 元的县，共计 258 个全国重点贫困县。参见山东省政府办公厅农业室整理：《朱荣同志听取关于沂蒙山区开发情况汇报后的讲话》（1986 年 8 月 23 日），山东省档案馆；《中国人民银行、中国农业银行关于印发〈中国人民银行、中国农业银行扶持贫困地区专项贴息贷款管理暂行办法〉的通知》（1986 年 11 月 17 日），山东省档案馆。

② 《中华人民共和国民族政策法规选编》，中国民航出版社 1997 年版，第 160—162 页。

都应当实行有借有还、有偿使用的办法；对少数没有经济效益的项目或没有偿还能力的受援对象，仍可无偿使用。①

（三）从过去主要由民政、财政、银行等部门扶贫转变为由财政、民政、银行、科技、交通、文教等各部门协同扶贫

新时期扶贫开发立足于以解决温饱问题为首要目标，同时全面改善贫困地区的基础设施、教育、卫生医疗条件，从根本上改变贫穷落后面貌。在中共中央的视野中，扶贫开发不同于单纯救济贫困，也不是对基本建设的补充，而是着眼于帮助农村贫困地区改善生产、生活条件，全面改变贫困面貌，最终达到摆脱贫困、与全国一起实现共同富裕。也就是说，帮助贫困地区的经济开发，发展多种经营，把经济搞活是首要任务，同时贫困地区的基础设施、教育、科技、卫生都要相应的发展。这样，贫困开发就成为一项综合性工作。而之前民政部负责扶持贫困户、财政部负责支援农村人民公社投资的做法远远不能适应工作需要，必须由财政、民政、银行、科技、交通、文教各部门协同扶贫。这一阶段一些重要的扶贫政策，也是由国家经济委员会、民政部、财政部、农牧渔业部、教育部、对外经济贸易部和国家物资局等有关部门共同制订下发的，强调各部门协同扶贫。例如，1982 年底，国家经济委员会、民政部、财政部等 9 部门下发《关于认真做好扶助农村贫困户工作的通知》，要求农业、财政、银行、商业、外贸、教育、物资、民政等各有关部门都要以扶贫为己任，协同做好农村扶贫工作。② 具体来说，财政部门在安排使用支援贫困地区的各项资金和农业税减免上，对贫困户给以适当照顾并督促社、队落实。农村金融部门对缺乏农副业生产资金的贫困户积极给以贷款支持，并帮助他们安排好各项生产项目。商业、粮食、供销部门帮助贫困户开辟副业生

① 《全国支援经济不发达地区发展资金管理委员会发出关于印发〈支援经济不发达地区发展资金管理办法〉的通知》，《财政》1987 年第 2 期。

② 《国家经济委员会、民政部、财政部、中国农业银行、商业部、农牧渔业部、教育部、对外经济贸易部、国家物资局关于认真做好扶助农村贫困户工作的通知》（1982 年 12 月 15 日），《中华人民共和国国务院公报》1983 年第 1 期。

产门路，及时收购产品；在规定各地粮食征购基数比例包干的范围内，适当减免贫困户的粮食征购任务；优先供应化肥、良种、牲畜、饲料以及其他生产、生活急需的物资。外贸部门在安排出口产品的生产和收购时，在国外市场销售可能和保证产品质量、规格符合出口标准的前提下，优先照顾贫困户。农业、畜牧业部门帮助社、队搞好集体提留，落实对贫困户的补助，适当减免其提留任务、义务工和欠款；在生产技术上对贫困户给予指导，帮助他们做好家禽、家畜的疫病防治，并在收费上适当照顾。社、队企业部门尽可能多地安排一些贫困户参加生产劳动。物资部门在供应农用和修建房屋的物资时，优先照顾贫困户。教育部门为贫困户子女减免学杂费，并在助学金使用上予以适当照顾。民政部门协助党政领导制订扶贫规划，进行调查研究，交流工作经验；加强与有关部门的联系，组织集体帮助和群众互助；拨出适当数额的农村救济经费，用于扶贫。

在实际工作中，扶贫工作由财政部门牵头，有关部门配合扶贫工作。但是，由于缺乏专门的工作机构，扶贫开发各项工作不能有效地协调，使得一些扶贫措施或者不准或者不得力，扶贫资金使用有些分散，有的使用范围不尽妥当，有的资金管理偏松，监督检查不严，少数地方甚至发生贪污挪用、损失浪费等现象。

基于这种状况，1986 年中央 1 号文件《关于一九八六年农村工作的部署》，再次提出“国务院和有关省、自治区都要建立贫困地区领导小组，加强领导”[①] 的建议和要求。同年 5 月 16 日，国务院贫困地区经济开发领导小组成立，领导小组由时任国务院秘书长的陈俊生担任组长，成员由国家经委、国家计委、国家科委、国家教委、民政部、财政部、商业部、农牧渔业部、林业部、水电部、交通部、卫生部、中国农业银行、“三西”地区领导小组办公室等有关部门的同志担任。其基本任务是组织调查研究，拟订贫困地区经济开发的方针、政策和规划；协调解决开发建设中的重要问题；督促、检查和总结交流经验。随后，相关省（自治区、直辖市）和地（市）、县级政府也成立了相应的扶贫开发工作机构，

① 《十二大以来重要文献选编》（中），人民出版社 2011 年版，第 326 页。

负责协调组织开展本地的扶贫开发工作。国务院贫困地区经济开发领导小组和各地扶贫工作机构的成立，大大提高了扶贫开发各项工作效率，使新时期扶贫开发工作进入一个新的发展阶段。

［原载《当代中国史研究》2017 年第 3 期］

改革开放40年中国农村扶贫开发历程与经验

农村扶贫开发是改革开放以来中国共产党为扶持农村贫困地区、贫困人口尽快改变贫穷落后面貌，实现共同富裕而采取的一项重大政策。经过40年的实践，中国农村扶贫开发取得重大成就，积累了丰富的中国特色减贫经验，为2020年实现整体消除绝对贫困、全面建成小康社会奠定了坚实的实践和理论基础。

一、农村扶贫开发的历程

自1978年至2018年，40年的农村扶贫开发工作大致可以分为五个阶段，每个阶段农村扶贫开发工作的特点、任务和目标都有所不同。

（一）起始阶段（1978—1985年）

这一时期，党和国家确立农村扶贫开发政策，并且采取多种实际措施。1978年12月召开的中共十一届三中全会标志着改革开放国策开始实施，会议原则通过的《中共中央关于加快农业发展若干问题的决定（草案）》，初步总结近20年来中国农业发展的主要经验教训，提出了加快农业发展、减轻农民负担、增加农民收入等一系列农村经济政策和增产措施。1980年，在中央的肯定下，包产到户、包干到户的“双包”责任制迅速推广，推动了农村改革浪潮的兴起，调动了广大农民的生产积极性，有效促进了农业生产的发展，农民收入普遍增长，全国贫困人口明显减少。然而，我国西北、西南一些地区以及其他一些革命老根据地、偏远山区、少数民族地区和边境地区，长期低产缺粮，群众生活贫困。在同等的改革政策条件下，这些地区很难依靠自身力量改变贫穷落后面貌。

在这种情况下，邓小平和中共中央在构建通过改革开放发展经济、鼓励先富带动后富最终实现共同富裕的战略构想中，帮助扶持农村贫困地区发展就是必不可少的有机构成部分。1978 年 12 月邓小平指出："在经济政策上，我认为要允许一部分地区、一部分企业、一部分工人农民，由于辛勤努力成绩大而收入先多一些，生活先好起来。一部分人生活先好起来，就必然产生极大的示范力量，影响左邻右舍，带动其他地区、其他单位的人们向他们学习。这样，就会使整个国民经济不断地波浪式地向前发展，使全国各族人民都能比较快地富裕起来。当然，在西北、西南和其他一些地区，那里的生产和群众生活还很困难，国家应当从各方面给以帮助，特别要从物质上给以有力的支持。这是一个大政策，一个能够影响和带动整个国民经济的政策，建议同志们认真加以考虑和研究。"①1979 年 9 月 28 日，中共十一届四中全会正式通过《中共中央关于加快农业发展若干问题的决定》，其中确定："我国西北、西南一些地区以及其他一些革命老根据地、偏远山区、少数民族地区和边境地区，长期低产缺粮，群众生活贫困。这些地方生产发展快慢，不但是个经济问题，而且是个政治问题。国务院要设立一个有有关部门负责同志参加的专门委员会，统筹规划和组织力量，从财政、物资和技术上给这些地区以重点扶持，帮助他们发展生产，摆脱贫困。对其他地区的穷社穷队，也要帮助他们尽快改变面貌。国家支援穷队的资金，要保证用于生产建设。"②

1980 年，根据中央确定的对西北、西南一些地区以及其他一些革命老根据地、偏远山区、少数民族地区和边境地区进行扶贫开发的方针，中央财政设立了专项扶贫资金——支援经济不发达地区的发展资金，帮

① 《邓小平文选》第 2 卷，人民出版社 1994 年版，第 152 页。

② 《三中全会以来重要文献选编》（上），中央文献出版社 2011 年版，第 167—168 页。

助边远地区、少数民族自治地方、老革命根据地和经济基础比较差的地区加快发展生产。从1980年到1986年，中央财政预算共安排支援经济不发达地区发展资金40亿元，促进了农村贫困地区各项建设事业的发展。1982年12月23日，国务院成立“三西”地区农业建设领导小组，在拨付支援经济不发达地区发展资金援助“三西”建设的同时，用10年时间每年增加拨款专项资金2亿元，开展对“三西”地区扶贫开发建设——这是新时期最早的区域性扶贫开发。此外，还对贫困地区采取专项低息贷款、减免农业税等优惠政策，并实施粮棉布以工代赈专项扶贫工程，支持老少边穷地区发展经济、脱贫致富。

1982年12月15日，国家经济委员会、民政部、财政部等九部门联合发出《关于认真做好扶助农村贫困户工作的通知》，指出扶助农村贫困户是党的一项重要政策，帮助贫困户摆脱贫困是关系全局的、具有战略意义的一件大事。1985年3月18日，民政部、国家经委、财政部、中国农业银行、农牧渔业部、商业部、国家物资局、劳动人事部、教育部九个部门向国务院提出《关于扶持农村贫困户发展生产治穷致富的请示》[①]，提出通过减轻贫困户的负担，对贫困户给予优惠，加大对贫困户的扶持力度。国务院同意了这一请示，规定对贫困户缴纳农业税确有困难的酌情减免，贫困户个人或集体兴办的工业、商业、运输业、建筑业和服务业的减免税收，减免贫困户的义务工和教育等各种公益事业的收费，并优先吸收贫困户青年到国营企业、乡镇企业就业，以此激发贫困户发展生产的积极性。在各地的努力下，“六五”期间扶持贫困户工作取得了比较显著的成果。到1986年11月，全国累计扶贫1000万户，其中一半左右摆脱了贫困。[②]

（二）全面展开阶段（1986—1993年）

这一阶段，我国解决了大多数贫困地区人民的温饱问题，贫困人口

---

① 《国务院批转民政部等部门关于扶持农村贫困户发展生产治穷致富的请示的通知》（1985年4月26日），《中华人民共和国国务院公报》1985年第14期。

② 曾祥平、李德金：《扶贫扶优工作经验交流暨表彰大会在京举行，我国五百万农户脱贫，乔石要求各地把“双扶”工作纳入经济和社会发展规划》，《人民日报》1986年11月19日。

减少到 8000 多万人。

1986 年 5 月，国务院贫困地区经济开发领导小组的成立，将农村扶贫开发工作推入新的阶段，全国范围内有计划、有组织、大规模的扶贫开发工作蓬勃开展起来。根据国务院贫困地区经济开发领导小组规划的"七五"期间的扶贫开发目标，即争取用五年左右的时间，"在'七五'期间解决大多数贫困地区人民的温饱问题；并在这个基础上，使贫困地区初步形成依靠自身力量发展商品经济的能力，逐步摆脱贫困，走向富裕"①。

国务院在原有支援经济不发达地区发展资金数量不变的基础上，增加了多项扶贫专项贷款。其中，每年新增加 10 亿元专项贴息贷款，投向全国 276 个全国重点贫困县；每年增加 5000 万元牧区专项扶贫贴息贷款，定向 27 个牧区重点贫困县使用。原来"三西"农业建设专项资金重点扶持的甘肃中部干旱地区 20 个县和宁夏西海固干旱高寒山区的 8 个贫困县，也列入全国重点贫困县予以扶持。这样，三类全国重点贫困县达到 331 个，成为 1986—1993 年国家扶贫的重点对象。

为扶持一部分非国家重点贫困县（即省级贫困县）进行经济开发，发展商品生产，尽快改变落后的面貌，1991 年起，国家每年新增 5 亿元扶贫贷款，投向经国务院贫困地区经济开发领导小组核定的 214 个非国家重点扶持的贫困县。从 1988 年起新增贫困县县办企业贷款，主要用于帮助贫困县办企业，开发资源，增加财源，逐步扭转县财政吃补贴的困难局面，增强贫困县自力更生的经济实力。1992 年起又新增了基本农田建设专项贴息贷款和 1.5 亿元恢复水毁扶贫项目贴息贷款。

20 世纪 80 年代末 90 年代初，国家加强对少数民族地区扶贫，集中力量解决少数民族贫困地区群众的温饱问题。1990 年，国家开始设立"少数民族贫困地区温饱基金"，由国家财政和银行贷款组成。其中，仅财政部分 1990—1992 年国家投入 7500 万元资金扶持 87 个项目，年新增产值 5 亿元，利税 1.5 亿元，解决了 30 万群众的温饱问题，约有 50 万

---

① 《国务院贫困地区经济开发领导小组第一次全体会议纪要（摘要）》，《中华人民共和国国务院公报》1986 年第 16 期。

农牧民人均纯收入不同程度地有所增加。

这一时期国家广泛动员全社会力量积极参与扶贫。社会扶贫，党政国家机关首当其冲，带头帮助贫困地区搞好开发和建设。到 1987 年下半年，中央 30 多个部委加入定点扶贫济困的行列，利用自身优势搞智力扶贫、科技扶贫、人才扶贫。中国人民解放军驻老、少、边、穷地区部队和人武部门积极帮助贫困群众脱贫致富。到 1992 年，解放军挂钩扶助的 698 万余户贫困户，已有 2/3 以上甩掉了贫困帽子。各民主党派、工商联利用自身优势，积极开展智力支边扶贫活动，到 20 世纪 90 年代初已初步形成了一支专兼职相结合的智力支边扶贫干部队伍和专家队伍。此外，1989 年 3 月，我国第一家筹集民间扶贫资金机构——中国贫困地区发展基金会在北京成立，团中央、中国青少年发展基金会以救助贫困地区失学少年儿童为目的，于 1989 年发起希望工程公益事业，使民间扶贫成为国家扶贫的一种补充。

虽然这一时期强调贫困地区脱贫致富必须走经济开发之路，但是贫困地区突出的社会文化落后状况，如计划生育超生、人畜饮水困难、水利建设不足、公路基础设施落后、教育水平差、地方病等都得到重视，从而使扶贫开发实践呈现出综合扶贫开发的突出特征。例如，将扶贫工作与计划生育相结合，将生育指标落实到户到人，严格控制人口增长；把贫困地区以工代赈与交通、水电等基础设施建设相结合，取得了较好的经济效益和社会效益；把贫困地区扶贫开发与沿海地区的经济发展结合起来，促进东部经济比较发达地区与西部老少边穷地区之间横向经济联合；把贫困地区劳务输出与扶贫开发相结合，积极教育引导外出人员了解信息，钻研技术，“学成结业”回乡办企业；把扶贫到户与解决群众温饱问题相结合，确保贫困户在经济开发的过程中得到有效扶持；结合科技扶贫开展温饱工程，治贫又治愚。

到 1991 年，全国贫困地区基本实现了国务院确定的“七五”末期解决贫困地区大多数群众温饱问题的目标，全国农村没有完全解决温饱的贫困人口已从 1985 年的 1.25 亿人减少到 8000 多万人。

（三）“八七”攻坚阶段（1994—2000 年）

这一时期，经过 7 年努力，我国基本解决农村贫困人口的温饱问题，全国农村没有解决温饱的贫困人口减少到3000万人。

1994年3月，国家制定、公布了我国历史上第一个有明确目标、明确对象、明确措施和明确期限的扶贫开发行动纲领《国家八七扶贫攻坚计划（1994—2000年）》，明确要求集中人力、物力、财力，用7年左右的时间，基本解决8000万农村贫困人口的温饱问题，这标志着以20世纪末解决农村温饱为目标的扶贫开发工作进入了最后攻坚阶段。这期间，国务院扶贫领导小组将1990年农民人均纯收入300元作为标准调整国家重点贫困县的数量和名单，国定贫困县从331个增加到592个。中央增加扶贫投入，全部用于国家重点扶持的贫困县，1980—2000年，中央政府安排的扶贫专项资金累计达到了1680多亿元，其中财政资金800多亿元（含以工代赈资金390多亿元），信贷扶贫资金880亿元；[①] 仅1994—2000年，“八七”扶贫攻坚期间投入的中央财政扶贫资金就达1127亿元。[②] 扶贫资金上，重点用于最困难的地区，从1994年起调整扶贫开发资金投放结构，重点投向西部地区，尤其是中央新增的财政扶贫资金只支持中西部贫困状况严重的省（区），不再向广东、福建、浙江、江苏、山东、辽宁6个沿海经济比较发达的省投放。这些沿海省的贫困县继续列入“八七”扶贫攻坚计划的范围，并按期完成任务，但是对这些贫困县的资金投入由所在省解决，在扶持的具体对象上，把贫困县中的贫困乡、村、户作为攻坚的目标。

1992年10月，党的十四大明确提出“把教育摆在优先发展的战略地位”，“到本世纪末，基本扫除青壮年文盲，基本普及九年义务教育”的宏伟目标（以下简称“两基”）。2000年，全国基本普及九年义务教育，难点在中西部贫困地区。1995年，国家教委和财政部联合组织实施“国家贫困地区义务教育工程”，中央财政从1995年开始到2000年，6年间增设贫困地区义务教育专款39亿元，地方配套资金87亿元，共计126亿元，重点投向《国家“八七”扶贫攻坚计划》中确定的592个贫困县，

---

① 中华人民共和国国务院新闻办公室：《中国的农村扶贫开发》，《人民日报》2001年10月16日。

② 温家宝：《在中央扶贫开发会工作议上的讲话》（2001年5月24日），《人民日报》2001年9月21日。

部分投向经济确有困难、基础教育发展薄弱的省级贫困县，优先投向革命老区和少数民族地区。这笔专款主要用于修建校舍，购置教学仪器设备、图书资料和课桌凳，培训师资等，以使绝大多数项目县在2000年实现普及小学义务教育、大部分县基本普及九年义务教育的目标。

为了加大对中西部贫困地区的扶持力度，1996年起在全国开展了东西扶贫协作，经济较发达的东部9个省（市）和4个计划单列市对口帮扶经济欠发达的西部10个省（区），很快取得突出成绩。据不完全统计，到1999年，东部13个省（市）政府和社会各界累计捐款和赠物折款10亿多元，双方签订项目协议2600个，实际投资40亿元，从贫困地区定点输出劳动力25万人次，劳务收入8亿多元。① 为配合“八七”扶贫攻坚计划实施，中国扶贫基金会于1994年7月和1995年1月两次召开扶贫行动大会，向社会发出《大家都来参加扶贫行动》的倡议，并从1996年起实施“贫困农户自立工程”，帮助我国贫困程度最深、脱贫难度最大的西南、西北贫困地区人口建立生产自立的基础条件。1990—2000年，中国青少年发展基金会发起的希望工程累计接受海内外捐款达17.82亿元人民币，在贫困地区捐建希望小学7549所，资助220.9万名贫困儿童重返校园，成为20世纪90年代社会参与最广泛、最具社会影响力的民间社会公益事业。此外，“幸福工程”组委会1995年2月开始组织了救助贫困母亲行动。

1994—2000年的7年间，全党动手、全社会动员，各方支持、合力攻坚，扶贫开发取得了显著成效。除了少数社会保障对象和生活在自然条件恶劣地区的特困人口以及部分残疾人以外，全国农村贫困人口的温饱问题已经基本解决。党中央、国务院确定的在20世纪末基本解决农村贫困人口温饱问题的战略目标已基本实现，扶贫开发取得了阶段性胜利。

（四）新世纪新阶段（2001—2011年）

21世纪之初，中共中央、国务院决定从2001年到2010年，集中力

---

① 陈志强、何天文：《温家宝在全国东西扶贫协作经验交流会上强调扩大对口帮扶开展多种经济合作》，《人民日报》1999年4月12日。

量，加快贫困地区脱贫致富的进程，把我国扶贫开发事业推向一个新的阶段，并将之作为全面建设小康社会、实现社会主义现代化建设第三步战略目标的一项重大举措。《中国农村扶贫开发纲要（2001—2010年）》确定了我国2001—2010年扶贫开发总的奋斗目标，把贫困地区尚未解决温饱问题的贫困人口作为扶贫开发的首要对象，把贫困人口集中的中西部少数民族地区、革命老区、边疆地区和特困地区作为扶贫开发的重点。为此，调整了全国重点贫困县名称和名单，将重点贫困县改为扶贫开发重点县，取消沿海发达地区的所有国定贫困县，增加中西部地区的贫困县数量并保持总数不变，在中西部少数民族地区、革命老区、边疆地区和特困地区重新确定592个县作为新阶段国家扶贫开发工作重点县。同时，主要在全国扶贫开发重点县、适当在重点县之外确定了14.81万个贫困村作为扶贫工作的重点，采取“整村推进”扶贫开发的战略措施，即以贫困村为单元，统一规划、综合建设、分批实施，以提高扶贫开发工作的针对性和实效性。

随着我国经济实力的不断增强和全国人民生活水平的大幅提高，有能力惠及更多贫困人口。2008年10月12日，中国共产党第十七届中央委员会第三次全体会议通过的《中共中央关于推进农村改革发展若干重大问题的决定》，提出到2020年基本消除绝对贫困现象的目标，并做出提高扶贫标准的决策，指出：“实行新的扶贫标准，对农村低收入人口全面实施扶贫政策，把尽快稳定解决扶贫对象温饱并实现脱贫致富作为新阶段扶贫开发的首要任务。”[①] 按照这一精神，我国扶贫开发的首要对象从没有解决温饱的绝对贫困人口调整为人均年收入在1067元以下的全部人口[②]，并对其全面实施扶贫政策。

扶贫标准的提高，意味着扶贫开发目标人群的增加，更意味着扶贫投入的增加。21世纪头十年中，中央和地方各级政府逐步加大对扶贫的财政投入，从2001年的127.5亿元人民币增加到2010年的349.3亿元人

---

① 《十七大以来重要文献选编》（上），中央文献出版社2011年版，第686—687页。

② 国家确定的扶贫标准2000年为人均年收入625元，贫困人口3209万人；到2008年为895元，贫困人口减少到1004万人，占农村总人口的1%。调整为新标准之后，农村贫困人口相应调整为3597万人。

民币，年均增长11.9%，十年累计投入2043.8亿元人民币。其中，中央财政安排的扶贫资金投入，从100.02亿元人民币增加到222.7亿元人民币，年均增长9.3%，十年累计投入1440.4亿元人民币。[①]

在实践中，新世纪新阶段扶贫开发工作坚持专项扶贫和行业扶贫、社会扶贫相结合。专项扶贫以财政投入为保障，实施“一体两翼”的扶贫开发战略。所谓“一体”即是以重点贫困村的整村推进为主体，“两翼”是加强贫困地区的劳动力转移培训和产业化扶贫。各地按照这一战略要求，将整村推进、劳动力培训转移、产业化扶贫作为扶贫开发的三项重点工作，不断改善贫困地区的生产生活条件，提高贫困人口基本素质和拓宽基本增收门路。行业扶贫中，各行业部门充分发挥职责，将贫困地区作为本部门本行业发展重点，积极促进贫困地区水利、交通、电力、国土资源、教育、卫生、科技、文化、人口和计划生育等各项事业的发展。社会扶贫中，党政机关和企事业单位定点扶贫，东西扶贫协作，军队和武警部队支援，社会各界踊跃参与，以多种方式支持贫困地区开发建设，形成有中国特色的社会扶贫方式，推动贫困地区发展，增加贫困农民收入。

新世纪新阶段扶贫开发还呈现了“低保兜底维持生存，扶贫开发促进发展”两轮驱动的新特点。党和政府在农村实施的一系列扶贫攻坚计划和农村五保供养、自然灾害救助等制度，使农村贫困人口大幅减少。但由于疾病、残疾、年老体弱以及自然条件恶劣等原因，仍有部分农村困难群众尚未解决温饱问题。建立农村最低生活保障制度，由政府直接对困难群众给予“兜底”式定期定量救助，为贫困人口提供基本的社会保障，是稳定解决贫困人口温饱问题的最基础手段。2007年8月，国务院发出《关于在全国建立农村最低生活保障制度的通知》，要求在全国建立农村最低生活保障制度，将家庭年人均纯收入低于规定标准的所有农村居民纳入保障范围，稳定、持久、有效地解决农村贫困人口温饱问题。这是逐步消除贫困，全面建设小康社会的一项重大战略举措。2007

---

① 中华人民共和国国务院新闻办公室：《中国农村扶贫开发的新进展》（2011年11月），《人民日报》2011年11月17日。

年底，全国31个省（自治区、直辖市）都已经建立了农村最低生活保障制度，覆盖2908万农村贫困人口。截至2010年底，全国农村低保覆盖2528.7万户、5214万人；2010年全年共发放农村低保资金445亿元人民币，其中中央补助资金269亿元人民币。①这样，我国农村消除贫困进入"低保兜底维持生存，扶贫开发促进发展"两轮驱动新阶段。2010年5月，国务院办公厅转发扶贫办、民政部等部门《关于做好农村最低生活保障制度和扶贫开发政策有效衔接扩大试点工作的意见》，在国家扶贫开发工作重点县推进扶贫开发政策与农村低保制度衔接试点，努力使各项政策覆盖所有贫困人口。

新世纪新阶段各种惠农政策共同作用、各方力量合力攻坚的大扶贫工作格局逐步形成，各级政府坚持专项扶贫、行业扶贫、社会扶贫相结合，各项措施综合作用，各方力量合力攻坚，有力促进了农村扶贫开发事业发展，按照2010年扶贫标准，农村贫困人口从2000年底的9422万人减少到2010年底的2688万人；农村贫困人口占农村人口的比重从2000年的10.2%下降到2010年的2.8%。②

在取得这些成就的基础上，为确保到2020年实现全面建成小康社会宏伟目标，2011年11月29—30日召开的中央扶贫开发工作会议宣布大幅度提高扶贫标准，将农民年人均纯收入2300元（2010年不变价）作为新的国家扶贫标准，全国贫困人口数量和覆盖面也由2010年的2688万人扩大至1.65亿人。

根据《中国农村扶贫开发纲要（2011—2020年）》，国务院扶贫开发领导小组办公室再次调整确定全国592个国家扶贫开发工作重点县；同时在全国共划分出11个连片特困地区，加上已经实施特殊扶持政策的西藏、四省藏区、新疆南疆三地州，作为扶贫攻坚的主战场；进入以上14个片区的县共有680个，其中国家扶贫开发工作重点县有440个。这样，新一轮扶贫开发工作确定的国家级贫困县，包括国家扶贫开发工作重点县与集中连片特殊困难地区贫困县，一共达到832个。

---

① 中华人民共和国国务院新闻办公室：《中国农村扶贫开发的新进展》（2011年11月），《人民日报》2011年11月17日。

② 同上。

（五）最后决胜阶段（2012年至今）

党的十八大以来，以习近平同志为核心的党中央对脱贫攻坚做出新的部署，吹响了打赢、打好脱贫攻坚战的进军号角，全党全社会、全国各地各级部门积极行动起来，把到2020年消除整体绝对贫困、区域贫困推向最后决胜阶段。

第一，推进六项改革，完善创新精准扶贫机制。根据2013年12月18日中共中央办公厅、国务院办公厅印发的《关于创新机制扎实推进农村扶贫开发工作的意见》，农村扶贫开发工作推进贫困县考核机制、约束机制和退出机制改革，开展建档立卡、建立精准扶贫工作机制，建立健全干部驻村帮扶机制，推进财政扶贫资金管理机制改革，推进金融扶贫方式创新，创新社会扶贫参与机制。通过这六项改革，着力构建精准扶贫、精准脱贫机制，确保真扶贫、扶真贫、真脱贫。

第二，建立六大制度体系，为打赢脱贫攻坚战提供了制度保障。一是建立脱贫攻坚责任体系，确立中央统筹，省（自治区、直辖市）负总责，市（地）、县抓落实的扶贫开发工作机制，形成省市县乡村五级书记抓扶贫、全党动员促攻坚的局面。二是建立脱贫攻坚政策体系。党的十八大以来的五年间，中央和国家机关各部门出台200多个政策文件或实施方案，各地也相继出台和完善了“1+N”的脱贫攻坚系列文件，很多“老大难”问题都有了针对性的措施，打出了政策组合拳。三是建立脱贫攻坚投入体系。中央明确，扶贫投入力度要与打赢脱贫攻坚战的要求相匹配。在财政投入上，财政扶贫资金大幅增加，2013年至2017年，中央财政专项扶贫资金累计投入2787亿元，平均每年增长22.7%；省级财政扶贫资金累计投入1825亿元，平均每年增长26.9%。安排地方政府债务1200亿元，用于改善贫困地区生产生活条件。在金融支持上，各类金融机构加大对扶贫的支持力度。五年间扶贫小额信贷累计发放3381亿元，共支持855万建档立卡贫困户。① 四是强化脱贫攻坚动员体系。中央先后出台进一步加强东西部扶贫协作工作、中央单位定点扶贫工作的指

① 韩俊：《坚决打赢脱贫攻坚战》，《经济日报》2017年11月23日。

导意见，细化、实化帮扶任务和工作要求。2014 年，国务院将 10 月 17 日确定为全国扶贫日，为广泛动员社会各方面力量参与扶贫开发搭建了新的制度平台。建立扶贫荣誉制度，设立全国脱贫攻坚奖，表彰脱贫攻坚模范，激发全社会参与脱贫攻坚的积极性。五是建立脱贫攻坚监督体系。国务院扶贫开发领导小组连年组织开展督查巡查，8 个民主党派中央分别对应 8 个贫困人口多、贫困发生率高的省份开展脱贫攻坚民主监督，扶贫部门加强与审计、财政等部门和媒体、社会等监督力量的全方位合作，综合运用各方面监督结果，加强对各地工作指导。中央巡视组把脱贫攻坚作为重要内容。国务院扶贫办设立 12317 扶贫监督举报电话，畅通群众反映问题渠道，接受全社会监督。六是建立脱贫攻坚考核体系。中央出台省级党委和政府扶贫开发工作成效考核办法。从 2016 年到 2020 年，每年开展一次考核，由国务院扶贫开发领导小组组织进行。主要考核减贫成效、精准识别、精准帮扶、扶贫资金使用管理等方面，涉及建档立卡贫困人口减少和贫困县退出计划完成、贫困地区农村居民收入增长、贫困人口识别和退出准确率、群众帮扶满意度、扶贫资金绩效等指标，树立脱贫实效导向，确保脱贫攻坚质量经得起实践和历史检验。

第三，按照“五个一批”精准扶贫的工作思路，实施十项精准扶贫工程，开展十大精准扶贫行动。“五个一批”，即习近平提出的“坚持分类施策，因人因地施策，因贫困原因施策，因贫困类型施策，通过扶持生产和就业发展一批，通过易地搬迁安置一批，通过生态保护脱贫一批，通过教育扶贫脱贫一批，通过低保政策兜底一批”①。按照这一精准扶贫的工作思路，自 2015 年起精准扶贫主打“组合拳”，实施了职业教育培训工程、干部帮扶驻村工程、扶贫小额信贷工程、易地扶贫搬迁工程、电商扶贫工程、旅游扶贫工程、光伏扶贫工程、构树扶贫工程、致富带头人创业培训工程、龙头企业带动工程十项工程。这其中既包括职业教育培训、易地扶贫搬迁等传统扶贫做法，也包括电商扶贫、光伏扶贫、构树扶贫等新手段、新方法。2016 年是打赢脱贫攻坚战首战之年，有关部

---

① 《习近平主席在 2015 减贫与发展高层论坛上的主旨演讲》（全文），《人民日报》2015 年 10 月 17 日。

门又组织开展教育扶贫、健康扶贫、金融扶贫、交通扶贫、水利扶贫、劳务协作就业扶贫、危房改造、科技扶贫、中央企业革命老区百县万村帮扶行动、民营企业万企帮万村十大精准扶贫行动。

总之，在以习近平同志为核心的党中央坚强领导下，各地区各部门齐抓共管、密切配合，社会各界积极参与、合力攻坚，党的十八大以后脱贫攻坚取得决定性进展和显著成绩。据国家统计局网站的《扶贫开发成就举世瞩目　脱贫攻坚取得决定性进展——改革开放 40 年经济社会发展成就系列报告之五》数据，2012 年底，中国有现行标准下的贫困人口 9899 万人，到 2017 年底，贫困人口在 3046 万人，五年农村累计减贫 6853 万人，减贫幅度接近 70%，年均减贫 1370 万人；贫困发生率也从 2012 年末的 10.2% 下降到 2017 年末的 3.1%，其中有 17 个省份贫困发生率已下降到 3% 以下。与 20 世纪 80 年代到 2000 年年均减少 600 多万人、2001 年到 2010 年年均减少 700 多万人相比，党的十八大以来农村扶贫开发创造了我国减贫史上的最好成绩，我国距离消除绝对贫困的目标越来越近。

二、农村扶贫开发的基本经验

经过改革开放以来的大规模农村扶贫开发，中国农村扶贫取得了卓越成就。“从 1978 年到 2014 年，中国人均收入增加了 16 倍，以每人每天生活费 1.9 美元国际购买力平价计，中国的极端贫困发生率由 1981 年的 88.3% 大幅降至 2013 年的 1.9%，超过 8.5 亿中国人摆脱贫困。”[①] 中国人民全体摆脱贫困实现小康胜利在望。

中国农村扶贫开发所取得的显著成绩和所积累的丰富经验，为全球减贫治理提供了“中国方案”。联合国粮农组织驻华代表马文森曾指出：“由于拥有相似的发展环境，中国的减贫经验对于其他发展中国家十分宝贵，许多国家对借鉴中国减贫经验表示出强烈兴趣。”[②]

---

① 黄发红、林芮等：《中国减贫为世界树立典范——国际社会积极评价中国脱贫攻坚成就》，《人民日报》2018 年 3 月 12 日。

② 马文森：《中国减贫经验十分宝贵》（国际论坛），《人民日报》2017 年 6 月 27 日。

（一）出发点是实现共同富裕

共同富裕，既是社会主义的本质要求，又是中国共产党人一贯秉持的根本价值原则。1953 年，中国共产党明确提出通过农业合作化使农民实现共同富裕的思想。难能可贵的是，20 世纪 50 年代末毛泽东等中央领导人提出共同富裕不是平均主义，针对人民公社化过程中出现的拉平穷富、搞平均主义的错误做法，1959 年经毛泽东建议国家专门设立财政资金，帮助穷社穷队发展生产赶富队，就是为了实现农村共同富裕而采取的一项扶贫措施。正如 1960 年新华社所报道的，“广东各地人民公社在改变农村面貌、引导农民走向共同富裕的道路上，显示了巨大无比的优越性。在短短一年间，全省七千多个‘穷队’中，已经有 30%左右赶上或者超过了当地的富队；暂时没有赶上富队的穷队，生产面貌和社员收入的情况，也起了巨大变化，和富队的差别越来越小了”[①]。

然而，在怎样实现共同富裕的探索中，毛泽东等中国共产党人对社会主义初级阶段没有予以正确认识，不仅试图让农民在过于单一的集体经济形式下摆脱贫穷、实现共同富裕，确信可以通过不断提高公有化程度，来达到推动生产力发展的目的，而且把同等富裕和同步富裕等同于共同富裕，结果反而出现吃“大锅饭”等平均主义现象，导致了人们的普遍贫穷。正如邓小平 1986 年 3 月 28 日所总结的：“我们坚持走社会主义道路，根本目标是实现共同富裕，然而平均发展是不可能的，过去搞平均主义，吃‘大锅饭’，实际上是共同落后，共同贫穷，我们就是吃了这个亏。”[②]

改革开放之初，邓小平就提出了贫穷不是社会主义，社会主义首先要发展生产力的要求，他说：“社会主义是一个很好的名词，但是如果搞不好，不能正确理解，不能采取正确的政策，那就体现不出社会主义的本质。”“经济长期处于停滞状态总不能叫社会主义。人民生活长期停

---

① 《穷队变富队，公社万家春，上海甘肃广东一批原来比较贫困的生产队经济水平显著提高》，《人民日报》1960 年 1 月 3 日。

② 《邓小平文选》第 3 卷，人民出版社 1993 年版，第 155 页。

止在很低的水平总不能叫社会主义。”[①] 改革开放就是要发展社会主义生产力，使广大人民摆脱贫困，奔向小康。正如邓小平所指出的：“中国是个大国，但又是个小国。大就是土地大，人口多，还有一个大就是中国是联合国五个常任理事国之一。小是指国民生产总值小，每人平均才二百五十到二百六十美元，经济很不发达。这方面对我们来说要有自知之明。我们现在就是做一件事情，使占人类四分之一的人口摆脱饥饿和贫困，达到小康状态。”[②]

在邓小平和中共中央通过改革开放发展经济、鼓励先富带动后富最终实现共同富裕的战略构想中，把对西北、西南等贫困地区以各方面的帮助和支持作为走向共同富裕的大政策、一个能够影响和带动整个国民经济的大政策的重要内容之一，农村扶贫开发是这个大政策的有机组成部分。也就是说，中国社会主义的根本目标是共同富裕，国家在帮富的同时也要扶贫。

20世纪90年代，邓小平对贫困地区实现共同富裕的问题更加关注。在1992年的南方谈话中，邓小平指出：“走社会主义道路，就是要逐步实现共同富裕。共同富裕的构想是这样提出的：一部分地区有条件先发展起来，一部分地区发展慢点，先发展起来的地区带动后发展的地区，最终达到共同富裕。如果富的愈来愈富，穷的愈来愈穷，两极分化就会产生，而社会主义制度就应该而且能够避免两极分化……可以设想，在本世纪末达到小康水平[③]的时候，就要突出地提出和解决这个问题。”[④]

1994年，中共中央、国务院制定《“八七”扶贫攻坚计划（1994—2000年）》，提出“从1994年到2000年，集中人力、物力、财力，动员社会各界力量，力争用7年左右的时间，基本解决目前全国农村8000万贫困人口的温饱问题”的目标，在财力有限的情况下，国家逐年加大扶

---

① 《邓小平文选》第2卷，人民出版社1994年版，第312、313页。

② 《邓小平年谱（1975—1997）》（下），中央文献出版社2004年版，第870页。

③ 小康，是介于温饱和富裕之间的一个发展阶段。1995年1月，国家计委和国家统计局发布《全国人民生活小康水平的基本标准》；1996年3月，国家统计局和农业部联合研究制定了《全国农村小康生活水平的基本标准》。

④ 《邓小平文选》第3卷，人民出版社1993年版，第373—374页。

贫投入。1999 年，以江泽民同志为核心的党的第三代中央领导集体提出了“西部大开发”战略，为西部地区实现共同富裕开辟了一条广阔的道路。到 20 世纪末，我国基本解决了全国农村贫困人口的温饱问题，人民生活总体上达到小康水平，这无疑是我国在实现共同富裕道路上的一个重大成果。

21 世纪初，虽然我国人民生活总体上达到小康水平，但是当时的小康还是低水平的、不全面的、发展很不平衡的小康，尤其是西部农村地区农民迈进小康的路程刚刚走完一半，仍有不少人徘徊在温饱线上。“尚未解决温饱的贫困人口，虽然数量不多，但是解决的难度很大。初步解决温饱问题的群众，由于生产生活条件尚未得到根本改变，他们的温饱还不稳定，巩固温饱成果的任务仍很艰巨。基本解决温饱的贫困人口，其温饱的标准还很低，在这个基础上实现小康、进而过上比较宽裕的生活，需要一个较长期的奋斗过程。”[①]2002 年，胡锦涛在中共十六大上提出了“本世纪头二十年，集中力量，全面建设惠及十几亿人口的更高水平的小康社会”的目标。根据这一目标制定的《中国农村扶贫开发纲要（2001—2010 年）》，重申“缓解和消除贫困，最终实现全国人民的共同富裕，是社会主义的本质要求，是中国共产党和人民政府义不容辞的历史责任”，并提出了全面建设小康社会进程中扶贫开发的奋斗目标是：“尽快解决少数贫困人口温饱问题，进一步改善贫困地区的基本生产生活条件，巩固温饱成果，提高贫困人口的生活质量和综合素质，加强贫困乡村的基础设施建设，改善生态环境，逐步改变贫困地区经济、社会、文化的落后状况，为达到小康水平创造条件。”[②] 可见，扶持贫困地区、贫困人口改变贫穷面貌是建设小康社会不可或缺的组成部分。我国是个拥有 8 亿多农业人口的农业大国，没有大多数农民的小康，就不可能有全国人民的小康。全国小康目标能否如期实现，关键在贫困地区农村。

2012 年 11 月召开的中共十八大明确提出“确保到 2020 年实现全面建成小康社会”的宏伟目标。2012 年 12 月，习近平总书记指出：“到

---

① 《中国农村扶贫开发纲要（2001—2010 年）》，《人民日报》2001 年 9 月 20 日。

② 同上。

二〇二〇年全面建成小康社会，自然包括农村的全面小康，也必须包括革命老区、贫困地区的全面小康。”“全面建成小康社会，最艰巨最繁重的任务在农村、特别是在贫困地区。没有农村的小康，特别是没有贫困地区的小康，就没有全面建成小康社会。”[①]2015 年 11 月，习近平在中央扶贫开发工作会议上强调“消除贫困、改善民生、逐步实现共同富裕，是社会主义的本质要求，是我们党的重要使命”[②]。2016 年新年贺词中，习近平重申：“全面建成小康社会，13 亿人要携手前进。让几千万农村贫困人口生活好起来，是我心中的牵挂。我们吹响了打赢扶贫攻坚战的号角，全党全国要勠力同心，着力补齐这块短板，确保农村所有贫困人口如期摆脱贫困。”[③]2017 年 10 月，在第十九届中央政治局常委同中外记者见面会上，习近平再次发出掷地有声的庄严承诺：“全面建成小康社会，一个不能少；共同富裕路上，一个不能掉队。”[④]

以上可以充分证明，农村扶贫开发自始至终都是中国共产党实现共同富裕伟大战略构想中重要的、不可或缺的组成部分，让贫困地区、贫困农民与全国人民一道实现共同富裕是农村扶贫开发的根本出发点。

（二）根本特征是党和政府主导

农村扶贫开发的主导力量是中国共产党和人民政府，这是中国农村扶贫开发作为国家行动能够取得卓著成绩的根本所在，也是中国农村扶贫开发的最大特色。

党和政府主导农村扶贫开发，是由党的宗旨所决定的。1922 年 7 月《中国共产党第二次全国代表大会宣言》宣告为实现“与贫苦农民联合的无产阶级专政”而奋斗，将“为工人和贫农的目前利益计”作为制订纲领政策的出发点。[⑤]新民主主义革命时期，中国共产党苏维埃政府、抗日

---

① 习近平：《做焦裕禄式的县委书记》，中央文献出版社 2015 年版，第 15—16 页。

② 中共中央文献研究室编：《习近平总书记重要讲话文章选编》，中央文献出版社、党建读物出版社 2016 年内部发行，第 279 页。

③ 《国家主席习近平发表二〇一六年新年贺词》，《人民日报》2016 年 1 月 1 日。

④ 《习近平在十九届中共中央政治局常委同中外记者见面时强调新时代要有新作为》，《光明日报》2017 年 10 月 26 日。

⑤ 《中共中央文件选集（1921—1925）》第 1 册，中共中央党校出版社 1989 年版，第 115 页。

民主政府、解放区政府均采取减免农业税收、发放利低贷款扶助贫苦农民发展生产。新中国成立后，为了进一步扶助贫困农民，中央人民政府对受灾农户、贫困农户和革命老根据地继续实施农业税减免政策，各级人民政府民政部门一直在利用救济款扶助农村贫困户发展生产，并成立专门机构，开展对贫困老根据地的扶植建设。人民公社建立后，又设立支援穷队穷社投资专项资金扶持穷队穷社发展农业生产，通过集体经济力量的壮大改善广大贫困群众的生活。这些举措，都是因为中国共产党时刻把贫苦劳动大众的利益放在首位。

改革开放以后中国共产党宣布贫穷不是社会主义，发出消除绝对贫困的动员令，并充分发挥集中力量办大事的制度优势，从国务院到基层县（市）各级政府设立专门扶贫开发工作机构，领导组织农村扶贫开发工作。自“七五”计划开始，农村扶贫开发纳入政府发展规划，自 1994 年开始有了专项的扶贫开发工作计划，先后实施《国家八七扶贫攻坚计划》《中国农村扶贫开发纲要（2001—2010 年）》《中国农村扶贫开发纲要（2011—2020 年）》，政府主导的扶贫开发工作不断加强。

中央领导人都把扶贫开发作为一项重要工作予以强调。例如，江泽民指出，“扶贫开发是贯穿整个社会主义初级阶段的一项重要任务”[①]。胡锦涛强调：“扶贫开发是建设中国特色社会主义事业的一项历史任务，也是构建社会主义和谐社会的一项重要任务。”[②] 习近平把农村贫困人口脱贫作为全面建成小康社会的基本标志，赋予扶贫开发前所未有的重要地位并纳入治国理政工作日程。习近平尤其强调发挥各级党委领导作用，建立并落实脱贫攻坚一把手负责制，从而构建起了新时代省市县乡村五级书记一起抓扶贫，层层落实责任制的治理格局。同时，坚持中国制度的优势，扶贫责任落实到人，形成中央统筹，省（自治区、直辖市）负总责，市（地）、县抓落实的扶贫开发工作机制，做到分工明确、责任清晰、任务到人、考核到位，既各司其职、各尽其责，又协调运转、协同

---

① 江泽民：《全党全社会进一步动员起来夺取八七扶贫攻坚决战阶段的胜利——在中央扶贫开发工作会议上的讲话》（1999 年 6 月 9 日），《人民日报》1999 年 7 月 21 日。

② 《广泛动员社会力量，加快扶贫开发进程，胡锦涛吴邦国温家宝曾庆红等就做好扶贫开发工作作出指示》，《人民日报》2005 年 5 月 29 日。

发力。这些都为脱贫攻坚提供了坚强政治保障。

党和政府主导扶贫开发，直接体现在扶贫开发的财政投入上，中国共产党一直坚持政府投入的主体和主导作用，这是扶贫开发能够取得进展的经济保障。1959—1979 年，国家财政持续用于扶持穷社穷队发展农业生产摆脱贫穷而拨付的投资达 125 亿元。[①] 改革开放 30 年间，中央财政累计投入专项扶贫资金近 2000 亿元。党的十八大以来，2013 年至 2017 年，中央财政累计安排财政专项资金 2787 亿元，年均增长 22.7%。除中央财政大力投入扶贫开发资金外，各级地方政府也根据各自的财力和条件，不断增加扶贫投入。1996 年 9 月，李鹏指出："扶贫攻坚需要中央和地方共同努力……从明年开始，地方投入的扶贫资金比例，根据各省（自治区）不同的经济和财政状况，要达到占中央扶贫投入的 30%~50%。财力再紧，也要首先保证解决群众温饱问题的投入到位。这是检验各省（自治区）是否真正重视扶贫的重要标志。"[②]2013—2017 年，省级财政扶贫资金累计投入 1825 亿元，平均每年增长 26.9%。

（三）主体力量是人民群众

在农村扶贫开发工作中，贫困群众既是扶贫开发的对象，更是脱贫致富的主体。因此，中国共产党一直注重依靠人民群众，组织和支持贫困群众自力更生，发挥人民群众在扶贫开发中的主体作用。

1959 年，毛泽东在动员国家投资支援穷队时就要求穷队要有志气脱贫，以自力更生为主，国家援助为辅，实现脱贫致富。毛泽东强调，穷队要有脱贫的志气。"无论如何，较穷的社、较穷的队和较穷的户，依靠自己的努力、公社的照顾和国家的支持，自力更生为主，争取社和国家的帮助为辅，有个三五七年，就可以摆脱目前的比较困难的境地，完全用不着依靠占别人的便宜来解决问题。我们穷人，就是说，占农村人口大多数的贫农和下中农，应当有志气，像河北省遵化县鸡鸣村区的被人称为'穷棒子社'的王国藩社那样，站立起来！用我们的双手艰苦奋斗，

① 《中国农业机械化财务管理文件汇编》，机械工业出版社 1991 年版，第 94 页。

② 李鹏：《加强扶贫攻坚力度尽快解决群众温饱问题——在中央扶贫开发工作会议上的讲话》，《人民日报》1997 年 1 月 7 日。

改变我们的世界，将我们现在还落后的乡村建设成为一个繁荣昌盛的乐园。这一天，肯定会到来的，大家看吧！”[①]在扶贫实践中，“社队自力更生为主，国家支援为辅”一直是支援农村人民公社投资使用的基本要求。到1979年5月，为了充分体现“社队自力更生为主，国家支援为辅”的原则，农林部、财政部强调：“穷社穷队应当发扬自力更生精神，资金确有困难，要求国家支援时，必须自下而上申请，提出发展项目和措施，以及达到的经济目标，由公社审查汇总上报县级主管部门和财政部门审核批准。”[②]

一些地方在扶贫实践中提出了“扶贫先扶志”的思想。1966年，山东省荣成县在总结扶助贫困户工作经验时，明确提出了“扶贫先扶志，帮人先帮心”。他们总结指出：“通过调查和具体安排落实，我们有这样几点体会：扶贫先扶志，帮人先帮心。过去从上到下只知发救济，不知抓政治思想，结果是救济发的不少，问题也没解决。通过这一段工作，有个深刻的体会就是，首先要帮助贫下中农困难户解放思想，帮助长志气，树立奋发图强、自力更生的精神，与他们交知心朋友，树立感情，这才是真正的扶持。”[③]

扶贫先扶志，扶志就是扶思想、扶观念、扶信心，帮助贫困群众树立起摆脱困境的斗志和勇气。只有帮助他们“扶”起脱贫的志气、挺起脱贫的腰板，才能真正激发出持久的脱贫致富动力；没有脱贫志向，再多扶贫资金也只能管一时，不能管长久；即使一度脱贫，也可能会再度返贫，达不到扶贫的目的。因此，扶贫开发就是要帮助贫困群众提高认识、更新观念、自立自强，唤起贫困群众自我脱贫的斗志和决心。

改革开放新时代，随着党和政府加大脱贫攻坚力度，一些地方出现了“干部干，群众看”的现象。一些贫困群众等靠要思想严重，“靠着墙根晒太阳，等着别人送小康”，认为“扶贫是干部的事，反正干部立了军令状，完不成任务要撤职”。针对这种情况，习近平总书记强调扶贫要充

---

① 《建国以来毛泽东文稿》第8册，中央文献出版社1993年版，第72—73页。

② 《中国农业机械化财务管理文件汇编》，机械工业出版社1991年版，第96页。

③ 《荣成县贫协筹委会关于院前大队党支部、贫协组织扶贫翻身的情况报告》（1966年4月12日），山东省档案馆藏。

分发挥人民群众主体作用，指出："要注重扶贫同扶志、扶智相结合，把贫困群众积极性和主动性充分调动起来，引导贫困群众树立主体意识，发扬自力更生精神，激发改变贫困面貌的干劲和决心，靠自己的努力改变命运。"[①]

"坚其志，苦其心，劳其力，事无大小，必有所成。"实践证明，在扶贫开发中，贫困群众的志气一旦树立起来，致富的办法和干劲自然就有了。可以说，广大贫困群众的积极性是扶贫开发成功与否的关键。

（四）主要办法是集结全体社会力量

新中国成立后很长一段时间内，我国的扶贫工作由党和政府主导，社会参与度很低。贫困地区的人民既需要大的开发工程，又渴望小到建一所学校、一个诊所、一里路、一口井、一亩果园、搞一项技术合作、办一个乡镇企业，甚至解决一个人的就业等具体实在的行动。所以，扶贫是一项社会工程，只有靠全社会的力量才能最终消除贫困。

1985 年 9 月 23 日，中国共产党全国代表会议通过的《中共中央关于制定国民经济和社会发展第七个五年计划的建议》明确提出"要广泛动员社会力量，积极开展扶贫工作"[②]。1986 年 5 月 14 日，国务院贫困地区经济开发领导小组第一次会议明确提出："动员全社会的力量，关心和支持贫困地区改变面貌。这是全党全国的一件大事。近几年，许多地区已经创造了不少好的经验，值得提倡。欢迎社会各界尽自己的力量，采取不同形式，为贫困地区的经济开发做出贡献。"[③]党的十八大以后，国务院自 2014 年起将每年的 10 月 17 日设定为扶贫日，号召要努力营造社会扶贫人人皆愿为的良好环境条件，要倡导社会扶贫人人皆可为的共同参与理念，要建立社会扶贫人人皆能为的有效参与机制和方式，从而为广泛动员社会各方面力量参与扶贫开发搭建了新的制度平台。在中央号召之

---

① 《习近平在主持中共中央政治局第三十九次集体学习时强调更好推进精准扶贫精准脱贫》，《人民日报》2017 年 2 月 23 日。

② 《十二大以来重要文献选编》（中），人民出版社 1986 年版，第 831 页。

③ 《国务院贫困地区经济开发领导小组第一次全体会议纪要（摘要）》，《中华人民共和国国务院公报》1986 年第 16 期。

下，社会各界积极开展了扶贫工作。

众人拾柴火焰高。20世纪80年代中期以来，在政府的大力倡导和带动下，党政国家机关、各民主党派、社会团体、民间组织、私营企业和志愿者个人积极参与贫困地区的扶贫开发。其中，党政国家机关定点扶贫首当其冲，1986年7月，田纪云在国务院贫困地区经济开发领导小组第二次全体会议上，提出国家机关要把扶贫工作列入议事日程，从实际出发，采取多种形式，支持和帮助贫困地区经济开发。会议对党政机关扶贫提出了三点明确要求，即“第一，凡有条件的部委，都应当抽派干部，深入一片贫困地区，定点轮换常驻，重点联系和帮助工作……在这方面已经先行一步的有：国家科委联系帮助大别山区，农牧渔业部联系帮助武陵山区，民政部联系帮助井冈山地区，水电部联系帮助三峡地区，商业部联系帮助沂蒙山区，林业部联系帮助黔桂九万大山地区。第二，有的部委可以相对稳定地联系一片贫困地区，定期组织干部下去调查研究，总结经验，并帮助贫困地区排忧解难，开发经济。例如，国家教委计划相对稳定地联系帮助太行山区。第三，有的部委可以根据本部门的特点和条件，有计划、有选择地为贫困地区做几件实事。如地质矿产部今年初就作出决定，为贫困地区群众采矿开展十项服务，已见到效果”[①]。在1996年召开的中央扶贫工作会议上，江泽民总书记发出庄严号召：“全社会扶贫，党政机关要带头。”[②]

此外，影响较大的还有民主党派开展的“智力扶贫”、共青团中央组织的“希望工程”、全国工商联主办的“光彩事业”、全国妇联组织的“巾帼扶贫”和“连环扶贫”、中国扶贫基金会创办的“天使工程”，等等。这些形式多样、有声有色的社会扶贫，不仅有力地推动了农村脱贫致富，而且增强了全体社会成员的责任感。据不完全统计，《八七扶贫攻坚计划》实施期间，社会力量参与扶贫的财物超过500亿元人民币，占当时整个社会扶贫总投入的28%，为中国20世纪末基本解决农村贫困人口温饱

① 《国务院办公厅关于转发贫困地区经济开发领导小组第二次全体会议纪要的通知》，《中华人民共和国国务院公报》1986年第23期。

② 《江泽民文选》第1卷，人民出版社2006年版，第555页。

问题立下了汗马功劳。[①]

东部发达省（市）与西部贫困地区结对开展扶贫协作，也是国家动员社会扶贫的一种方式。这项工作自 1996 年开始，起初是东部 13 个省（市）对口帮扶经济欠发达的西部 10 个省（区），到 2002 年，国务院又作出了珠海市、厦门市对口帮扶重庆市的决定。至此，东部共有 15 个发达省（市）对口帮扶西部 11 个省（区、市）。21 世纪东西扶贫协作形式多样，形成了以政府援助、企业合作、社会帮扶、人才支持为主的基本工作框架。从 2003 年到 2010 年，东部到西部挂职的干部 2592 人次，西部到东部挂职的干部 3610 人次；东部地区向西部地区提供政府援助资金 44.4 亿元人民币、协作企业 5684 个，实际投资 2497.6 亿元人民币、社会捐助 14.2 亿元人民币，培训专业技术人才 22.6 万人次、组织劳务输出 467.2 万人次。[②]党的十八大以后，东西扶贫协作扩大到东部地区 9 省（市）和 13 个副省级和地厅级城市到中西部地区特别是西部地区进行全面对接，并且在东部地区动员了 267 个先进发达县，对西部地区的 406 个县进行了携手奔小康工作衔接，占西部 678 个贫困县的比例达到 71%，同时实现了对 30 个民族自治州结对帮扶的全覆盖。

扶贫济困是中华民族的传统美德，走共同富裕的道路是中华民族的共同奋斗目标。先富起来的人群、地区帮助尚未脱贫的群众用勤劳的双手走上致富之路，是一件顺应潮流、深得人心的大事，并日益成为全社会的自觉行动。30 多年来，全社会同心协力扶贫攻坚，这是中华全民族的壮举。

（五）总体设计是综合性建设工程

贫困不是经济贫困单一现象，而是经济、社会、文化贫困落后现象的总称。在贫困地区，经济发展滞后，人穷村也穷；基础设施和基本公共服务发展滞后，交通不便，联络不畅；生态环境脆弱，自然灾害频发；

① 彭俊：《社会力量参与扶贫成为中国反贫困事业中一道亮丽的风景》，《人民日报》2004 年 7 月 10 日。

② 中华人民共和国国务院新闻办公室：《中国农村扶贫开发的新进展》（2011 年 11 月），《人民日报》2012 年 1 月 30 日。

社会事业滞后，社会文明程度低，往往人口出生率偏高，生病不就医、难就医、乱就医，教育文化水平低、缺乏技能。在这种情况下，在中国共产党的视野中，农村扶贫开发相应的是多维的综合性建设，除通过各类项目进行经济扶持外，还有计划生育、基础设施建设、改善医疗、教育、住房、通信等的社会安排，以及对生态环境的保护和治理。

改革开放时期中共中央、国务院发出的第一个农村扶贫开发文件，即1984年9月29日《中共中央、国务院关于帮助贫困地区尽快改变面貌的通知》，在指出对贫困地区实行比一般地区更灵活、更开放的土地承包、经营政策，免征农业税、企业所得税等优惠政策的同时，强调“贫困地区要首先解决由县通到乡（区或公社）的道路。争取在五年内使大部分乡（区或公社）都能通汽车或马车”，“要重视贫困地区的教育，增加智力投资。有计划地发展和普及初等教育，重点发展农业职业教育，加速培养适应山区开发的各种人才。山区的科技、卫生工作也应有切实的规划，各有关部门均应围绕山区开发的目标，采取措施，逐步实现”。①

于是，农村扶贫开发成为一项综合性建设，重要的扶贫政策往往由国家经委、民政部、财政部、农牧渔业部、教育部、对外经济贸易部、国家物资局等诸多部门共同制订下发，强调各部门协同扶贫。从“七五”计划时期开始，把扶贫工作与计划生育相结合，改变“越穷越生，越生越穷”的恶性循环；把交通基础设施建设与以工代赈扶贫工程结合，直接、间接多渠道增加贫困群众收入；把劳务输出与贫困地区就业结合，既治穷致富又能推动智力开发；把科技扶贫与解决群众温饱相结合，治贫又治愚；自1995年开始，实施“国家贫困地区义务教育工程”，大力开展教育扶贫工作。

到21世纪，扶贫开发进一步提出坚持综合治理原则，开展行业扶贫的理念，要求充分发挥各行业部门职责，将贫困地区作为本部门本行业发展重点，积极促进贫困地区水利、交通、电力、国土资源、教育、卫生、科技、文化、人口和计划生育等各项事业的发展。各部门重点开展了推广农业技术、改善贫困地区交通条件、加强贫困地区水利建设、解

① 《十二大以来重要文献选编》（中），人民出版社1986年版，第542—543页。

决无电人口用电问题、开展农村危房改造等工作。贫困地区社会事业尤其得到大力发展，教育方面，建立健全农村义务教育经费保障机制，实施中西部农村初中校舍改造工程、全国中小学校舍安全工程和农村义务教育薄弱学校改造计划、农村中小学现代远程教育工程；医疗方面，加强国家扶贫开发工作重点县乡镇卫生院、村卫生室建设，重点为乡镇卫生院及以下的医疗卫生机构培养卫生人才；全面实行农村计划生育家庭奖励扶助制度，加快推进西部地区计划生育“少生快富”工程；组织开展全国文化信息资源共享工程、送书下乡工程，开展广播电视“村村通”工程、农村电影放映工程、“农家书屋”工程；实施退牧还草工程、岩溶地区石漠化综合治理工程等，加强贫困地区生态建设。国家还把对少数民族、妇女、残疾人的扶贫开发纳入规划，统一组织，同步实施，使扶贫开发切实成为一项改善农村贫穷落后面貌的综合性建设工程，并取得卓有成效的减贫效果。

三、2020年农村整体消除绝对贫困胜利在握

到2020年，现行标准下的农村贫困人口全部脱贫，在中国的历史上消除绝对贫困现象；现有的贫困县全部摘帽，消除区域性贫困。这是2020年全面建成小康社会的标志性指标。2012—2017年，我国的贫困人口已经减少了三分之二，还有3年时间来完成任务，2020年整体消除绝对贫困胜利在望。

（一）中共十九大提出坚决打赢、打好精准脱贫攻坚战

2017年10月18日召开的中共十九大，放在决胜全面建成小康社会、开启全面建设社会主义现代化国家新征程中将农村扶贫开发工作提到了空前的高度，把精准脱贫作为三大攻坚战之一予以强调。第一，党的十九大指出，在中国特色社会主义的新时代，我国社会主要矛盾已经转化为人民日益增长的美好生活需要和不平衡不充分的发展之间的矛盾。贫困现象的存在，无疑就是这种矛盾的具体体现。因此，最大限度地降低贫困发生率，增强广大人民群众的获得感，就必须将解决绝对贫困放

到特殊重要的位置。更重要的是，新时代社会主要矛盾对脱贫攻坚质量提出了更高要求，满足人民日益增长的美好生活需求不仅要解决贫困人口基本温饱问题，而且要使他们具有奔小康的能力，最终确保脱贫不返贫。第二，习近平在十九大报告中指出，从现在到 2020 年，是全面建成小康社会决胜期，要坚决打赢、打好精准脱贫攻坚战，确保到 2020 年我国现行标准下农村贫困人口实现脱贫，贫困县全部摘帽，解决区域性整体贫困，做到脱真贫、真脱贫，使全面建成小康社会得到人民认可、经得起历史检验。这就向全党发出了坚决打赢、打好精准脱贫攻坚战的号召。打赢精准脱贫攻坚战，就是到 2020 年如期完成消除绝对贫困、消除区域贫困的任务。打好精准脱贫攻坚战，一是指全面完成任务，“一个民族不能少、一个人不能掉队”，不能有工作的死角；二是要求脱贫必须是符合质量的、经得起时间和历史检验的，不能搞数字脱贫、虚假脱贫，要保证脱贫的质量；三是在 2020 年消除绝对贫困之后，还要继续做好减少相对贫困的工作，因为相对贫困还会长期存在。需要通过打赢攻坚战，为未来减少相对贫困探索经验，建立一套比较好的体制机制。

习近平对打好精准脱贫攻坚战高度重视。2018 年 2 月 12 日，习近平在四川成都市主持召开打好精准脱贫攻坚战座谈会，集中研究打好今后 3 年脱贫攻坚战之策。习近平在会上指出，全面打好脱贫攻坚战，要按照党中央统一部署，把提高脱贫质量放在首位，聚焦深度贫困地区，扎实推进各项工作。为此，他提出八条要求。第一，加强组织领导。各级党政干部特别是一把手必须以高度的历史使命感亲力亲为抓脱贫攻坚。贫困县党委和政府对脱贫攻坚负主体责任，一把手是第一责任人，要把主要精力用在脱贫攻坚上。中央有关部门要研究制订脱贫攻坚战行动计划，明确 3 年攻坚战的时间表和路线图，为打好脱贫攻坚战提供导向。第二，坚持目标标准。确保到 2020 年现行标准下农村贫困人口全部脱贫，消除绝对贫困；确保贫困县全部摘帽，解决区域性整体贫困。稳定实现贫困人口“两不愁三保障”，贫困地区基本公共服务领域主要指标接近全国平均水平。既不能降低标准、影响质量，也不能调高标准、吊高胃口。第三，强化体制机制。落实好中央统筹、省负总责、市县抓落实的管理体制。中央统筹，就是要做好顶层设计，在政策、资金等方面为地方创造条件，加强脱贫效果监管。省负总责，就是要做到承上启下，把党中央大政方针转化为实施方案，促进工作落地。市县抓落实，就是要从当地实际出发，推动脱贫攻坚各项政策措施落地生根。要改进考核评估机制，根据脱贫攻坚进展情况不断完善。第四，牢牢把握精准。建档立卡要继续完善，精准施策要深入推进，扎实做好产业扶贫、易地扶贫搬迁、就业扶贫、危房改造、教育扶贫、健康扶贫、生态扶贫等重点工作。第五，完善资金管理。强化监管，做到阳光扶贫、廉洁扶贫。要增加投入，确保扶贫投入同脱贫攻坚目标任务相适应。要加强资金整合，防止资金闲置和损失浪费。要健全公告公示制度，省、市、县扶贫资金分配结果一律公开，乡、村两级扶贫项目安排和资金使用情况一律公告公示，接受群众和社会监督。对脱贫领域腐败问题，发现一起严肃查处问责一起，绝不姑息迁就。第六，加强作风建设。党中央已经明确，将2018年作为脱贫攻坚作风建设年。要坚持问题导向，集中力量解决脱贫领域“四个意识”不强、责任落实不到位、工作措施不精准、资金管理使用不规范、工作作风不扎实、考核评估不严格等突出问题。要加强制度建设，扎紧制度笼子。第七，组织干部轮训。打好脱贫攻坚战，关键在人，在人的观念、能力、干劲。要突出抓好各级扶贫干部学习培训。对县级以上领导干部，重点是提高思想认识，引导树立正确政绩观，掌握精准脱贫方法论，培养研究攻坚问题、解决攻坚难题能力。对基层干部，重点是提高实际能力，培育懂扶贫、会帮扶、作风硬的扶贫干部队伍。要吸引各类人才参与脱贫攻坚和农村发展。要关心爱护基层一线扶贫干部，激励他们为打好脱贫攻坚战努力工作。第八，注重激发内生动力。贫困群众既是脱贫攻坚的对象，更是脱贫致富的主体。要加强扶贫同扶志、扶智相结合，激发贫困群众积极性和主动性，激励和引导他们靠自己的努力改变命运。改进帮扶方式，提倡多劳多得，营造勤劳致富、光荣脱贫氛围。①

2018年3月两会期间，习近平对打好精准脱贫攻坚战，确保如期实

---

① 《习近平在打好精准脱贫攻坚战座谈会上强调提高脱贫质量聚焦深贫地区扎扎实实把脱贫攻坚战推向前进》，《人民日报》2018年2月15日。

现脱贫目标进行精心指导。例如，2018 年 3 月 5 日，习近平在参加十三届全国人大一次会议内蒙古代表团审议时强调："全面建成小康社会，标志性的指标是农村贫困人口全部脱贫、贫困县全部摘帽。打好脱贫攻坚战，关键是打好深度贫困地区脱贫攻坚战，关键是攻克贫困人口集中的乡（苏木）村（嘎查）。要采取更加有力的举措、更加精细的工作，瞄准贫困人口集中的乡（苏木）村（嘎查），重点解决好产业发展、务工就业、基础设施、公共服务、医疗保障等问题。要完善大病兜底保障机制，解决好因病致贫问题。既要解决好眼下问题，更要形成可持续的长效机制。要把脱贫攻坚同实施乡村振兴战略有机结合起来，推动乡村牧区产业兴旺、生态宜居、乡风文明、治理有效、生活富裕，把广大农牧民的生活家园全面建设好。今年是脱贫攻坚作风建设年。要认真开展扶贫领域腐败和作风问题专项治理，加强扶贫资金管理，对挪用、贪污扶贫款项的行为严惩不贷。群众对一些地方脱贫攻坚工作中的形式主义、官僚主义、弄虚作假现象非常反感，要认真加以解决。"①

（二）鼓足干劲脱贫攻坚，决胜全面小康

党的十九大吹响了打赢、打好精准脱贫攻坚战的号角，中国农村扶贫开发、脱贫攻坚进入了最后阶段的决胜期，扶贫脱贫的最后阶段是最艰巨的阶段，脱贫攻坚仍面临不小的挑战，需要解决的突出问题依然不少。

第一，深度贫困地区脱贫难度大。深度贫困是贫中之贫、难中之难，是经过几轮扶贫剩下的"硬骨头"。到 2017 年底，深度贫困地区贫困发生率超过 18% 的县还有 110 个，贫困发生率超过 20% 的村还有 16000 多个；各省一共认定了 334 个深度贫困县，2017 年底这 334 个县的贫困发生率是 11%，而同期全国的贫困发生率只有 3.1%。深度贫困地区在 2020 年如期实现脱贫攻坚目标，难度很大。如果说脱贫攻坚是一场硬仗，那么深度贫困地区脱贫攻坚是这场硬仗中的硬仗。

---

① 《习近平在参加内蒙古代表团审议时强调扎实推动经济高质量发展，扎实推进脱贫攻坚》，《人民日报》2018 年 3 月 6 日。

第二，特殊贫困群体脱贫难度大。在我国约3000万贫困人口中，持证残疾人和65岁以上的老人超过了1000万。2017年建档立卡贫困人口中，因病因残致贫比例居高不下，分别超过40%和14%，65岁以上老人占比超过16%，内生动力不足超过14%。尤其是长期以来一些贫困地区自然条件恶劣，交通不便，群众与现代社会隔离，穷怕了不敢想，穷惯了等靠要，从而在一些地方的脱贫攻坚工作中出现了干部作用发挥有余、群众作用发挥不足的现象，“干部干，群众看”“干部着急，群众不急”，一些贫困群众“靠着墙根晒太阳，等着别人送小康”。

第三，脱贫攻坚工作中出现了一些突出问题。基层扶贫干部的作风主流是好的，自脱贫攻坚战以来到2018年初，已有500多位基层同志倒在了脱贫攻坚的第一线，甚至献出了生命。但是，扶贫工作中也存在责任不落实、政策不落实、工作不落实，不精准不到位，搞数字脱贫、弄虚作假，形式主义、官僚主义等问题。同时，吃扶贫资金的唐僧肉，打扶贫资金的歪主意，搞挤占挪用，贪污蝇贪，优亲厚友等消极腐败现象仍然存在。尤其是近几年随着财政扶贫资金规模越来越大，中央将资金使用权限直接下放到县，给扶贫工作带来了很大的资金监管压力，导致在2017年出现了虚报冒领和挤占挪用扶贫资金7.3亿元。

面对挑战，在以习近平同志为核心的党中央坚强领导下，全党、全社会，全国各地、各级部门迅速行动起来，制订精准脱贫三年攻坚行动计划，进一步充分认识扶贫工作的长期性、艰巨性和复杂性，进一步增强打好打赢脱贫攻坚战的责任感、使命感和紧迫感，进一步为实施好未来三年的精准脱贫攻坚工作做出努力。

第一，聚焦深度贫困地区，化解特殊贫困群体的脱贫难题。深度贫困地区的脱贫攻坚是重中之重，要制订特殊政策，拿出超常举措，以解决突出制约问题为重点，以重大帮扶措施为抓手，以补齐短板为突破口，坚决攻下深度贫困堡垒，打赢脱贫攻坚这场硬仗中的硬仗。一是，落实好中央统筹、省负总责、市县抓落实的管理体制。中央统筹，就是要做好顶层设计，在政策、资金等方面为地方创造条件，加强脱贫效果监管。省负总责，就是要做到承上启下，把党中央大政方针转化为实施方案，促进工作落地。市县抓落实，就是要从当地实际出发，推动脱贫攻坚各项政策措施落地生根。按照中央的决策部署，中央把“三区三州”（包括西藏、新疆南疆四地州、四省藏区和四川凉山州、甘肃临夏州、云南怒江州）作为国家层面的深度贫困地区给予了重点的支持。首先制订深度贫困地区脱贫攻坚的时间表、线路图，针对深度贫困地区什么办法什么路子可以脱贫，把中央的政策、地方的资源和当地的人力统筹起来制订脱贫方案，2017 年底已经基本完成规划制订工作。下一步要继续加强指导，将脱贫方案落实到位，进行跟踪、督促和检查。其次中央和省级要加大支持，包括东部地区帮助西部地区，新增加的资金主要向深度贫困地区投入。最后加强监测监控，对贫困发生率 18% 以上的县、贫困发生率 20% 以上的村，发现工作不到位、有可能完不成任务的，提早做工作，防止最后出现死角。二是，合理确定目标。“两不愁三保障”是党中央设定的 2020 年脱贫攻坚目标，即到 2020 年稳定实现农村贫困人口不愁吃、不愁穿，义务教育、基本医疗和住房安全有保障，贫困地区基本公共服务领域主要指标接近全国平均水平。同时，要以唯物主义的态度对待这个问题，即使到了 2020 年，深度贫困地区也不可能达到发达地区的发展水平，要坚持实事求是，不要好高骛远。既不能降低标准、影响质量，也不能调高标准、吊高胃口。正如 2018 年 3 月 5 日，习近平在参加十三届全国人大一次会议内蒙古代表团审议时所强调的：扶贫工作“既要下决心消除绝对贫困，又不能把胃口吊得太高，使大家期望值太高，力不从心，小马拉大车，拉不动的结果是好心没办成好事”①。三是，集中整合资源。“分则力散，专则力全。”解决深度贫困问题，要充分发挥集中力量办大事的制度优势，整合各方资源打歼灭战。就全国而言，下一步要重点解决深度贫困地区公共服务、基础设施以及基本医疗有保障的问题。同时，在资金、项目、人员等方面整合各方面资源，加大东部地区和中央单位对深度贫困地区的帮扶支持力度，积极引导社会力量广泛参与深度贫困地区脱贫攻坚，形成“众人拾柴火焰高”的强大力量。四是，强化责任落实。深度贫困地区脱贫攻坚要强化落地，吹糠见米，必须做到人员到位、责任到位、工作到位、效果到位。从中央到

① 《今年两会习近平六下团组 务必记住这些重要提法》，人民网 2018 年 3 月 13 日。

地方，各级党委和政府都要把深度贫困地区脱贫攻坚作为头等大事，把脱贫职责扛在肩上，统筹做好进度安排、项目落地、资金使用、人力调配、推进实施等工作，实施最严格的考核评估，坚持年度脱贫攻坚报告和督查制度，加强督查问责，确保按时完成脱贫攻坚任务。

特殊贫困群体脱贫难度大，需要加大力度攻坚。对特殊贫困群体要采取更有力的举措，更精准地帮扶。对有劳动能力的进行产业扶贫，强化产业和就业扶持，着力做好产销衔接、劳务对接，实现稳定脱贫。对完全或部分丧失劳动能力的特殊贫困人口，综合实施保障性扶贫政策，确保病有所医、残有所助、生活有兜底。做好农村最低生活保障工作的动态化精细化管理，把符合条件的贫困人口全部纳入保障范围。因病致贫是脱贫攻坚的一块硬骨头，2016年底，全国因病致贫、因病返贫的家庭还有553万户。打赢脱贫攻坚战必须牵住这个“牛鼻子”，大病集中救治一批，慢病签约服务管理一批，重病兜底保障一批。

第二，加强扶贫工作作风建设，完善扶贫资金管理。中央决定从2018年至2020年持续在全国范围内开展扶贫领域腐败和作风问题专项治理，并明确将2018年作为脱贫攻坚作风建设年，用1年左右时间集中力量解决扶贫领域存在的责任落实不到位、工作措施不精准、工作作风不扎实、资金管理使用不规范，以及形式主义、官僚主义和腐败等突出问题，确保取得阶段性成效。按照这一精神，各地扎实开展2018年脱贫攻坚作风建设年活动，加大对扶贫领域腐败问题的查处力度，科学确定脱贫摘帽时间，对弄虚作假、搞数字脱贫的进行严肃查处。

与此同时，加强扶贫资金管理，一是健全公告公示制度。中央、省级、市、县财政分配结果一律公开，乡、村两级扶贫项目安排和资金使用情况一律公告公示，接受群众和社会监督。二是强化监管，做到阳光扶贫、廉洁扶贫。要对脱贫领域腐败问题，发现一起严肃查处问责一起，绝不姑息迁就。三是加强资金整合，防止资金闲置和损失浪费。在全国范围内进一步完善县级脱贫攻坚项目库，扶贫需要做哪些事情，需要花多少钱，先把项目编制出来，让项目等钱，不要让钱等项目，解决地方不会干、不敢干的问题。同时，组织第三方机构观察扶贫资金使用效益到底怎么样，将绩效评估做得更好、更加完善。

第三，注重从思想上拔“穷根”，激发贫困群众脱贫内生动力。贫困群众既是脱贫攻坚的对象，更是脱贫致富的主体。贫困人口要实现真脱贫，脱真贫，必须通过自己的劳动，有自己的收入渠道，而不是别人替他干出来的，不是送钱送出来的。各地围绕激发脱贫的内生动力下功夫，探索采取多种措施。

一是加强扶贫同扶志、扶智相结合，激发贫困群众积极性和主动性，激励和引导他们靠自己的努力改变命运。其一，在政策上引导。通过实行扶贫政策，改进帮扶方式，提倡多劳多得，防止政策“养懒汉”。其二，教育和培训引导。教育引导他们转变思想观念，逐步消除精神贫困，培训提高他们的技能、水平和脱贫的能力。其三，典型引导，营造勤劳致富、光荣脱贫氛围。用一些做得好的成功脱贫的典型，引导贫困群众转变思想观念，促进形成自强自立、争先脱贫的精神风貌。其四，通过村规民约引导。就是把村民们组织起来，实行自我管理、自我教育、自我约束，引导大家向上向善。比如，许多地方有村民理事会，红白喜事理事会，对乱花钱、红白喜事大操大办等不良习俗进行引导。

二是采取开办农民脱贫攻坚讲习所等措施，组织起脱贫攻坚的人民战争。贵州毕节市在脱贫攻坚过程中，为激发出群众的内生动力，借鉴党在大革命时期举办农民运动讲习所的做法，开办农民脱贫攻坚讲习所，以此搭建一个有吸引力的平台，让更多的农民群众参与进来。按照党组织延伸到哪里，脱贫攻坚讲习所就跟进、覆盖到哪里的原则，毕节市要求各县乡村都要办讲习所，通过群众会、报告会、院坝会、田坎会等形式，向人民群众讲思想，让群众干有方向；讲政策，让群众干有目标；讲思路，让群众干有激情；讲方法，让群众干有效果。通过这“四讲四干”，引导群众丢掉“等靠要”的思想，丢掉“比穷不比富”的观念和做法，在精神上把群众重新组织起来，最大限度地激发出他们的内生动力和创业激情。群众看到了办法，看到了效果，看到了自己的前途，他的积极性就起来了，就很愿意投身到新农村的建设中去。这种讲习所的特点是“讲”和“习”并重，更注重实践环节。农民能听得懂，感到管用，能解决问题，纷纷从“要我脱贫”转变为“我要脱贫”。这种方法确实起到了开启民智、凝聚民心、激发民力的作用。

“脱贫攻坚讲习所，干部群众你和我，就像当年见红军，看见干部不再躲，宣传政策讲道理，房前屋后种水果，党给我们拔穷根，日子越过越红火。”党的十九大期间，习近平总书记在参加贵州省代表团的讨论时听到这首民谣，了解了讲习所的有关情况，他高兴地说：“新时代的农民讲习所，赋予它新的内涵，这是创新。”[①]

第四，把贫困地区脱贫的当务之急与发展振兴的长远之计相结合。党的十九大提出实施乡村振兴战略，2018年中央1号文件《中共中央、国务院关于实施乡村振兴战略的意见》，将之作为决胜全面建成小康社会、全面建设社会主义现代化国家的重大历史任务和新时代“三农”工作的总抓手。《意见》再次强调“打好精准脱贫攻坚战，增强贫困群众获得感”，指出“乡村振兴，摆脱贫困是前提。必须坚持精准扶贫、精准脱贫，把提高脱贫质量放在首位，既不降低扶贫标准，也不吊高胃口，采取更加有力的举措、更加集中的支持、更加精细的工作，坚决打好精准脱贫这场对全面建成小康社会具有决定性意义的攻坚战”。[②]这就提出了把脱贫攻坚同实施乡村振兴战略相结合的要求，为在实施乡村振兴战略中推进精准脱贫，为打好打赢脱贫攻坚战、决胜全面小康指明了方向。

把脱贫攻坚同实施乡村振兴战略相结合，就是要在确保实现“两不愁、三保障”基础上，着眼长远，积极稳妥推进贫困地区产业发展、基础设施改善、社会文明建设等，促进脱贫攻坚和实施乡村振兴战略有机衔接。根本改变贫困地区落后面貌，必须久久为功，绝不能急于求成。

把脱贫攻坚同实施乡村振兴战略相结合，就要推动乡村产业振兴。实施好乡村振兴战略，主要从产业振兴、人才振兴、文化振兴、生态振兴、组织振兴五个方面系统推进，其中产业兴旺是重点。打赢脱贫攻坚战，需要有稳定的产业支撑。因此，要紧紧围绕发展现代农业，围绕农村一二三产业融合发展，构建乡村产业体系，实现产业兴旺，把产业发展落到促进农民增收上来，全力以赴消除农村贫困，推动乡村生活富裕。

---

① 《拥抱新时代　担当新使命——习近平参加党的十九大贵州省代表团审议侧记》，《人民日报》2017年10月20日。

② 《中共中央国务院关于实施乡村振兴战略的意见》，《中华人民共和国国务院公报》2018年第5期。

在全党全社会的努力下，脱贫攻坚工作呈现了由找准帮扶对象向精准帮扶稳定脱贫转变、由关注脱贫速度向保证脱贫质量转变、由开发式扶贫为主向开发式扶贫与保障式扶贫并重转变的可喜局面。到 2019 年底，全国贫困人口下降到 551 万人，全国 832 个贫困县已有 601 个宣布摘帽，179 个进行退出检查，未摘帽贫困县只剩 52 个，2020 年整体消除绝对贫困胜利在握。在中华民族几千年历史发展进程中将是首次整体消除绝对贫困现象，是对中华民族、对整个人类都具有重大意义的伟业。

［原载《泰山学院学报》2019 年第 1 期，收入本书时略有修改］

从城市到农村：多维度视阈下的就业抉择

——试析1949—1978年我国城市劳动力向农村的转移

1949—1978年，由于大规模经济建设的需要，我国以招工等形式，从农村招收了大量劳动力到城市就业。农村劳动力向城市转移和就业是工业化进程的必然结果，也是我国劳动力转移的主要方向。与此同时，这期间我国也持续存在大量城镇人口向农村转移、到农村就业的现象。学术界有学者对这种劳动力从城市到农村转移、就业的现象予以了关注和研究，他们多以城市化的标准来看待这种现象并以“逆城市化”来评价其作用和影响，认为这种方式“在很大程度上抑制了中国的城市化进程”[①]，并且“使农村成为缓解城市压力的一个缓冲区，加重了农村发展过程中的承载力，延缓了农村现代化进程”[②]。历史的发展往往是多面相的，要达到客观评价历史，必须从多方面弄清历史的本来面目，而不能仅从某一角度评判历史的是非得失。对于1949—1978我国城市劳动力向农村转移和就业这一问题的研究尤需如此。在我国工业化过程中为何出现了城市劳动力的逆向流动？中央是出于何种理论认识和战略考虑而作出这一决策？这一抉择对城市和农村发展究竟产生了何种影响，对当今的就业又有怎样的启示？这些问题的回答，都需要结合当时的历史实际，实事求是地予以考察、分析和总结。

---

① 邱国盛:《当代中国逆城市化研究（1949—1978）》,《社会科学辑刊》2006年第3期。

② 王凤梅，郝锦花:《1949至1978年间以逆向为主的人口流动对中国农村现代化进程的影响——以山东省为例》,《东岳论丛》2011年第4期。

一、1949—1978 年新中国城市劳动力向农村转移情况

1949—1978 年，我国城市劳动力向农村的转移一直没有间断，比较频繁。这种转移基本不是自发出现的，而是在党和政府动员、组织、引导下呈现的一种就业安置，其中，较大规模的、明确以解决就业为目的的有以下几次。

（一）20 世纪 50 年代动员城市的失业人员下乡从事农业生产

早在新中国成立之初，为了安置庞大的城市失业人员[①]，人民政府将动员新中国成立前流入城市的破产农民回乡参加农业生产作为其中一项重要措施。这些人员看到土改后地主恶霸被打倒，农民分到了土地，生活得到了改善，于是很愿意回乡参加农业生产。据劳动部统计，1950 年各级政府就动员和组织了 16.5 万原籍在农村的失业人员回乡参加农业生产[②]，1951—1952 年，又有约 13 万失业人员被安置在农村[③]。

动员一向居住在城市但不适合参加工业生产却具备参加农业生产条件的失业人员下乡从事农业生产，主要是在农业合作化以后进行的。1955 年农业合作化运动进入高潮后，农村出现了劳动力不足的现象，而城市失业问题仍然很严重[④]，于是党和政府明确把从事农业生产劳动作为解决城市失业问题的主要出路。“从 1956 年开始，按照各地情况，分别在 5 年或者 7 年内，解决城市中的失业问题，使现有的城市失业人员都获得就业的机会。除了在城市能够就业的以外，他们的就业途径，是到郊区、到农村、到农垦区或者山区，参加农、林、牧、副、渔各项生

① 1949 年，我国城市失业人员达 474.2 万。《中国劳动工资统计资料（1949—1985）》，中国统计出版社 1989 年版，第 109 页。

② 《当代中国的劳动力管理》，中国社会科学出版社 1990 年版，第 47 页。

③ 《全国各地三年来劳动就业和失业救济工作获显著成绩》，《人民日报》1952 年 11 月 13 日。

④ 1955 年，城市失业人员仍有 315.1 万。参见《中国劳动工资统计资料（1949—1985）》，中国统计出版社 1989 年版，第 109 页。

产事业和农村的科学、文化、教育、卫生事业。”[①]根据这一思路，当时采取两种方式由政府出钱组织城市失业人员下乡参加农业生产：一种是把城市失业人员连同家属一起成户地分散安置在农业生产合作社中，叫作“移民插社”；另一种是成批动员组织失业人员、无业人员到地多人少地区去组织农业生产合作社或者参加国营农场开荒生产，时称“移民垦荒”。据劳动部的资料，仅 1955 年下半年至 1956 年 3 月，北京、天津、上海、沈阳、旅大、重庆、浙江、黑龙江六市二省，就安置了 86 万失业人员及其家属参加农业生产[②]，迅速缓解了当时面临的严重就业压力。

1957 年初，为了抑制当时的经济过热，国家采取了压缩基建规模、停止从社会上招工等措施。在这种形势下，劳动部加紧了对失业人员下乡的动员，强调指出：社会上仍未就业的失业人员，主要出路在农业和某些服务业，可以动员家在农村的回乡生产、组织移民插社和垦荒。[③]此后，又有大批从农村流入城市的人口被动员回乡。就连中国人民解放军也开始分期分批地动员随军军官家属还乡生产，劳动就业，安家落户。根据 1957 年 11 月中旬的统计，14 个单位还乡生产的军官家属已经有 2 万多户，3.6 万多人；有的单位还乡生产的军官家属已达到随军家属总数的 81%。[④]1958 年，在国民经济全面“大跃进”的热潮中，城市职工急剧膨胀，1958 年全民所有制职工增加 2000 多万人，相当于前 8 年增加职工总数的 1.26 倍。[⑤]在这种形势下，出现了劳动力不足的现象，我国宣布旧社会遗留的失业问题已经基本解决。

（二）1955—1958 年动员城市中小学毕业生参加垦荒和农业生产

除了失业人员，城市新增劳动力的就业也是党和政府面对的主要问

---

① 《建国以来重要文献选编》第 8 册，中央文献出版社 1994 年版，第 58 页。

② 王钧：《彻底消灭失业是建国十年来最光辉的成就之一》，《中国劳动》1959 年第 19 期。

③ 顾洪章主编：《中国知识青年上山下乡大事记》，人民日报出版社 2009 年版，第 14 页。

④ 《一个有重大革命意义的措施》，《人民日报》1957 年 11 月 28 日。

⑤ 刘小萌：《中国知青史——大潮（1966—1980）》附录 1，中国社会科学出版社 1998 年版，第 18 页。

题。尤其是新中国成立初期，由于教育底子比较薄弱，加上发展缺乏计划性，造成“小学发展过多，高等及中等专业学校、高级中学发展较少”①，致使城市里既不能升学也不能就业的中小学毕业生逐年增多。到1955年11月，全国城市具有高小以上文化程度的停学待业青年达70万余人。② 如何解决他们的就业问题，党和政府一直没有找到有效的对策。

1955年4月，团中央代表团访苏时了解到苏联的城市青年移民垦荒运动，认为“从城市中动员年轻力壮、有文化的青年去参加垦荒工作是有好处的，也是今后解决城市中不能升学和无职业青年就业问题的一个办法”③。这一看法得到党中央的肯定。7月6日，团中央发出了《关于组织青年参加边疆建设问题的一些意见》，提出“动员一部分城市中未升学的初中、高小毕业生及其他失业青年参加垦荒工作”，并着手开展了动员和组织工作。④ 到1957年，国家一律停止从社会上招收工作人员，这意味着城市中几乎所有的部门都同时向求职者关上了大门。大批城市青年在升学、就业方面遇到双重困难，成为1957年社会舆论议论的焦点，“好些地方学生闹事”⑤，发泄自己的不满。他们的就业成了一个亟须解决的社会问题。在这种情况下，1957年2月18日—4月14日，刘少奇在南下调查中将中小学毕业生的就业出路问题作为调查重点内容之一。4月18日，《人民日报》发表了刘少奇所写的社论《关于中小学毕业生参加农业生产问题》，明确指出：“就全国说来，最能够容纳人的地方是农村，容纳人最多的方面是农业。所以，从事农业是今后安排中小学毕业生的主要方向，也是他们今后就业的主要途径。”1957年10月中共中央公布的《1956年到1967年全国农业发展纲要（修正草案）》，明确指出：“城市的中、小学毕业的青年，除了能够在城市升学、就业的以外，应当积极响应国家的号召，下乡上山去参加农业生产，参加社会主义农村建设的

① 《中国教育年鉴（1949—1981）》，中国大百科全书出版社1984年版，第89页。

② 《青年团中央书记处关于社会知识青年就业问题的调查报告》，中国共青团网，2007年4月23日。

③ 杜鸿林：《中国知识青年上山下乡运动史》，海天出版社1993年版，第16页。

④ 《青年团中央关于组织青年参加边疆建设问题的一些意见》（1955年7月6日），中国共青团网，2007年4月23日。

⑤ 《毛泽东选集》第5卷，人民出版社1977年版，第332页。

伟大事业。”[①] 此后各大城市组织开展了动员中小学毕业生参加农业生产的工作。

尽管在农村由于“社里感到没有文化，许多工作做起来有困难”，因此“县、乡、社都是欢迎城市初中毕业参加农业生产的”[②]，尽管各级政府部门都大力做了很多动员工作，但是由于采取了自愿原则，真正愿意到农村去的待业青年并不多，所以这项工作在实践中实际效果并不理想。1955—1956 年，全国先后组建了 50 多批远征垦荒队，共 3.7 万人[③]；1957—1958 年上半年，全国只有 1.5 万城镇中小学毕业生到农村参加农业生产[④]。1958 年下半年“大跃进”开始后，各部门大量增加劳动力，动员中小学毕业生参加农业生产的运动随之中止。

（三）20 世纪 60 年代初精减职工，压缩城镇人口

“大跃进”期间，由于建设规模急剧扩大，劳动力招收调剂权力下放，各部门、各地区不仅从城市，而且从农村招收了大量职工，我国职工人数从 1957 年的 3101 万迅速增加到 1960 年的 5969 万，城镇人口也从 1957 年的 9949 万增加到 1960 年的 13073 万（其中由农村迁入城镇的大约 2218 万）。为了保证城市粮食供应，在 1959 年、1960 年连续减产的情况下，政府对农民征购粮大增，两年净征购率达到了 28% 和 21.5%，大大高于 1957 年的 17.4% 的水平。即便如此，许多城市仍面临几乎没有库存粮食的窘境，1960 年底全国 82 个大中城市的库存粮食只有正常水平的 1/3。1960 年 6 月，北京、天津和辽宁的几个主要城市库存粮食只能维持不到 10 天的供应，上海大米库存则天天告急。

1961 年 5 月，中共中央在北京召开工作会议，决定实行城市职工精减政策。精减的对象主要是 1958 年 1 月以来参加工作的来自农村的新职

---

① 《建国以来重要文献选编》第 10 册，中央文献出版社 1994 年版，第 655 页。

② 《农业社迫切需要知识青年——关于学生参加农业生产问题的一个调查》，《劳动》1957 年第 16 期。

③ 《当代中国的青年和共青团》（上），当代中国出版社、香港祖国出版社 2009 年版，第 260 页。

④ 刘小萌：《中国知青史——大潮（1966—1980）》附录 1，中国社会科学出版社 1998 年版，第 17 页。

工，要求他们返回原来的农村参加农业生产。1957 年底以前参加工作的来自农村的职工，自愿要求，也可以离职回乡。[①] 由于被压缩回农村的大部分是刚刚从农村到城镇一两年的农民，和农村保持着紧密的关系，在城市里尚未真正站稳脚跟；在困难时期城市里的粮食和副食品供应紧缺，而一些农村的粮食供应相对好一些，很多人自愿回到农村老家；加上政府对被精减下放的人给予比较合理的经济赔偿，有的措施还比较优惠，所以精减职工工作的开展比较顺利。据统计，自 1961 年 1 月至 1963 年 6 月，全国职工减少了 1887 万人，城镇人口减少了 2600 万人，吃商品粮人数减少了 2800 万人。[②] 到 1963 年底共精减职工 2546 人，其中回农村、安置到农村务农的有 1641 万人，占精减职工的 67%。[③] 这次精减职工，压缩城镇人口，是社会主义建设时期最大规模的一次城市劳动力向农村转移。

（四）1962—1966 年知识青年上山下乡

1962 年，全国城市社会青年约 200 万人，绝大部分是未升学就业的学生和精减下来的青年职工。他们家庭生活比较困难，多数要求劳动就业。根据这种情况，中央领导人指出："城市人口每年要增加 100 多万，总有一部分要下乡安置，要到农业上去找出路……我们要为今后若干年内安置城市多余劳动力打好基础，所以说这是一项长期任务。""城市工业能吸收的人总是有限的，今后几年不可能增加太多。我们安置城市下乡人员是积极的，是为了发展生产、扩大就业范围、解决城市多余劳动力的出路问题。"[④] 这样，在精减职工和压缩城镇人口政策顺利实施的基础上，党和国家从 1962 年下半年开始在全国范围内有组织、有计划地动员城镇知识青年下乡。

最初用来安置城市青年的主要是国营农场，由于做农场职工的地位高于下乡的农民，有固定工资，生活有保障；农场的集体生活容易被青

---

① 《建国以来重要文献选编》第 14 册，中央文献出版社 1997 年版，第 505 页。

② 《建国以来重要文献选编》第 16 册，中央文献出版社 1997 年版，第 551—552 页。

③ 顾顺章主编：《中国知识青年上山下乡始末》，人民日报出版社 2009 年版，第 33 页。

④ 转引自《知青下乡是一个复杂的历史过程》，《青岛早报》2008 年 4 月 6 日。

年接受，因此工作开展得比较顺利。据团中央 1963 年统计，1961 年以来到国营农场的知青有 115126 人。[①] 但是，农场能容纳的劳动力有限，而且国家财政负担也重，于是自 1963 年 6 月起安置的主要方向改为插入人民公社生产队，其次是插入国营农、林、牧、渔场，再次是扩建、新建国营农、林、牧、渔场。1964 年 1 月 17 日，中共中央、国务院发出《关于动员和组织城市知识青年参加农村社会主义建设的决定（草案）》，同时在粮油供应、安置经费的拨付、下乡人员的专用建房木材等各方面都采取了配套措施。此后，各级政府把安置工作纳入正常工作日程，知识青年下乡插队也由点到面地在全国范围内开展起来。据统计，从 1962 年秋至 1966 年 8 月“文化大革命”爆发前，全国共有 129.28 万城镇知识青年奔向农村和边疆，其中，去农村插队的 87.06 万人，占 67%；到国营农场和生产建设兵团的 42.22 万，占 33%。[②] 这一措施对于解决当时城市青年待业是很有效果的。

（五）1968—1978 年知识青年上山下乡运动[③]

1966 年“文化大革命”爆发，紧接着兴起的是全国性的红卫兵运动。从 1966 年的下半年开始到 1968 年上半年，各地学校基本停课，大学不招生，工厂基本不招工。六六、六七、六八三届初、高中毕业生 1001 万人留在城镇无事可干，如何安置他们成了当时的紧迫任务。知青上山下乡又再次提上了国家议事日程，1968 年 4 月，中共中央、国务院就黑龙江省《关于大专院校毕业生分配工作的报告》批示：毕业生分配是个普遍问题，不仅有大学，且有中小学。各地方、各部门、各单位、各大中小学校领导机关和负责人，应当按照面向农村，面向边疆，面向工矿，面向基层，对大中小学一切学龄已到毕业期限的学生，一律作出适当安

---

① 定宜庄：《中国知青史——初澜》（1953—1968 年），中国社会科学出版社 1998 年版，第 205 页。

② 《中国劳动工资统计资料（1949—1985）》，中国统计出版社 1989 年版，第 110 页。

③ 虽然“文化大革命”时期的知识青年上山下乡运动的内涵和外延都发生了质的变化，带有鲜明政治运动的色彩，但是毕竟解决“老三届”毕业生的就业出路是这一时期知识青年上山下乡的主要原因之一，所以仍然在本文予以考察。

排，做好分配工作。根据这一指示精神，一些大、中城市开始恢复中断了两年的知识青年上山下乡工作。1968 年 12 月 22 日，毛泽东发出“知识青年到农村去，接受贫下中农的再教育”的号召[①]，全国很快出现了一个大规模上山下乡的热潮。仅 1969 年，就有 267.38 万知青下乡。[②]

1970 年后，随着生产事业的恢复和扩大，城市用人增多，新毕业的初、高中毕业生和历届未下乡的毕业生，又大都在城镇就业。下乡人数逐年减少，1972 年只有 67 万人。但是，由于招工过多，1971—1972 年出现“三个突破”，即职工总数突破 5000 万人，工资总额突破 300 亿元，粮食销量突破 800 亿斤，造成供给与消费的严重不平衡和劳动生产率的大幅度下降。1973 年再次决定调整国民经济，精减职工，减少招工。于是，上山下乡又成了城镇知识青年安置的主要方向。从 1974 年到 1977 年，累计下乡 769 万人，平均每年下乡 192 万人。据统计，1969—1978 年这 10 年期间，全国共有 1400 多万知青上山下乡。[③]

（六）1973 年精减职工回乡务农

“四五”计划盲目追求高速度和高指标，导致 1971 年国民经济出现了“三个突破”的严重失控现象。1972 年，“三个突破”问题继续发展，这一年职工人数又超计划增加 183 万人，年底职工人数达到 5610 万人；粮食销售量达到 4635 万吨，超出计划 235 万吨。为了解决粮食问题，除了增加净进口外，还动用了国家的粮食库存 685 万吨，形成了当时所说的“一个窟窿”。[④]面对这种严峻形势，1972—1973 年，在周恩来主持下进行了经济调整，精减职工是其中一项重要措施，主要是控制职工人数和吃商品粮的人口，超计划招工的地区和部门立即停止招工，自行招收的及早减下来，走后门进来的必须退回去，不合规定迁入城镇的要动员回农村；另外，还决定 1973—1974 年不再招收新职工。从各地精简职工的实际做法来看，这次精简的对象主要是 1971 年 11 月底以前参加工

---

① 《人民日报》1968 年 12 月 22 日。

② 《中国劳动工资统计资料（1949—1985）》，中国统计出版社 1989 年版，第 110 页。

③ 同上。

④ 董辅礽主编：《中华人民共和国经济史》上卷，经济科学出版社 1999 年版，第 481 页。

作的临时工，不符合1971年临时工转正式的合同工也一律精简，精简辞退的职工原家在农村的，鼓励回乡参加农业生产劳动。在全国的努力下，不但将1972年超计划自行招收的职工减下来，还动员了一部分1970年以来招收的临时工、动员绝大部分基本建设占用的常年民工和不符合国家规定进入城市的人口回乡务农。精简职工和城镇人口后，1973年全社会粮食收购968亿斤，粮食销售近956亿斤，实现了国内粮食收支平衡。

二、1949—1978年新中国城市劳动力向农村转移缘由

新中国成立后前30年间，我国一直持续存在上述城市劳动力向农村转移和就业现象，个中缘由，比较复杂，主要有以下几点。

首先，从指导思想来看，消灭失业、实现普遍充分就业是当时中国共产党人的普遍认识，这是组织城市劳动力到农村的理论出发点。中国共产党对失业、就业问题的认识来源于马克思主义经典作家，尤其是苏联的有关理论和实践。马克思主义经典作家认为，失业即相对过剩人口是资本主义积累的产物，造成失业的根本原因是生产资料的资本主义私有制。因为随着资本积累的增长和资本有机构成的提高，必然出现两种对立的趋势：一方面是资本对劳动力的需求相对减少，另一方面是劳动力的供给绝对增加，这两种趋势作用的后果造成了相对过剩人口。相对过剩人口是资本主义所特有的人口规律，“工人人口本身在生产出资本积累的同时，也以日益扩大的规模生产出使他们自身成为相对过剩人口的手段”①。所以说失业是资本主义制度的产物。要消灭失业现象，就必须要推翻资本主义制度。马克思设想，当无产阶级通过社会主义革命取得政权、建立了社会主义制度后，由于社会主义的基本经济规律和社会生产的有计划性，无政府状态的竞争和周期性的经济危机就会消失，劳动力能够实现有计划地使用，因而失业最终也会消失。“如果明天把劳动普遍地限制在合理的限度并且把工人阶级的各个阶层再按年龄和性别进行适当安排，那么，要按照现有的规模继续国民生产，目前的工人人口是绝

---

① 《马克思恩格斯全集》第23卷，人民出版社1972年版，第692页。

对不够的。”[①]

应该说，马克思的以上想法是未来社会主义社会的理想就业模式，在这个社会中，社会统一调配生产和分配，生产要素得到最大限度的利用，所以劳动者普遍就业，没有失业。但是，在现实中的社会主义国家，尤其是苏联，并没有认识到其社会主义制度离马克思设想的共产主义第一阶段——“完全的”“发达的”社会主义还有相当大的差距，在进行社会主义改造和全面推进社会主义建设过程中，始终把失业作为资本主义制度的产物，认为“只有社会主义经济制度，才保证有劳动能力的社会成员普遍充分就业”，从而把彻底消灭社会失业现象作为体现社会主义优越性的重要内容。在这种理论认识的指导下，1930 年，苏联宣布“消灭了失业现象，保证了居民充分就业”，而之所以能够做到这一点，苏联认为“这是国家社会主义工业化和农业集体化的直接结果。国家社会主义工业化和农业集体化，为吸收一切有劳动能力的居民参加社会生产和有计划地利用劳动资源，创造了必要的条件”。[②]

新中国成立后，全国迅速掀起了学习苏联的热潮，无论是中央领导人还是劳动部门，接受苏联的社会主义劳动就业理论，学习苏联消灭失业的“先进经验”，成为理所当然。“苏联早在 1930 年就消灭了失业现象，人民普遍地获得了就业的机会，苏维埃人民在从事英勇豪迈的社会主义劳动的同时，不断地提高了物质生活和丰富了文化生活。苏联，是社会主义建设的模范，是我们最好的榜样。”[③]消灭失业、努力实现全员就业由此也就成为中国共产党人的奋斗目标。

在这种目标下，党和政府首先必须千方百计地解决城市失业问题。1949—1957 年，党和政府作出一系列政策和决定，采取各种措施如以工代赈、生产自救、还乡生产、转业训练、介绍就业等方式来安置城市失业人员。1950—1957 年，我国共安置了城市失业人员 237.8 万人，但仍

① 《马克思恩格斯全集》第 23 卷，人民出版社 1972 年版，第 698 页。

② 苏联部长会议国家劳动工资委员会编：《苏联劳动与工资》，商务印书馆 1977 年版，第 18—19、171 页。

③ 《马文瑞部长在劳动部十月社会主义革命四十周年庆祝大会上的讲话》，《劳动》1957 年第 23 期。

有200.4万失业人员。[1]1958年，全国各地掀起“大跃进”运动后，城镇经济对劳动力的需求急剧膨胀，不仅吸收了城镇失业人员和新成长的劳动力，还招收了大量农民进城做工。在这种形势下，我国宣布“失业现象在我国已经彻底被消灭了。一切有劳动能力的人都参加了力所能及的劳动，社会劳动力已经更广泛地更有组织地利用起来，出现了‘人人有工作，户户无闲人’的新局面，这是社会主义制度无比优越性的充分表现”[2]。

“消灭失业现象只是实现全民的劳动权的一个方面”[3]，我国每年还有数百万新成长起来的青年要求就业，国家对这些新的劳动者也要负责安排工作，实现普遍就业。尤其是社会主义改造完成后，社会主义公有制在我国国民经济中占绝对统治地位，私营经济基本上消灭了，就业门路只限于全民所有制和集体所有制企事业单位。与此相适应，国家逐步建立了统包统配的就业制度，尽力解决城市就业问题，也取得了很大成就。例如，1949—1957年，我们解决了1300万人的新增就业问题，平均每年160多万人。[4]但是城市仍然存在大量剩余劳动力，“在第二个五年计划期间，城市新增的青年劳动力中包括大学、中等专业结业生和一般到达年龄的青年在内，需要就业的将有六百多万人。而第三、四个五年计划期间，需要安排就业的人比现在还要多……根据第二个五年计划期间各项指标估算，职工总数约需增加五百五十万人……这样，可安排约有四百四十万城市劳动人口就业。在六百多万需要就业的城市劳动人口中，大约还有二百多万人必须从各方面采取措施进行安排”[5]。如何安排他们的出路成为党和政府殚精竭虑的问题。

这些剩余劳动力不允许失业，又不能在城市就业，到农村去就成为解决这一问题的主要思路。在这一点上，也是有苏联的实践经验做参考

---

① 《中国劳动工资统计资料（1949—1985）》，中国统计出版社1989年版，第109页。

② 王钧：《彻底消灭失业是建国十年来最光辉的成就之一》，《劳动》1959年第19期。

③ 马文瑞：《为促进生产力高速度发展和改善职工生活而奋斗的十年（摘要）》，《劳动》1959年第19期。

④ 宋平：《劳动就业问题》，《劳动》1957年第21期。

⑤ 《建国以来重要文献选编》第10册，中央文献出版社1994年版，第576—577页。

的。苏共中央1954年2—3月全会就作出大量开垦荒地的决定，到1956年，有35万青年志愿者到边远地区垦荒建场。[①] “从城镇动员人力到农村生产，是苏联目前的总趋势”[②]，这是根据苏联经验得出的结论，并逐渐成为中央领导人的共识。

其次，从当时的经济结构来看，产业结构、所有制结构制约了城市吸纳劳动力的能力，使农业成为剩余劳动力的蓄水池。城市剩余劳动力的产生和向农业的转移，与1949—1978年间的国民经济结构，尤其是产业结构、所有制结构对劳动力吸纳能力的制约有很大关系。

1949—1978年，我国产业结构是在优先发展重工业的工业化战略下形成的。按照西方发达国家的工业化道路，在工业化初期阶段，资本是稀缺的要素，而劳动力十分丰富，所以一般是首先发展节约资本、充分利用劳动力的劳动密集型轻工业，在吸收了大量农村剩余劳动力，劳动力变得短缺且价格上升、成本提高时，才转向节约劳动的资本密集型重工业。新中国成立后，为了迅速建立起独立的相对完整的工业体系，在较短时间内由农业国变为工业国，在苏联模式的影响下，我国从“一五”计划开始确定了优先发展重工业的工业化战略。1952—1983年，在农、轻、重各部门基本建设投资中，重工业占74.2%，轻工业占10.1%，农业占15.7%；1963—1965年，轻工业投资比例仅占5.8%。[③] 长期推行快速优先发展重工业战略，我国的工业化虽然取得了很大成就，却使城市就业能力受到很大限制。因为就劳动力的吸收功能而言，重工业远不如轻工业，重工业吸纳的就业量大约相当于轻工业的1/3。据统计，每百万元固定资产投资所容纳的劳动力，重工业为94人，轻工业为257人，其中属于手工业的工艺美术、服装、日用五金等行业则高达800人。[④]

第三产业是可以大量吸收劳动力的产业，20世纪50年代后期中共中央也认识到第三产业发展对吸收劳动力就业的重要作用，一度强调“手工业和服务性行业也将是劳动就业的一个辅助方面。最近上海、江

---

① 章叶：《苏联在农业生产上的新胜利》，《人民日报》1956年10月5日。

② 顾洪章主编：《中国知识青年上山下乡大事记》，人民日报出版社2009年版，第2页。

③《中国工业的发展统计资料（1949—1984）》，中国统计出版社1985年版，第7页。

④ 马洪主编：《现代中国经济事典》，中国社会科学出版社1982年版，第219页。

苏、广东等地方劳动部门因地制宜地积极帮助将近一万失业人员参加了手工业、服务性行为和各种社会辅助劳动。这是一个好经验”[①]。但是为了满足和保证重工业发展的所需资本，党和政府又被迫实行高积累、低工资、低消费的政策，由此导致了第三产业的萎缩和萧条，进一步减少了城镇就业机会。据国家统计局对 74 个城市的调查显示：每万人所拥有的商业、饮食业、服务业网点在 1949 年为 47.6 个，1952 年为 67.2 个，1957 年为 26.4 个，1965 年为 9.5 个。[②]在全部职工中，从事第三产业人员的比重也呈大幅度下降趋势，从 1952 年的 60.2% 下降到 1978 年的 36.7%。[③]

单一的所有制结构也是限制城市就业能力的一个重要原因。私营企业和个体经济主要经营轻工业、商业、饮食、服务业、手工运输、搬运业等，这些行业的资本有机构成比较低，可以容纳众多的就业人员。1956 年，在基本完成生产资料的社会主义改造后，私营经济基本上被消灭了，城镇个体从业者由 1953 年的近 900 万人减少到 16 万人。在面临严重就业危机时，国家对个体经济的政策一度放松，如 1957 年个体从业者一年之内就增加了近 90 万人，1964 年城镇个体劳动者一度达到 227 万人。但是“文化大革命”期间个体经济被视作资本主义的温床受到严厉的限制，到 1978 年全国城镇只剩下个体劳动者 15 万人。[④]

轻工业、服务业等未得到应有的重视，重工业吸纳劳动力有限，这样大量劳动力就只能被滞留在第一产业之中。城市不仅无法容纳过多的农村劳动力，而且有时就连自身自然增长的几百万劳动力都难以承受。这种形势下，农业自然就成为城市剩余劳动力转移去向。就此，1957 年 6 月 26 日，周恩来在第一届全国人民代表大会第四次会议上明确指出：“我们的工业还很落后，国家机关和工业企业的职工已经增加过多，今后每年只能根据生产和事业发展的需要，吸收必要的人员。因此，在很长

---

① 《建国以来重要文献选编》第 10 册，中央文献出版社 1994 年版，第 332 页。

② 许珍芳：《知识青年上山下乡运动原因探析》，《福建党史月刊》2010 年第 14 期。

③ 苏少之：《1949—1978 年中国城市化研究》，《中国经济史研究》1999 年第 1 期。

④ 同上。

的时期内，劳动就业的主要方向仍然是参加农业劳动。”①

再次，从发生的时机看，历次较大规模的城市劳动转移都是在城市发展超过了农业的负担能力、城镇粮食供应紧张的形势下，党和政府不得不作出的策略调整。向农村转移的城市劳动力，除了城市自然增长的部分，还有很大部分是国民经济扩张时期从农村过量招收的职工。在国民经济扩张中，尤其是经济建设投资过大时，盲目招工，造成职工人数大大超过了生产的需要。到国民经济紧缩时期，这些过量招收的职工就不得不予以精减。如下图所示，1953—1978 年，我国经济出现了多次周期性波动，其中有 5 次大的波动，即 1953 年经济扩张和 1954—1955 年衰退、1956 年“冒进”和 1957 年衰退、1958—1959 年“大跃进”和 1960—1962 年大衰退、1964—1965 年的繁荣和 1968—1969 年的大衰退、1970 年的繁荣和 1972 年的衰退。前述动员城市剩余劳动力到农村从事生产劳动基本都是在经济收缩时期所发生。可见，动员城市人口下乡、回乡是党和政府在应对经济过热时所采取的一项政策。而之所以采取这样的决策，与农业生产尤其是粮食供应对城镇人口、城镇劳动力的制约密不可分。

1953—1978 年中国 GDP 增长率（%）

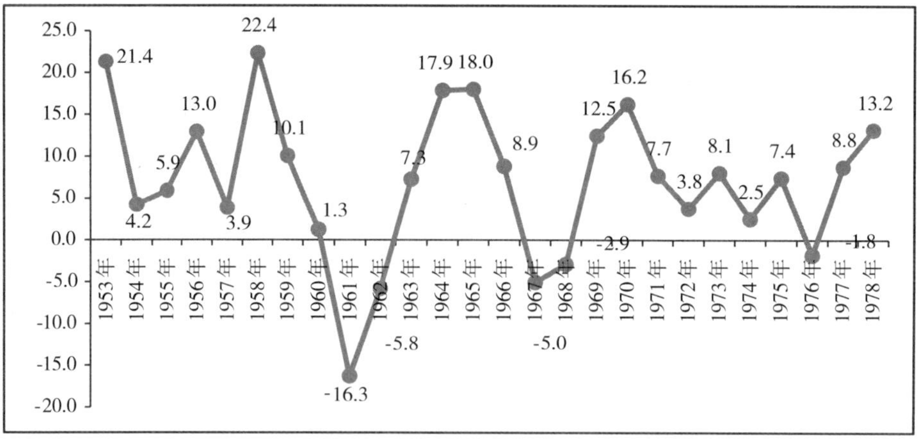

资料来源：《新中国五十五年统计资料汇编（1949—2004 年）》，中国统计出版社 2005 年版，第 9 页。

① 《建国以来重要文献选编》第 10 册，中央文献出版社 1994 年版，第 332 页。

在我国城市化过程中，城市的发展直接受到农业生产水平的制约，因为城镇能吸收多少非农业人口，主要取决于农村能提供多少商品粮。1949—1978 年，我国曾多次出现粮食供应紧张的状况，其中大多是由于经济建设过热时职工队伍扩大、城市人口增加超过了当时商品粮食负担的可能造成的。第一次是 1953 年，该年是“一五”计划的第一年，有些部门和地区产生了急躁情绪，工业和基本建设增长过快，企业职工和城市人口增加，1953 年城市人口比 1952 年增加 663 万人，结果粮食供应日趋紧张。据粮食部报告，1952 年 7 月 1 日到 1953 年 6 月 30 日，国家共收入粮食 547 亿斤，支出粮食 587 亿斤，动用库存 40 亿斤。为了保证城镇居民粮食等基本消费品的供应，国家不得不采取紧急措施，开始对粮、棉、油等重要农副产品实行统购统销。第二次是 1957 年，1956 年我国经济建设出现了过热现象，当年新增职工 230 万人，超过计划近 2 倍，城市人口比上年增加了 900 万人。征购的粮食数量已不能适应当时城市人口的规模。到 1957 年 6 月底，库存粮食从原来的 427 亿斤下降到 364 亿斤，减少了 63 亿斤。第三次是 1958—1960 年的“大跃进”期间，城市人口从 1957 年的 9900 万人迅速增加到 1961 年的 1.3 亿人，但粮食产量急剧下降，由 1958 年的 4000 亿斤降至 1960 年的 2870 亿斤，1960 年的粮食产量还低于 1951 年的 2874 亿斤。结果国家粮食库存连续减少，粮食供应出现严重紧张局面。第四次是 1972 年，1971 年开始执行“四五”计划，追求高速度、高指标，使 1971 年职工人数超过 5000 万人，1972 年职工人数达 5610 万人，1972 年粮食销售量达 927.2 亿斤，但全国粮食统购量只有 792.7 亿斤，出现了 134.5 亿斤的缺口，不得不动用库存和进口。[①]

要解决这种粮食危机，要么向农村多要粮食，加大粮食征购力度；要么动员城市人口下乡。统筹考虑，比较二者的利弊得失而择其善者，是当时中共中央作出决策的主要出发点。毛泽东在《关于正确处理人民内部矛盾的问题》报告中指出：“我们的方针是统筹兼顾，适当安排。无

---

① 以上所述数字，均引自武力主编：《中华人民共和国经济史（1949—1999）》上册，中国经济出版社 1999 年版，第 253、340、457、675 页。

论是粮食问题，灾荒问题，就业问题，教育问题，知识分子问题，各种爱国力量的统一战线问题，少数民族问题，以及其他各项问题，都要从对全体人民的统筹兼顾这个观点出发。”[①] 这一点上，陈云的论述最具代表性。他分析指出，富余的城市人员不下乡，会有四点害处：第一，向农村多要粮食，只能向高产地区要，这样会把高产地区的生产积极性打下去，对农业发展不利；第二，农民粮食进一步减少，会把饲料粮拿来吃掉，牲口势必大量死亡，在农业生产主要靠畜力和粪肥的条件下，损失太大；第三，向农村征购的粮食多，农民吃不饱，就会挤掉经济作物，这对人民生活和整个国民经济发展不利；第四，除向农民征购粮食外，还必须进口粮食，势必削减成套设备和重工业原料的进口，从而大大影响国家工业建设。动员城市人员下乡、回乡搞农业，第一，可以减少国家供应粮食，“下乡一千万人就可以少供应粮食四十五亿斤，两千万人就是九十亿斤”；第二，可以多增产一些粮食和其他农副产品。[②] 这样，精减职工，动员城市人口下乡就成为解决粮食供应危机最有效的办法。

最后，加强农业建设和农村建设的切实需要，也是政府组织城市剩余劳动力到农村的出发点。粮食问题的产生归根结底是由于农业生产的落后造成的，要解决农业落后的问题，在改造落后农业的物质条件不具备的情况下，中国共产党只能将希望放在生产关系的变革上，希望通过改变农业生产经营组织和调动农民的积极性来加快农业的发展。于是，在中国共产党领导下，我国先后实现了农业合作化和集体化。在发展农业合作化过程中，农业合作社需要大批有知识、有技能的管理人才。“今后建设农村需要几百万甚至上千万个农业生产合作社的主任、生产队长、会计和技术人员，需要千千万万的拖拉机手和联合收割机手”[③]，这是处于文盲、半文盲状态的农民难以胜任的。

如何改变这种局面？苏联的经验再次启发了中共领导人。在苏联，“1928 年末和 1929 年初开展的农业集体化过程，对于消灭失业具有重大

① 《毛泽东文集》第 7 卷，人民出版社 1999 年版，第 228 页。

② 《陈云传》(下)，中央文献出版社 2005 年版，第 1240、1242 页。

③ 刘瑞龙：《积极参加农业的社会主义改造事业是农村青年的光荣任务》，《中国青年》1954 年第 6 期。

的意义”，因为“大型的集体农庄，依靠工人阶级在以现代化技术装备生产、补充专业人员和生产组织者干部方面的大力援助，把许多新的土地投入经营耕作。早在合作化的开始时期，播种面积就已经扩大了 30%—50%”。[①] 这样，动员城市人口尤其是知识青年到农村去，帮助改变农村落后局面，推进农村社会主义建设，就成为中央领导人的战略考虑。1955 年 9 月毛泽东指出：“全国合作化，需要几百万会计。到哪里去找呢？其实人是有的，可以动员大批的高小毕业生和中学毕业生去做这个工作。问题是要迅速地加以训练，并且在工作中提高他们的文化和技术水平。”12 月，毛泽东又强调：“组织中学生和高小毕业生参加合作化的工作，值得特别注意。一切可以到农村去工作的这样的知识分子，应当高兴到那里去。农村是一个广阔的天地，在那里是可以大有作为的。”[②] 可见，除了减轻人口就业压力，避免引起社会动荡这类较为被动的原因之外，让中小学毕业生、知识青年投入合作化运动并期望他们在农村有一番作为，成为未来国家发展农业、建设农村的骨干力量，从而改变农村落后面貌，确是中央领导人的真诚愿望。

农村是否能容纳城市剩余的劳动力，中央领导人根据农村实际情况，作出了肯定的回答。其一，农业合作化过程中出现了劳动力不足的现象。在很多地方开展农业合作化后，生产规模扩大，经营部门增多，劳动力出现不足。毛泽东断定：“这种情形，现在还只是在开始，将来会一年一年地发展起来。农业机械化以后也将是这样。”[③] 其二，经济扩张时期从农村抽调大批劳动力到城市，使农村劳动力大幅度减少。以 1960 年为例，农业战线主要是粮食生产第一线的劳动力就比 1957 年减少了 4000 万人。[④] 要恢复农业生产，增加农业劳动力无疑是最有效的措施。因此，1960 年 8 月中央在《关于全党动手，大办农业，大办粮食的指示》中，要求各行各业必须把支援农业放在头等重要的位置，坚决缩短基本

① 苏联部长会议国家劳动工资委员会编：《苏联劳动与工资》，商务印书馆 1977 年版，第 170 页。

② 《毛泽东文集》第 6 卷，人民出版社 1999 年版，第 454、462 页。

③ 同上书，第 458 页。

④ 袁伦渠主编：《新中国劳动经济史》，劳动人事出版社 1987 年版，第 126 页。

建设战线，从各方面挤出一切可能挤出的劳动力，充实农业战线，首先是粮食生产战线。20 世纪 60 年代初全国精简下来的 2500 多万职工中，有 67% 的职工回到了农村。农业生产第一线的劳动力，1962 年底达到了 21373 万人，超过了 1957 年的 20566 万人。[①] 这些精简回乡的职工，到城市见过世面，大部分思想文化素质较高。他们回乡之后，不久便成为农业生产的骨干，还有相当多的人担任了社、队干部，成为恢复和发展农业生产的一支重要力量。

从更远的战略目标来说，当时中央领导人是有建设社会主义新农村、将农村城镇化的设想的。毛泽东在《读苏联〈政治经济学教科书〉的谈话》中提出："在社会主义工业化过程中，随着农业机械化的发展，农业人口会减少。如果让减少下来的农业人口，都涌到城市里来，使城市人口过分膨胀，那就不好。从现在起，我们就要注意这个问题。要防止这一点，就要使农村的生活水平和城市的生活水平大致一样，或者还好一些。"[②] 毛泽东设想要把农村建设得和城市一样吸引人，或者还更好一些，发展乡村型的城市或像城市一般的乡村。人民公社就是建设社会主义新农村的一种实践探索，毛泽东希望通过人民公社全力发展工业、农业和商业，完成公社工业化、农业工厂化，从而使全国农民逐步地共同富裕起来。20 世纪 60 年代尤其是"文化大革命"前，党中央号召、组织知识青年上山下乡插社、插队，基本也是作为"建设社会主义新农村"的光荣道路来进行的。但是由于"文化大革命"的干扰和"以阶级斗争为纲"的工作中心，通过农业现代化、农村工业化进而就地实现城市化的探索一直没有实现。

三、1949—1978 年新中国城市劳动力向农村转移的经验教训

1949—1978 年劳动力从城市向农村转移就业，是党和政府为消灭或

① 罗平汉：《国民经济调整时期的职工精简》，《史学月刊》2007 年第 7 期。

② 《毛泽东文集》第 8 卷，人民出版社 1999 年版，第 128 页。

减少失业、解决一部分人就业问题，解决国家面临的困难而作出的一种探索。这种探索，适时解决当时城市和农村面临的问题，成为应对危机的一种合理抉择；但从长远来看，这种做法所取得的效果与中央的预想大相径庭，为目前我国解决就业问题提供了深刻的经验教训。

对城市而言，这种劳动力转移减轻了城市的就业压力，缓解了城市粮食供应危机，对维护城市社会稳定和正常发展产生了重要作用。城市劳动力下到农村，减少了城市用粮。如从 1961 年底到 1963 年 10 月底，全国非农业人口口粮和食品工业用粮销量减少了 138.4 亿斤[①]，从而保证了城市必需的粮食供应。与此同时，城市人口的精简和职工工资、商品粮销售的减少也有利于提高留在城市的居民的生活水平和福利待遇。例如，从 1963 年 8 月起，在减少大量职工后，国家得以拿出一部分钱来给全民所有制工人和行政 18 级以下干部（调整面 40%）增加工资，并且扩大计件工资的范围，整顿和改进了奖励制度、津贴制度。

对农村来说，大批劳动力回到农村、下到农村，不仅增加了农业劳动力，促进了农业生产的恢复发展，而且对于农村面貌的改进也发挥了一定作用。城市下乡人员中，中小学毕业生、知识青年具有一定的文化水平，失业下乡人员、精简回乡职工都在城市见过世面，视野较宽、素质较高，这些人到农村后带去了知识和技术，很多人都成为农业生产的骨干和领导干部。而且，政府对回乡、下乡人员都给予了一定的补助和安置费用，这就给农村带去了一定数额的资金。据统计，1950—1957 年，政府用于资助返乡生产的城镇失业人员的费用共有 881 万元[②]；从 1962—1979 年末，国家财政累计为下乡知识青年划拨包括插队补助等安置费在内的拨款 75.4 亿元[③]。其中，有些经费成为社队购置农业机械和化肥、农药或用作其他投资的重要经费来源，有些则成为下乡人员在农村盖房、成家、安居乐业的基本经费，这对于促进农村经济发展、改变农村落后面貌都发挥了一定的积极作用。

从应对危机的角度来看，劳动力从城市到农村的转移为解决严重就

① 柳随年：《六十年代国民经济调整的回顾》，中国财政经济出版社 1982 年版，第 133 页。

② 王钧：《彻底消灭失业是建国十年来最光辉的成就之一》，《劳动》1959 年第 19 期。

③ 顾洪章主编：《中国知识青年上山下乡始末》，人民日报出版社 2009 年版，第 309 页。

业危机进行了探索，积累了一定的经验。1949—1978 年，城市劳动力向农村的转移，基本都是为了解决国家的种种困境而采取应急措施，它对于解决就业危机、维护社会稳定都有积极的意义。正因如此，在当前我国面临沉重的城市就业压力的情况下，有学者建议将回乡就业作为转移劳动力的一种有效补充途径[①]，更有学者余云辉在《解决社会就业问题的根本出路在农业和农村》一文中提出解决社会就业问题的根本出路在农业和农村。在实践中，为了拓宽大学生就业途径、缓解大学生就业压力，从 2008 年起，国家采取了积极鼓励和引导高校毕业生面向基层、面向农村就业的一项重要措施——大学生“村官”计划，到 2011 年，全国各地已有 15.9 万名大学生“村官”到新农村建设一线干事创业。应该说，这种做法是基于改革开放前劳动力从城镇流向农村的探索，汲取了其中的经验而采取的一种举措。

从长远来看，1949—1978 年劳动力从城市向农村转移就业的实际效果却不尽人意。这期间虽然大批城市劳动力响应政府号召，不畏艰苦，自觉奔赴农村，但是能够真正扎根于农村的为数很少。据共青团中央 1964 年给党中央的报告，1957 年下乡的 1.5 万城市中小学毕业生中，约有 1/4 巩固在农村，留在农村的不过 4000 人。[②]1962—1979 年全国 1776 多万上山下乡知识青年中，调离农村的达 1490.46 万，留在农村的仅 286 万。[③]1979 年以后知识青年大规模回城，造成新的就业危机。20 世纪 60 年代精减下乡的职工中，也有部分人员由于在农村生活困难而一再要求复工，自 1965 年起国家不得不对 1957 年底以前参加工作的生活困难者予以救济。归根结底，这说明 1949—1978 年所发生的劳动力从城市到农村转移就业不是真正基于就业市场的需要，而是政府根据各种形势引导进行的。在农村，城镇经济极不发达，除了务农劳动，实际上根本没有适合城市人的行业，所以对农业生产劳动很陌生的城市人很难在农村长

---

① 许昆鹏、吴秀敏：《回乡就业：目前农村剩余劳动力转移的有效补充途径》,《农业经济》2004 年第 1 期。

② 定宜庄：《中国知青史——初澜》(1953—1968 年)，中国社会科学出版社 1998 年版，第 131 页。

③ 《中国劳动工资统计资料（1949—1985）》，中国统计出版社 1989 年版，第 111 页。

期生活。

这种实际状况对我国目前继续探索从城市到农村的就业道路留下了深刻的启示。其一，在城乡二元结构体制下，农业和农村难以成为解决城市劳动力转移就业的主要出路，城乡之间客观存在的巨大差别也绝不是靠城市劳动力转移就业就能改变的。中央领导人动员组织城市剩余劳动力到农村，是抱着长远理想的，即“要使城乡结合起来，工农业结合起来，体力劳动和脑力劳动结合起来，将来要使这三大差别逐步减少、消失。这是最有前途的……将来总有一天把农村变成城市”①，但是缩小乃至消除城乡差别，根本在于打破城乡二元结构。其二，要缓解城市就业压力，实现城市劳动力到农村就业，必须在农村创造良好的就业环境和就业机制，走农村城镇化建设和科技兴农道路，吸引城市中无用武之地的闲置人才转向农村发展，使城市人在农村真正“有业可就”。其三，解决城市到农村的就业问题，要依靠市场调节，遵循劳动者自愿原则，政府可给予积极引导，但绝不能强制。

正因为接受了这些深刻教训，近些年来我国在解决严重的城市失业、就业问题时，确立了“劳动者自主就业，市场调节就业，政府促进就业”的就业方针，不再把大规模组织动员劳动力下乡、回乡从事农业生产作为主导措施。例如，20世纪90年代中期面对结构调整中国有企业3000万人员下岗失业问题，中央通过建立再就业服务中心保障下岗职工基本生活，通过实施再就业工程帮助他们实现再就业，维护了社会稳定的大局。即使在实行大学生“村官”计划时，国家并未要求他们在农村终老一生，而是从一开始就考虑好了其未来出路，包括支持考研、考公务员、选拔到县乡工作、扶持自主创业和在农村继续任职等众多选择。这样，大学生“村官”条件更优于“知青”，他们投身于新农村建设的主动性更强，才能更好地实现既解决部分大学生就业困难又极大地促进社会主义新农村建设的战略目标。

［原载《中共党史研究》2012年第12期，收入本书时略有修改］

① 《当代中国的青年和共青团》（上），当代中国出版社、香港祖国出版社2009年版，第262页。

试析中华人民共和国历史上的子女顶替就业制度

子女顶替，又称接班顶替，是指父母退休、退职后，由其子女办理手续，顶替空下来的名额，进入父母原工作单位上班。这种方式是中华人民共和国历史上，尤其是20世纪七八十年代全民所有制和集体所有制单位招工的一种重要方式，也是当时几乎人人耳熟能详的社会现象。虽然顶替制度在当时解决了很多人的就业问题，但随着社会的发展和经济的市场化，这种制度显然是不合时宜的。随着劳动就业体制改革的深化和公平、竞争、择优就业观念的深入人心，80年代末期，这一历史性的就业制度退出历史舞台。然而，随着就业压力的增大，尤其是受国际金融危机的影响，我国的失业群体日益扩大。在这种形势下，社会上出现了恢复父母退休、子女顶替就业的呼声。①

子女顶替制度是在特定条件下形成的一种劳动就业制度。自20世纪50年代至80年代，子女顶替制度的形成和发展经历了比较复杂的变化。然而目前史学界对这一制度的研究甚少。这一制度究竟在什么样的背景下缘起并演变为在全国干部、职工中大规模实行？它在中华人民共和国历史上发挥了什么样的作用？它又是如何被废除而退出历史舞台？目前形势下这种制度能否再度恢复实施？带着这些问题，笔者查阅相关资料，

---

① 参见《迅速解决剩余劳动力的几个简单办法》，中华网论坛2008年12月31日。该文认为办法之一，就是“在最近5年期限内，重新沿用过去的‘父母离退休后可由子女顶替’的政策笼络住暂时在家失业人员的不满情绪，能够因此稳定当前在职工人的工作责任心和责任感”。

对这一制度的来龙去脉作了初步梳理，并尝试对以上问题作出较准确的回答。

一、子女顶替就业制度的形成

子女顶替，作为我国社会主义劳动制度的一项基本内容，是在新中国劳动制度建立的过程中逐步确立的。在中华人民共和国历史上，最早对子女顶替问题作出规定的是劳动保险的有关文件。1953 年 1 月 26 日，政务院劳动部颁布《中华人民共和国劳动保险条例实施细则修正草案》，该草案第六章“关于死亡待遇的规定”第 24 条规定：“工人职员因工死亡或因工残废完全丧失劳动力，其直系亲属具有工作能力而该企业需人工作时，行政方面或资方应尽先录用。”这项规定中的子女顶替就业，不是针对退休退职职工，只适用于因公死亡或因公残废而完全丧失劳动能力的职工。这是当时党和国家关心职工生活，加强对职工的社会保障而规定的一项劳动福利措施。

允许职工退休后招收其符合条件的子女参加工作，是 1956 年 1 月 14 日劳动部发出的《关于年老体衰职工以其子女代替工作问题复轻工业部的函》中首次提出的。针对新中国成立前遗留下来的轻工企业年老职工较多的实际情况，为鼓励年老体衰或常年有病不能坚持正常生产的工人退休，劳动部同意这些企业在劳动力不足，按规定手续经批准从社会招用工人和职员时，可适当吸收退休后生活确有困难的职工的子女参加工作；对一些年老体弱已够退休养老条件的职工的子女，确实符合企业需要条件，又在当地城市中有户口者，可以顶替工作；但不宜形成一种制度。[①] 可见，这是仅在轻工行业中实行的一项特殊招工政策和权宜性的照顾措施，一般只是在招工中给予适当照顾，职工退休、子女顶替还没有形成制度。

1956 年，我国国民经济迅速发展，各行各业都大量增加人员，以致国营企业、事业单位招收的职工大大突破当年的劳动力发展计划（原计

① 刘嘉林、毛凤华等编著：《中国劳动制度改革》，经济科学出版社 1988 年版，第 12 页。

划 1956 年增加职工 84 万人，实际增加 815 万人[①]），也超过了 1957 年国民经济计划劳动力的需要量，很多企事业单位出现了人浮于事的问题。这样，1957 年，中共中央强调“今后要有计划地安排劳动就业，精简机构人员”；1957 年 9 月，党的八届三中全会通过的关于劳动就业和精简机构问题的意见中，提出要贯彻执行退休制度和新学徒制度，“为着鼓励年老职工退休，可以采取在同等条件下，优先吸收他们的子女就业的办法”。[②]20 世纪 60 年代初，我国遭遇严重的经济困难，中共中央决定实行“调整、巩固、充实、提高”的调整国民经济“八字方针”，要求压缩城镇人口，大量精减职工，减少粮食供应。根据中央的指示，我国从 1961—1963 年开始进行了大量精减职工的工作。在这一工作中，职工退休、子女顶替参加工作作为鼓励城市中老弱残职工退休的一种政策全面实施，并逐渐作为一种就业制度确立、延续下来。

为了鼓励到龄老职工退休，1962 年 10 月 6 日中共中央、国务院发出《关于当前城市工作若干问题的指示》，规定：在今后城市减少职工工作中，“年老退休的职工，家庭生活困难的，允许子女顶替”[③]。根据中央的精神，不少省市都制定了相关办法，推行退休职工子女顶替工作的招工政策。如 1962 年 12 月 1 日，广州市劳动局制定了《关于企业、事业单位职工退休、退职后吸收其子女顶替工作的暂行办法》，规定凡符合下列条件之一者，可允许其子女顶替：（1）退休的职工，退休后家庭生活比较困难者；（2）因老、弱、病、残丧失工作能力而退职的职工，退职后家庭生活有困难者；（3）因家务或儿女拖累过重，要求退职的职工；（4）职工死亡后家庭生活困难者。以上只限于固定职工。顶替人员必须具备以下各项条件：（1）必须是被顶替职工本人的子女或职工本人直接供养的亲属；（2）必须具有本市正式常住户口，不是动员回乡对象；

① 国家统计局国民经济综合统计司编：《新中国五十五年统计资料汇编（1949—2004）》，中国统计出版社 2005 年版，第 8 页。

② 《中共中央转发周恩来同志在八届三中全会上关于劳动工资和劳保福利问题的报告》（1957 年 10 月 24 日），《党的文献》1989 年第 5 期。

③ 《中共中央文件选集（1949 年 10 月—1966 年 5 月）》第 4 册，人民出版社 2013 年版，第 158 页。

（3）年龄：男16周岁至30周岁，女16周岁至25周岁；（4）政治、历史和身体条件等符合录用单位需要。据统计，1962年广州市15个主管局24万职工中，“有老、弱、病、残职工7000多人，占职工总数的7%，通过子女顶替回乡和处理老弱病残职工3000多人”[①]。

在精减职工工作中，各单位都存在大量未到退休年龄的老、弱、残职工，对于这些人员，中央一再强调要妥善安置。1962年2月，中共中央在一项关于精减工作的决定中指出，要“处理老弱残人员”，各单位的老弱残人员，合乎退休条件又自愿退休的，可以退休回家；有些可以调做轻便工作或者参加本单位的农业生产；一些不能作上述处理的，暂列编外，仍归本单位按照国家统一规定负责安置。中央责成内务部会同有关部门研究和提出统一安置编外的老弱残人员的办法。[②]

到1963年3月，劳动部、内务部、全国总工会制定了《关于安置和处理暂列编外的老、弱、残职工的意见》（以下简称《意见》）。为了鼓励暂列编外的老、弱、残职工退休、退职，并考虑到他们退休、退职后的实际困难，以允许子女顶替就业的办法解决他们退休、退职的后顾之忧。《意见》指出：“原来久居城市的老、弱、残职工，如果退休、退职后家庭生活有困难的，原单位可以在编制定员人数以内，吸收他们合乎条件的、居住城市的子女参加工作（矿山井下工人和森林采伐工人的子女，不论居住城市或者农村，在定员以内都可以吸收），动员本人退休、退职。以上办法，不适用于继续留编制以内的老、弱、残职工。”[③]4月1日，国务院批转了这一意见，要求各地方、各部门进行试点。

在精简城市职工工作中，丧失劳动能力的老弱残职工的安置处理，是一项关系广大职工群众切实利益的重要而复杂的工作，党和政府高度重视。1963年8月7日，中共中央、国务院下发《关于召开第二次城市工作会议的通知》，特别指出“老弱残职工的安置和顶替问题”是这次城

---

① 《广州市志》卷九（上），广州出版社1999年版，第277—278页。

② 《中共中央文件选集（1949年10月—1966年5月）》第39册，人民出版社2013年版，第81页。

③ 《中共中央文件选集（1949年10月—1966年5月）》第39册，人民出版社2013年版，第81页；孙路主编：《中国涉老政策文件汇编》，中国社会出版社2009年版，第61—62页。

市工作会议的主要议题之一。各地的试点工作证明，实行职工退休、子女顶替政策，既能够使企业职工以新换老、以强换弱，有利于生产；又能够使职工的子女得到妥善安排，使退休职工的生活较有保障，有利于减少安置处理工作上的阻力。为此，试点期间国家逐步放宽了子女顶替的条件。如 1963 年 10 月 22 日，中共中央、国务院指出：为了便于安排应当退休、退职的老、弱、残职工，为了便于安置城市新成长的劳动力，今后退休、退职职工由子女顶替的条件，要适当放宽。凡是应当退休、退职的老、弱、残职工，可以在定员人数以内，由他们家居城市的、身体健康的子女或者其他赡养亲属，顶替工作。矿山井下工人、林业采伐工人、盐场工人，以及能够回乡居住的职工，在退休、退职以后，他们家居农村的子女或者其他赡养亲属，也可以顶替工作。[①]

到 1964 年 3 月，综合一年来的试点情况，中共中央、国务院正式批转下发了劳动部、内务部、财政部、全国总工会《关于老、弱、残职工暂列编外以及安置处理工作的报告》，正式确定放宽老、弱、残职工退休、退职以后子女顶替工作的条件。首先，完全或者大部分丧失劳动能力需要做退休、退职处理的老、弱、残职工，不论暂列编外与否，凡是他们家居城镇、合乎条件的子女和其他赡养亲属，都可以顶替；其次，矿山井下工人、林业采伐工人、地质勘探工人、盐场工人和其他能够迁回农村居住的职工，在退休、退职以后，他们家居农村的合乎条件的子女和其他赡养亲属，也可以顶替。而且，无论定员是否已满，都可以进行顶替，但是由于顶替而超过定员时，企业的上级主管部门和地方劳动部门，应当按照劳动计划统筹安排，将多余的职工调剂到其他企业、事业单位去，以免浪费劳动力。[②]这一文件确定了这一时期老、弱、残职工退休、退职以后子女顶替政策的基本精神。值得注意的是，当时子女顶替就业政策的实施范围还扩大到了“生活困难”的资产阶级工商业者，规定：资产阶级工商业者退休或请长假后，一般不宜由其子女顶替工作，

---

① 《中共中央文件选集（1949 年 10 月—1966 年 5 月）》第 44 册，人民出版社 2013 年版，第 227 页。

② 《中共中央文件选集（1949 年 10 月—1966 年 5 月）》第 45 册，人民出版社 2013 年版，第 350 页。

“但其中个别生活确有困难的，可以仿照职工办法，允许其子女顶替”[1]。这样，职工退休、子女顶替作为一种制度在全国普遍实施，成为当时我国社会主义劳动制度的一项基本内容。

1966 年 5 月“文化大革命”开始后，大多数企业处于停产或半停产状态；而且退休、退职被污蔑为“半截子革命”，结果造成一大批已具备退休、退职条件的人员得不到妥善安置。正常的退休、退职工作被中止，子女顶替工作也陆续自行停止。子女顶替就业政策的再度恢复是在 1973 年。为了解决知识青年上山下乡工作中出现的问题，1973 年 6 月至 8 月，国务院召开了全国知识青年上山下乡工作会议，8 月 4 日中共中央转发国务院《关于全国知识青年上山下乡工作会议的报告》（中发〔1973〕30 号），明确指出可以按照国家计划在下乡知识青年中招工、招生、征兵、提干，并指出：“矿山井下、野外勘探、森林采伐等行业补充减员时或按国家计划增加工人时，可由退休的职工子女顶替，或者从本单位职工的子女中招收。”[2] 根据这一文件精神，1974 年国家计委又将子女顶替就业范围扩大到盐业生产工人子女。[3] 这样，子女顶替就业政策在矿山井下、野外勘探、森林采伐和盐业这“四大行业”得以恢复。但一些城市在补充自然减员试点工作中，突破了在“四大行业”子女顶替的限制。如 1974 年哈尔滨市进行补员试点工作中，有 84 个企事业单位退休退职职工 9074 人，子女顶替 5982 人，占 65.9%。[4]1976—1977 年，该市办理顶替手续的知识青年达 3 万人。[5]

总体上看，自 20 世纪 50 年代末到 70 年代中期，子女顶替政策的实行，只适用于企事业单位工人退休退职，还没有推广到干部退休退职；而且这一时期我国工农业落后，生活资料增长比较缓慢，给安排劳动就业和改善人民生活带来若干困难和限制，这样子女顶替工作的实施

① 辽宁省劳动局编：《劳动力管理文件选编》，辽宁省劳动局 1979 年版，第 244 页。

② 何东昌主编：《中华人民共和国重要教育文献》，海南出版社 1998 年版，第 1505 页。

③ 《国家计划委员会关于盐业生产工人子女顶替问题的复函》（1974 年 7 月 29 日）指出：盐业生产工人的子女顶替，可以参照中发〔1973〕30 号文件精神执行，参见辽宁省劳动局编：《劳动力管理文件选编》，辽宁省劳动局 1979 年版，第 251 页。

④ 《黑龙江省志》第 68 卷，黑龙江人民出版社 1995 年版，第 80 页。

⑤ 《哈尔滨市志》第 23 卷，黑龙江人民出版社 1997 年版，第 28 页。

规模有限。以长春第一汽车制造厂为例，自1956年建厂到1982年，共有2217名职工子女接班顶替进厂，其中20世纪六七十年代进厂的只有六七百人，粉碎“四人帮”以后进厂的有1500多人。[①] 可见，子女顶替制度的大规模推广，是从70年代末开始的。

二、子女顶替就业制度的大规模推广

20世纪70年代末，子女顶替制度的大规模实施，是在大批知识青年返城、城镇就业形势极其严峻的形势下，为了推进解决待业青年就业问题而采取的一种手段。

知识青年上山下乡，是我国20世纪六七十年代尤其是“文化大革命”期间解决城镇青年就业的主要出路。据统计，从1962年至1979年末，全国累计下乡的城镇知识青年有1776.48万人。[②] 十几年中知识青年下乡工作积累了很多问题，粉碎“四人帮”之后，知青工作已成为五个“老大难”问题（知青、劳动、工资、物资、物价）中的头号“老大难”。1978年10月31日至12月10日，第二次全国知识青年上山下乡工作会议在北京举行，根据新时期的总任务和国民经济发展的实际情况，会议决定调整知识青年问题的工作方针、政策和措施。首先改变过去城镇中学毕业生“以下乡为主”的方针，允许大部分中学毕业生留在城市升学和就业；同时放松了上山下乡知识青年因病、因家庭困难返回城市的限制，而且宣布对广大插队知青要本着“国家关心，负责到底”的精神，积极妥善地予以安排，给知识青年带来了返城的希望。此后，大批知青开始返城。1978年末在乡知青共有606万人，1979年一年就回城414.6万人。[③] 到70年代末，90%以上的知青返城，加上原有待业的和新成长的

---

① 《关于第一汽车制造厂职工队伍状况的调查》（1982年4月），中共中央书记处研究室理论组、中华全国总工会办公厅编：《当前我国工人阶级状况调查资料汇编》（1），中共中央党校出版社1983年版，第54页。

② 《1961—1979年全国知识青年上山下乡人数》，转引自顾洪章主编：《中国知识青年上山下乡始末》，中国检察出版社1997年版，第301页。

③ 顾洪章主编：《中国知识青年上山下乡始末》，中国检察出版社1997年版，第195页。

劳动力，城镇待业人员总数达到了 1500 万人。[①]

当时，国家的整个经济形势还比较困难，国家“统包统配”[②]的就业制度已很难解决他们的就业，各大中城市无不受到沉重的就业压力。由于一时无法提供如此众多的就业岗位，1979 年前后，全国 21 个省、市、自治区相继发生回城知青、城镇待业青年集会、游行、请愿和哄闹政府机关的事件，成为严重的社会问题。千方百计解决城镇青年就业问题成为党和政府在 20 世纪 70 年代末 80 年代初的头等大事。

1979 年 10 月 4 日，邓小平在中央召开的各省、市、自治区党委第一书记讨论 1980 年国民经济计划座谈会的讲话中，强调解决城镇青年就业问题。他指出：“落实政策问题、就业问题、上山下乡知青回城市问题，这些都是社会、政治问题，但主要还是从经济角度来解决。经济不发展，这些问题永远也不能解决。所谓政策也主要是经济方面的政策。比如知识青年问题，不从经济角度解决不行，我们解决这样的问题，要想宽一点。”[③]用经济手段解决社会、政治问题，邓小平的讲话，为解决城镇青年就业问题指明了方向，即解决待业问题的根本出路只能是深化经济体制改革，改革过去“统包统配”的劳动就业制度。

但是劳动就业制度的改革是一个逐步的过程，并不是一蹴而就的。为了减轻沉重的就业压力，党和政府不得不多方努力。在这种形势下，开始将职工退休退职、子女顶替参加工作作为缓解城镇青年就业压力的手段在全国范围内实行。如前所述，“文化大革命”时期，正常的退休、退职被中止，到“文革”结束时，企业职工应退而未退者达 200 多万人，机关、事业单位职工 60 多万人，[④]使得企事业单位职工日益老化。为了妥

① 程连升：《中国反失业政策研究》，社会科学出版社 2002 年版，第 119 页。

② 20 世纪 50 年代，与高度集中统一的计划经济体制相适应，在向单一的全民所有制过渡过程中，我国逐步形成了“统包统配”的劳动就业制度，即城镇劳动力统由国家包揽就业，用行政手段实行“统一计划、统一招收、统一调配”。这一制度对于新中国成立初期解决旧社会遗留下来的 400 万失业人员的就业问题，对于有计划地进行大规模的社会主义建设，稳定政治局势曾起过积极作用。但随着经济的发展，这种制度堵塞多种就业渠道、制约劳动者积极性等弊端渐趋突出。党的十一届三中全会以后，我国开始积极稳妥地改革统包统配制度，并取得明显成效。

③ 《邓小平文选》第 2 卷，人民出版社 1994 年版，第 95 页。

④ 何玉长：《当代中国社会制度的变迁》，河北大学出版社 2004 年版，第 106 页。

善安置退休工人的生活，并促进工人队伍的更新，提高工作效率，1978年6月，国务院颁发了《关于安置老弱病残干部的暂行办法》和《关于工人退休、退职的暂行办法》，大力推进干部、工人的退休工作。结合当时城镇严峻的就业形势，《关于工人退休、退职的暂行办法》规定工人退休、退职后，"家庭生活确实困难的，或多子女上山下乡、子女就业少的，原则上可以招收其一名符合招工条件的子女参加工作；招收的子女，可以是按政策规定留城的知识青年，或是上山下乡知识青年，也可以是城镇应届中学毕业生。可以允许一名子女顶替参加工作"。"家居农村的退休、退职工人，应尽量回到农村安置，本人户口迁回农村的，也可以招收他们在农村的一名符合招工条件的子女参加工作。"①

此后，各省均按照国务院的规定制定了招收退休、退职工人子女参加工作的暂行办法。1979年7月，国家劳动总局对资产阶级工商业者退休后子女参加工作问题也作出规定，指出资产阶级工商业者现在是工人的，退休后可以招收其一名符合招工条件的子女参加工作。②1980年6月，国家劳动总局等有关部门又将《国务院关于工人退休、退职的暂行办法》的精神推广到军队编内工人，指出军队编内工人退休退职后，如果生产（工作）需要，可以择优招收一名符合招工条件的子女参加工作。③这样，子女顶替就在全国各地各部门、各行各业的工人退休工作中广泛应用。同时，随着拨乱反正的进行，在落实政策工作中，规定"文化大革命"非正常死亡人员、战备疏散复工复职人员和历年冤假错案平反人员，允许招收他们的一名子女参加工作。这样在20世纪80年代初，子女顶替就业达到高峰。

据统计，从1978年至1983年，五年内全国办理退休、退职的职工共有1220万人，其中子女顶替约900多万人，占退休退职人数的

---

① 《国务院关于颁发〈国务院关于安置老弱病残干部的暂行办法〉和〈国务院关于工人退休、退职的暂行办法〉的通知》（1978年6月2日），《税收与社会》1997年第3期。

② 《国家劳动总局关于资产阶级工商业者退休后子女参加工作问题的复函》（1979年7月24日），《中国劳动》1979年第1期。

③ 《国家劳动总局、总参谋部、总政治部、总后勤部关于做好军队编内工人退休、退职工作的通知》，北京市劳动局官网，1980年6月18日。

80%。[①] 从各地顶替人员的来源来看，返城知识青年占了相当的比重。如据上海市劳动局计划处汇总统计，自1978年10月至1983年11月，全市职工退休退职共66万人，子女顶替578769人。其中，上山下乡知识青年322999人，城镇里弄生产生活组青年16860人，家居农村和外地城镇的待业青年77468人，上海城镇待业青年64339人，应届中学毕业生73435人，中学和技校退学学生23668人，知青人数所占比重达55.8%。[②] 广州市在1976年至1980年，共顶替83095人，其中知青43489人，占总数的52.3%。[③]

20世纪70年代末80年代初职工退休退职、子女顶替制度的普遍实施，一方面使年老退休职工得到了妥善安置，另一方面促进了劳动力更新，提高工人队伍素质，对提高劳动效率发挥了积极作用。最重要的，这一政策的实施，对减轻城市就业的巨大压力，拓宽上山下乡知青返城途径，维护社会的安定，起到了一定的积极作用。正因如此，子女顶替政策在当时受到了广大职工的欢迎。[④]

三、子女顶替工作中的问题及纠正

20世纪80年代初，随着子女顶替工作的开展，各地在执行子女顶替政策的实际工作中，出现了许多不符合国家有关政策的问题。

第一，不少地区在国家职工子女顶替政策基础上"发扬光大"，自行规定干部退休、退职时，也招收其一名子女参加工作，扩大了顶替的范围。

---

① 《当代中国的劳动力管理》，中国社会科学出版社1990年版，第152页。

② 《上海劳动志》，上海社会科学院出版社1998年版，第161页。

③ 《广州市志》卷九（上），广州出版社1999年版，第278页。

④ 如《人民日报》报道：首都机械厂从1970年起组织职工家属参加生产劳动，曾创办5个家属生产连，共400多人。他们生产的台式电风扇、铅笔箍、电池帽等产品，质量好，销路广。但是，参加生产的家属年龄越来越大，干活感到吃力，而有些人的子女却在家里待业。经上级批准，该厂对家属生产连进行了整顿，对年老体弱的家属实行退休制度，对退休家属工的待业子女优先吸收入厂。到1980年4月，已有34名待业青年顶替了退休的父母。这种做法，"受到职工群众欢迎"。参见《首都机械厂整顿家属工厂》，《人民日报》1980年4月1日。

由于1978年6月《国务院关于安置老弱病残干部的暂行办法》和《国务院关于工人退休、退职的暂行办法》（以下简称《暂行办法》）对干部退休、退职后照顾招收子女问题未做具体规定，有的省在执行中将政策适用范围扩大到党政机关、群众团体、文教卫生等事业单位的退休、退职干部。如江苏省规定：党政机关、人民团体的干部退休后，可照顾招收一名符合招工条件的子女就业；子女是农业人口的，在退休、退职干部户口迁回农村后，办理招工手续；科研、教育、卫生等部门确有真才实学，相当于工程师、讲师以上的专业技术人员，因工作需要暂不退休，经市、县劳动、人事部门审查报省批准后，可以照顾招收一名符合招工条件的子女就业，待本人退休后，不再照顾招收子女。1980年底，这一规定又扩大到离休干部。[①] 当时黑龙江、吉林、贵州、湖北、山东、福建等省均实行了类似办法。这样就使子女顶替就业在很多地区成为社会各行各业干部、职工中的普遍现象。

由于干部的情况和工人不同，允许招收离休、退休、退职干部的子女进入科研、教育、卫生等系统就业，使这些系统的技术水平明显下降。以重庆市教育部门为例，20世纪70年代末80年代初，全市通过“顶替”的办法，吸收了5000多名教师，其中多数人由于没有受过应有的教育，“顶不起”父母所担任的教学工作，给教学工作造成很大困难。[②] 再如，吉林省由于各县劳动部门实行职工子女由本单位自行安排的办法，不少医疗部门的壮年职工提前退休，让子女顶替，使医疗卫生系统的技术水平明显下降。以致吉林省人民政府不得不下发文件，强调要控制职工退休，不得任意降低退休条件，并严格控制非技术人员进入卫生系统。[③]

第二，顶替工作中出现了大量弄虚作假、徇私舞弊、违反纪律和政策的情况。

《暂行办法》第一条规定：“男年满五十周岁，女年满四十五周岁，连续工龄满十年，由医院证明，并经劳动鉴定委员会确认，完全丧失劳

---

① 《江苏省志·劳动管理志》，江苏古籍出版社2000年版，第32—33页。

② 屈维英、李洪启：《中等教育结构改革必须同劳动制度改革结合进行》，《人民日报》1980年11月5日。

③ 《吉林控制非技术人员进入卫生部门》，《人民日报》1980年12月18日。

动能力的”可以退休；第五条规定：“不具备退休条件，由医院证明，并经劳动鉴定委员会确认，完全丧失劳动能力的工人，应该退职。”由于在实践中对“完全丧失劳动能力”这一条不好掌握，许多不符合退休、退职条件的干部、职工，包括相当一部分工作和生产上的骨干，为了尽快让子女就业，谎报病情，设法取得假的患病证明，提前退休或借故退职。如从 1980 年到 1982 年初，在南京电子管厂的退休职工中，有 40 人持有医院的“癌症证明”。经省卫生厅、省和南京市劳动局等有关部门联合调查核实，这 40 人中只有 1 人患有癌症，其余 39 人的癌症都是假的。[①]这种做法，不仅败坏了医院的声誉，而且干扰了职工退休政策的贯彻执行，造成了不良的政治影响。

另外，有些人为了提前退休或退职让子女“顶替”，有的更改户口，有的虚报年龄；少数人甚至进行非法交易，买卖“顶替”名额，滋长了不正之风。还有些部门和单位在执行过程中没有严格执行《暂行办法》的规定，致使一些未到用工年龄，甚至在校学习和在部队服役的子女都能顶替参加工作，一些不符合用工条件的职工子女、不符合招工条件的职工子女，甚至盲、聋、哑、残、呆傻青年或精神病患者顶替进入了用工单位。例如，在长春第一汽车制造厂，1979 年以后顶替进厂的职工子女 185 人中，23 人有劣迹行为，多数身体状况不佳，约 50 人患有癫痫病、心脏病、高度近视等慢性疾病。[②]这些行为，严重地影响了职工队伍的素质，并引起广大群众的强烈不满，削弱了基层领导的力量，给党的威信造成了极坏的影响。

第三，职工提前退休又带来了诸多方面的消极后果。

其一，一部分生产骨干、技术纯熟的老工人提前退休，使职工队伍的技术水平下降，影响劳动生产率的提高。据统计，1978—1981 年，上海市共退休职工 63 万人，其中有 22 万人是提前退休的，占总数的 35%。[③]

---

① 《南京电子管厂退休职工中 40 张癌症证明 39 张是假的》，《人民日报》1982 年 3 月 25 日。

② 《关于第一汽车制造厂职工队伍状况的调查》（1982 年 4 月），中共中央书记处研究室理论组、中华全国总工会办公厅编：《当前我国工人阶级状况调查资料汇编》（1），中共中央党校出版社 1983 年版，第 54 页。

③ 胡焕庸主编：《中国人口·上海分册》，中国财政经济出版社 1987 年版，第 353 页。

生产受到一定影响，有人痛心地说："退掉一大批财富，接进来一大批包袱。"[①]

其二，有些提前退休的技术工人又因工作需要被工厂请回，补发20%的工资照旧工作，以致在职职工的编制进一步扩大，不利于待业青年的安置，这就违背了国家制定子女顶替就业政策的初衷。

其三，有些退休工人被高薪聘到一些集体企业，其工资比在职职工高出很多，影响在职职工的情绪。如上海轻工局所属各厂办理退休和病退的职工较多，他们退休后由子女顶替，自己又另找工作。仅据上海灯泡三厂、工业玻璃工厂、精益模具厂、玻璃机模厂、器皿模具厂、玻璃搪瓷铸造厂、搪瓷机修厂7个单位统计，在1979年退休的职工中，已有近百名职工通过各种渠道到江苏、浙江、上海郊区等地的社办工厂，担任技术指导、顾问、采购员等工作。社办工厂除了补足扣除退休金的工资差额外，还发给营养费、车船费、加班费等，每个月少的五六十元，一般的七八十元，最高的100多元，和退休金加起来，大大高于退休前的收入水平。[②]在职与退职职工收入悬殊，影响在职职工的工作情绪，不利于安定团结。

为了纠正子女顶替就业工作中出现的各种问题，1981年11月7日，国务院发出《关于严格执行工人退休、退职暂行办法的通知》，要求按照《暂行办法》的规定，严格掌握退休、退职的条件，对伪造证件退休、退职的，要追究本人和有关人员的责任，情节严重的，应给予适当处分。同时要求必须加强对于退休、退职工人的聘用管理，指出工人退休以后，一般不要留在原单位继续工作，其他单位如果确实需要聘用有技术和业务专长的退休工人作技术和业务指导的，必须由原发退休费用的单位、聘用单位和退休工人三方签订合同，并报当地劳动部门批准后，方能聘用。[③]

---

① 《关于第一汽车制造厂职工队伍状况的调查》（1982年4月），载中共中央书记处研究室理论组、中华全国总工会办公厅编：《当前我国工人阶级状况调查资料汇编》（1），中共中央党校出版社1983年版，第54页。

② 尚青：《妥善解决给再工作的退休职工滥发补贴费问题》，《人民日报》1979年8月28日。

③ 《国务院关于严格执行工人退休、退职暂行办法的通知》（1981年11月7日），《中华人民共和国国务院公报》1981年第24期。

这一通知下发后，各地立即着手贯彻落实，对职工退休子女顶替进行清理整顿。如大连市加强了对退休职工重新受聘的管理。1982 年 1 月以来，辞退了不应该再受聘的退休、退职职工 7300 多人，相应安置了待业青年 3026 人；再受聘退休职工取得的补贴也有较大幅度的下降。同时，严格了职工因病残退休、退职的审批手续，全市每月办理病退的职工数下降为整顿前的 1/20，进一步增强了职工队伍的稳定和团结。[①]

1983 年 9 月 3 日，国务院又颁发了《关于认真整顿招收退休、退职职工子女工作的通知》，对 1978 年的《暂行办法》做了一些修改补充，主要是：（1）对因病提前退休的工人，或不具备退休条件而退职的工人，在他们退休、退职时，不再实行招收其子女参加工作的办法。（2）对正常退休的工人，家庭生活确实困难的，或子女就业少的，原则上可以招收其一名符合招工条件的子女参加工作；其中家居农村、户口迁回农村的退休工人，可招收其在农村的一名符合招工条件的子女参加工作。但招工时均须经过德智体全面考核，严格按照招工条件录取；不符合招工条件的，不得招收。凡在招工中已经实行劳动合同制的地方，招收退休工人子女时，应该实行劳动合同制。应由当地劳动人事部门或主管部门负责统一组织考核、统筹安排工作，并实行 3 个月至 6 个月的试用期。对不服从分配的，以及在试用期内表现不好和发现不符合招工条件的，应予辞退。（3）对前几年招收进来的退休、退职职工的子女，要认真进行一次检查和考核。凡是呆、傻、精神病患者，以及明显不符合招工条件的，应当进行清退；本人基本符合招工条件但不能适应现任工作需要的，要给以培训，经过培训仍不能适应工作需要的，特别是文教、卫生部门的人员，由当地劳动人事部门会同主管部门给予调整，另行安排工作。对不服从调动的，应予辞退。（4）各地自行规定的招收离休、退休、退职干部的子女参加工作的办法，应立即停止执行。[②]

整顿招收退休、退职职工子女的工作，是国务院为了克服子女顶替中存在的问题而采取的重要措施，也是劳动人事制度的一项重要改革。

---

① 王金元：《大连市加强对重新受聘退休人员的管理》，《中国劳动》1982 年第 11 期。

② 《根据六届人大常委会决定国务院发出通知认真整顿招收退休退职职工子女工作》，《人民日报》1983 年 9 月 9 日。

这项工作涉及群众的切身利益，关系我国社会主义建设事业的发展和安定团结，国务院要求各级人民政府要作为一件大事来抓。根据国务院精神，各地制订了相关办法，对干部、工人退休、退职以及招收子女工作进行大检查，着手整顿纠正子女顶替工作中的问题。

首先，从 1983 年 9 月 1 日起，各地对提前退休、退职的职工和干部退休、死亡的，一律不办理顶替。如 1983 年 9 月 10 日，上海市劳动局向各局、区、县发出通知，对因病提前退休的工人，不具备退休条件而退职的工人以及退休、退职的干部，从 9 月 9 日起不再实行招收其子女参加工作的办法。9 月 8 日以前正在办理审批手续的，就地冻结。但正常到龄退休工人的子女顶替继续实行。

其次，对 1978 年 6 月 2 日后招收的职工子女进行检查和考核，并对不符合招工条件的职工子女，予以清退。如截至 1983 年 11 月上旬，贵州全省共查出不符合退休、离休条件的干部 4024 名，其中已回来继续工作的 3993 名，占应纠正人数的 99%，不符合顶招条件的子女 4112 名，已辞退 4058 名，占应纠正人数的 98%。[①]

最后，各地还陆续改革了退休职工子女顶替办法，实行统一考试择优录用。如 1983 年 9 月，山东省人民政府规定：今后子女顶替由当地劳动部门负责考核，统筹安排；已实行劳动合同制的市、县或单位，招收的职工子女也实行劳动合同制。1984 年，沈阳也有 3000 多名退休职工子女参加考试，合格者陆续走上工作岗位。[②]

这些政策规定的实施，初步消除了子女顶替工作中的一些问题。但是，随着市场化经济改革的推进，这种带有世袭色彩的就业制度越来越不能适应社会主义市场经济的要求，最终退出了历史的舞台。

四、子女顶替就业制度的弊端暴露及其废除

1984 年，我国的经济体制改革进入全面推进阶段，改革开始涉及经

---

① 杨锡玲：《贵州省采取有力措施坚决纠正干部突击退休让子女顶替歪风》,《人民日报》1984 年 2 月 6 日。

② 《人民日报》1984 年 12 月 6 日。

济的所有方面。原有计划经济体制下的一些经济制度越来越不合时宜，子女顶替就业制度也日益暴露出其深层次弊端。

第一，子女顶替违背了择优录取的用工原则，影响企业的长远发展。

早在 1978 年 4 月 22 日，邓小平在全国教育工作会议上的讲话中就指出了“择优录用”的招工原则。他针对招生、招工制度中的弊端明确指出：“今后，不仅大中学校招生要德智体全面考核，择优录取，而且各部门招工用人也要逐步实行德智体全面考核的办法，择优尽先录用。”①

然而，在顶替制度下，工厂对顶替进来的子女没有选择的余地，无法择优录用。许多单位在招收时不进行考核，将一些不符合招工条件的人录用，降低了工人队伍的素质。而且很多企业都不同程度地吸收了病残者、学业极差者、经过劳教并无明显转变的失足者顶替进厂，使企业职工素质下降。如仅北京汽车制造厂 3 年中共录用失足青年 40 余人，有些人进厂后“旧病复发”，其中一人再次被送去劳教。洛阳耐火材料厂的模型车间，顶替进厂的约 100 人，就有 3 个痴呆；全厂低智能、痴呆的十几人。在这种情况下，企业无异于背上了包袱。另外，一些人把顶替理解为“理所当然的子承父业”，致使 20 世纪 80 年代初中期的一些工厂里，“父子兵”“三代同堂”的情况比较普遍。如洛阳玻璃厂，80 年代“顶替”“内招”的职工人数占招工总数的 1/3，厂里职工亲套亲，有的大户多达五六十口人，分布在各个车间、岗位。裙带关系复杂，以致调动一个人，处分一个人，牵连一大片，给企业管理造成了很大困难。②

第二，子女顶替造成就业机会不均等，违背了社会公平的基本原则。

实施子女顶替政策，确实在不同程度上扩大了就业容量。但是，子女顶替所引起的这种就业机会是以“一顶一”或子承父业的“世袭”形式出现的，就业机会只为退休职工子女提供，对全社会提供的就业机会却是不均等的，使不少青年失去了平等选择职业的机会。这就挫伤了一部分青年的积极性。符合顶替条件的，高呼“爸妈万岁”，不能顶替的，

---

① 《邓小平文选》第 2 卷，人民出版社 1994 年版，第 106 页。

② 参见江绍高：《“近亲繁殖”可以休矣》，《人民日报》1986 年 11 月 9 日；中国人民大学哲学系青年问题研究组：《顶替就业政策及其影响——北京市部分企业施行顶替的调查》，《青年研究》1982 年第 10 期。

情绪低沉。他们认为，表现好还不如父母好，造成人心浮动。

第三，子女顶替对学校教育、价值观念和社会风气产生了消极影响，不利于社会和谐。

职工退休子女顶替政策实施后，“读书无用”的思想在一部分学生中重新抬头，学校教育受到很大影响。例如，据天津市文教委员会教育处统计，1979 年，在天津市区中学生中，因父母退休，中途退学参加工作的达 22505 人。这一状况发生后，天津市有关部门虽然三令五申，只有待业青年才能顶替，任何部门不得招收在校学生；学校要对全体学生负责，不得随便给学生开退学证明。但一些学生为了取得顶替资格，不经学校同意，自动离校。由于没有退学证明，工厂拒绝接收，他们就长期“漂”在社会上，成了“流浪生”。仅天津市内 6 个区，这样的“流浪生”就有 13700 多人。[①] 这种情况，极大地影响了教学秩序和教育质量。

在顶替制度下，有顶职机会的子女把顶替进厂当工人作为最高目标去追求，因此放松对自己的要求，不认真读书学习，甚至浑浑噩噩地过日子。对于不少人来讲，读读书，然后等着接父母的班，这是人生最天经地义的事了。“过去只看行老儿，现在只看父母五十几”，“学好数理化，不如有个老爸爸”。这种价值观无疑影响了人的全面发展。

有些人为了让子女“顶替”，千方百计托人情、走后门，请客送礼、拉关系；少数人甚至进行非法交易，买卖“顶替”名额，从而形成不健康的社会风气。一些职工退休心切，领导批准则罢，不批准就闹，本人闹，子女也闹，增加了不安定因素。有些家庭出现了子女逼迫父母提前退休或退职的现象，这些都不利于社会的和谐健康发展。

到 20 世纪 80 年代中期，随着劳动就业体制改革的深入，子女顶替制度到了山穷水尽的地步。

1978 年以来，我国劳动就业体制改革经历了由表及里的过程。也就是说，我国解决就业问题，首先是从“广开就业门路”开始的。1978 年 2 月 1 日，邓小平在听取四川省委汇报工作时提出了“广开就业门路”的设想。他指出：“真正解决下乡知青问题，归根到底是城市工业发展。重

---

① 李元浦：《改革招工制度鼓励学生学习》，《人民日报》1980 年 8 月 7 日。

工业发展以后，是不是开辟一些就业门路，比如轻工业、服务行业，都可以用一些人。资本主义国家服务行业可以用很多人，我们用的人很少。又如发展旅游事业，可以用很多人。对多余人员的出路要多想些办法，只能靠自己多开辟门路。全国都要研究有什么门路容纳这些劳动力的问题。”[①]1979 年 6 月，五届全国人大二次会议的政府工作报告中提出，要广开就业门路，积极发展手工业、旅游业、城市公用事业、园林绿化事业和其他有需要有条件发展的企业事业，使待业人员逐步得到安置。同时指出要在全国大、中城市办好劳动服务公司，通过各种形式，陆续把待业人员全部组织起来进行就业训练和劳动服务。[②]1980 年 8 月，中共中央召开全国劳动就业会议，提出了“在国家统筹规划和指导下，实行劳动部门介绍就业、自愿组织起来就业和自谋职业相结合的方针”[③]，即“三结合”就业方针。1981 年 10 月，中共中央、国务院作出了《关于广开门路，搞活经济，解决城镇就业问题的若干决定》，提出着重开辟在集体经济和个体经济中的就业渠道。这样，最初几年，改革的侧重点是在企业外部，结合发展集体经济和个体经济等多种经济形式，实行“三结合”的就业方针，以经济增量来扩大增加就业岗位。实践证明，在实施“三结合”的就业方针之后，中国就业工作取得了突破性进展。1979—1981 年的 3 年间，共安置 2600 万人；到 1982 年，已有 24 个省市自治区把 1980 年底以前积累下来的待业青年基本上安置完毕，从而使“文化大革命”期间上山下乡的知识青年都得到了就业岗位。据统计，城镇待业率从 1979 年的 5.4% 下降到 1985 年的 1.8%，绝大多数省、市、自治区的待业问题基本上得到解决。[④]

在就业压力减轻的形势下，劳动就业体制的改革开始深入国有企业内部。1986 年 7 月 12 日，国务院发布了国营企业劳动用工制度改革的

---

① 《邓小平年谱（1975—1997）》（上），中央文献出版社 2004 年版，第 261—262 页。

② 《政府工作报告——一九七九年六月二十八日在第五届全国人民代表大会第二次会议上》，《人民日报》1979 年 6 月 26 日。

③ 中华全国总工会编：《建国以来中共中央关于工人运动文件选编》，中国工人出版社 1989 年版，第 1294 页。

④ 《中国劳动年鉴》（1992—1994），中国劳动社会保障出版社 1996 年版，第 676 页。

四项规定，即《国营企业实行劳动合同制暂行规定》《国营企业辞退违纪职工暂行规定》《国营企业招用工人暂行规定》《国营企业职工待业保险暂行规定》。根据这些规定，从1986年10月1日起，国营企业招用工人，“面向社会，公开招收，全面考核，择优录用”；必须实行劳动合同制，废止子女顶替等制度。《国营企业招用工人暂行规定》第2章第5条明确规定：企业招用工人，应当张榜公布经过考核合格者名单，公开录用。企业不得因任何形式进行内部招工，不再实行退休工人‘子女顶替’的办法。这标志着实行达30年的“铁饭碗”的劳资关系的改变，是对新中国建立以来劳动制度的重大改革，是整个经济体制改革的一项重要内容。此后，全国范围内全民所有制单位陆续废止了子女顶替这项行之有年的政策。

到20世纪80年代末90年代初，在治理整顿和经济紧缩的大环境下，中国的就业形势又严峻起来。这时，一些行业、部门、单位提出可否恢复内招、子女顶替制度，以解决职工子女就业难的问题。1990年12月8日，劳动部发出《关于继续贯彻执行〈国营企业招用工人暂行规定〉的通知》，指出搞内招、顶替，不仅违背《国营企业招用工人暂行规定》的基本原则，不利于企业选用合格人才，影响职工队伍素质的提高和人员结构的合理化，而且会形成企业内部亲缘关系复杂，给企业管理带来困难；目前国营企业吸收劳动力的能力有限，一些企业又处于停工停产状态，采取内招、顶替的做法，并不能从根本上解决就业难的问题；对违反招工原则搞内招、顶替的，要进行批评教育并予以制止和纠正。自此，子女顶替现象基本消失。

五、结语

纵观子女顶替制度的产生、发展和消亡，可以看出，一方面，子女顶替是与职工退休、退职相联系的。在我国，老年工人和因工、因病丧失劳动能力的工人，对社会主义革命和建设作出了应有的贡献。他们退休、退职后，允许子女顶替，帮助解决他们的生活困难，使他们愉快地度过晚年，这是当时社会主义制度优越性的生动体现。另一方面，子女顶替与解决就业密切相关，促进就业是这一制度的根本出发点。实践证明，子女顶替政策的实施，确实扩大了新增加青年劳动人口的就业容量，尤其是舒缓了20世纪80年代初沉重的就业压力，促进了社会安定。

作为一种就业制度，子女顶替的消极作用也是显而易见的。首先，这种就业本质上是“低水平、高就业”，是以损失劳动生产率为代价的。“消灭失业”一直是我国社会主义劳动制度的根本宗旨，为此党和国家长期坚持“低工资、高就业”的方针和国家“统包统配”的就业政策。为了容纳更多的就业量，许多企业不能更新生产设备和先进技术，没有充分的资金用于扩大再生产，影响了劳动生产率的提高，从而带来更多潜在的失业。因此，子女顶替，从根本上并不是解决就业的有效办法。其次，如前所述，子女顶替造成了消极甚至是恶劣的社会影响。它助长了职工对国家的依赖心理，冲击了学校教育的发展，歪曲了人们的价值观念，不利于人的全面发展和社会的健康进步。这里固然有执行政策的偏颇，但更重要的是制度本身的弊病。随着社会主义市场经济体制改革的推进和劳动就业改革的深入，子女顶替的“世袭式”就业精神已不能适应我国社会主义市场经济体制和社会长期发展的目标要求，它的被淘汰是社会发展的历史必然。

改革开放30年（1978—2008年）来，从1980年国家提出“劳动部门介绍就业、自愿组织起来就业和自谋职业”相结合的就业方针而开始的就业制度第一次改革，到1986年国务院发布改革劳动用工四项制度，开始在新招工人中实行劳动合同制度，再到1995年颁布实施《中华人民共和国劳动法》第一次用法律把劳动合同制确定下来，2008年实行《中华人民共和国就业促进法》确立“劳动者自主择业、市场调节就业和政府促进就业”的就业方针，我国的劳动就业实现了从“统包统配”的计划就业制度向自主择业的市场就业制度的根本转变。劳动者的就业渠道，由过去主要依靠全国所有制单位安排就业，转化为国有、集体、个体及外资企业多渠道扩大就业。劳动者的就业观念也发生了根本转变，公平、竞争、择优的就业规则已深入人心。在这种形势下，子女顶替无疑是与社会主义市场经济规律格格不入的，即使作为一种解决就业的暂时性办法，它也失去了生存的土壤。继续深化社会主义市场经济体制改革，促进国民经济长期、持续、健康、快速地发展，才是缓解我国就业压力的根本出路。

［原载《中共党史研究》2009 年第 6 期，收入本书时略有修改］

为了平等而不平等——从学校向工农开门看新中国的教育平等努力（1949—1965）

新中国成立之前，我国的教育一直为少数人所享有，“一切教育文化机关，是操在地主资产阶级手里的”[①]，“占全国人口百分之八十以上的工农大众及其子女基本上被关在学校门外”[②]。中国共产党自成立起就把争取工农群众受教育权利和受教育机会作为己任。1931年11月，中华苏维埃第一次全国工农兵代表大会通过的《中华苏维埃共和国宪法大纲》规定“中国苏维埃政权以保证工农劳苦民众有受教育的权利为目的”[③]。在苏区，一切文化教育机关，“是操在人民群众手里，工农及其子女有享受教育的优先权”[④]。中华人民共和国的成立，使广大人民获得了平等的受教育权。1954年颁布的《中华人民共和国宪法》第94条规定“中华人民共和国公民有受教育的权利”[⑤]，使广大人民的这一权利受到根本大法的保障。

为了把工农受教育的权利落到实处，实现广大人民教育平等，中国共产党自1949年就确立了学校向工农开门的教育方针，采取种种措施优先照顾工农青年、工农子女入学。1958年以后，为了尽快扭转工农的文

① 《毛泽东邓小平江泽民论教育》，中央文献出版社、人民教育出版社、北京师范大学出版社2002年版，第5页。

② 钱俊瑞：《当前教育建设的方针》（上），《人民教育》1950年第1期。

③ 《中国革命根据地教育纪事》，教育科学出版社1989年版，第50页。

④ 《毛泽东邓小平江泽民论教育》，中央文献出版社、人民教育出版社、北京师范大学出版社2002年版，第6页。

⑤ 《建国以来重要文献选编》第5册，中央文献出版社1993年版，第540—541页。

化教育劣势，在加大向工农开门力度的同时，通过政治审查家庭出身来限制一些“剥削阶级”子女的高等教育机会，从而使新中国教育平等的价值追求呈现了“为了平等而不平等”的特点。

一、1949—1959年学校向工农开门方针的确立实施

1949年，中国共产党领导的民主革命取得胜利，建立主要以工农联盟为基础的人民民主专政。“伟大的人民革命的胜利，使工人、农民取得了作为国家基础的政治地位，也取得了享受各级正规教育的政治权利”[①]，“由于我们的国家是以工农联盟为基础的人民民主专政的国家，因此我们的教育也应该以工农为主体，应该特别着重于工农大众的文化教育、政治教育和技术教育”[②]。但是，新中国成立初期的工农教育状况与人民政权的性质和教育目标是极不相称的。新中国成立之初，“全国现有大学和专科学校共约二百所，学生约十五万人；中等学校共约五千所，学生约一百五十万人；小学约三十万所，学生约二千余万人。这些学校除老解放区的小学和中学已有极大多数的学生是农民工人的子女以外，其他地区的各级学校的学生绝大多数是中农以上和城市小资产阶级以上的子女”[③]。因此，坚决改变这种情况，“使教育真正是民主的教育，真正为提高工农的文化政治水平服务，使各级学校为工农大众及其子女开门，现在已经是刻不容缓的事了”[④]。

1949年12月23—31日，教育部召开第一次全国教育工作会议，确定了教育以工农为主体、各级学校向工农开门的方针。教育部长马叙伦在大会开幕词中明确提出：“除了我们的社会教育毫无疑义地应以工农为主体外，我们的小学校应该多多吸收工农的子女，我们的中学校和大学校，也应该有计划有步骤地为工农青年大大开门，以便大量地培养工农

① 《全国工农教育会议隆重开幕》，《人民日报》1950年9月21日。

② 《马叙伦部长在第一次全国教育工作会议上的开幕词》（1949年12月23日），载中华人民共和国教育部办公厅编：《教育文献法令汇编（1949—1952）》，1958年6月印，第6页。

③ 钱俊瑞：《当前教育建设的方针》（上），《人民教育》1950年第1期。

④ 同上。

出身的新型的知识分子，作为我们国家建设的新的坚强骨干。这是新中国教育建设的工程中具有头等重要意义的工作，我们应该首先努力促其实现。”[①]1950 年 6 月 1 日，马叙伦在第一次全国高等教育会议上再次强调高等学校要向工农开门，他指出：“我们的高等学校从现在起就应该准备和开始为工农开门，以便及时地为我们的国家培养大批工农出身的知识分子。”[②]

为了贯彻学校向工农开门方针，首先，要改革不能使教育为工农服务、影响工农入学的旧学制，建立有利于工农受教育的新学制。旧学制有许多缺点，其中最突出的是工人、农民干部学校和各种补习学校、训练班在学校系统中没有应有的地位；初等学校修业 6 年并分为初小、高小两级（4 年初小、2 年高小），而且在农村大多设立 4 年制初小，使广大的劳动人民子女难于受到完全的初等教育。为了克服上述缺点，1951 年 8 月 10 日，政务院第 97 次政务会议通过《关于改革学制的决定》，规定：“小学的修业年限为五年，实行一贯制，取消初、高两级的分段制”，以使城乡劳动人民子女都有平等机会接受完全的初等教育。同时，新学制规定为自幼失学的青年和成人开设工农速成学校、业余学校，这类学校不仅有初等学校，还有中等学校。而且，各级各类学校系统又是互相衔接，彼此沟通，可以逐步做到条条大道通大学。[③]新学制进一步确立工农的教育权利，为工农教育机会的落实提供了保障。

其次，为了迅速改变工农群众被长期排斥于学校大门之外的状况，人民政府及教育部门采取许多措施，积极促进工农就学。

其一，政府在劳动人民聚居区和工矿区投资新建大量公立中小学，以方便工农子女就近入学。在 1949 年，全国小学校数（包括高小、初小）有 34.67 万多所，到 1953 年底就有学校 50 万多所，约增加了 50%；中等学校在 1949 年有 5216 所，到 1953 年底就有 5926 所，增加了 13%

① 《马叙伦部长在第一次全国教育工作会议上的开幕词》（1949 年 12 月 23 日），载中华人民共和国教育部办公厅编：《教育文献法令汇编（1949—1952）》，1958 年 6 月印，第 6 页。

② 《教育部马叙伦部长在全国高等教育会议上的开幕词》，《人民日报》1950 年 6 月 14 日。

③ 《政务院关于改革学制的决定》，载中华人民共和国教育部办公厅编：《教育文献法令汇编（1949—1952）》，1958 年 6 月印，第 29、32 页。

以上。[①]在北京市，1951年原计划在城内和郊区增设46所小学共350个班，实际招生超过了15个班；1951年中学所增加的班次，超过原订计划一倍多。“这些班次的增加，着重在劳动人民密集的地区，并有计划地大量吸收工农子女入学。”[②]

其二，通过免收学杂费、人民助学金等措施帮助贫困工农子女入学并完成学业。新中国成立初期，各地特别是新解放地区工农学生失学的现象比较普遍。1950年政务院规定：各大行政区军政委员会及各省市人民政府应适当地增加公立学校的人民助学金名额，并在私立学校酌设人民助学金名额，以便使真正因经济困难而失学的学生复学。[③]武汉市人民政府1950年3月颁布优待工农子女入学的办法，规定凡直接从事劳动，已加入工会、农会并持有工会或农会证明文件（在农会未成立的地区，由区政府证明）的工人和贫雇农民子女，均可受到免收报名费和全部杂费的优待；家境特别困难者，并可得到补助书籍、簿本、文具费；市立中学除全免杂费、补助书籍簿本文具费外，并可申请人民助学金。在文化程度方面，考试成绩较差的工农子女，可按程度相当的班次录取补习，并适当地吸收超过规定年龄的学生。[④]

其三，高等学校招生时，采取降低文化考试录取标准的办法，给予工农青年、工农子女以适当照顾。新中国成立初期，工农群体教育基础薄弱，在这种情况下，如果高等学校招生严格按分数录取，工农青年、工农子女在竞争中处于不利地位，入学机会较少，因此在考试的基础上，采取免考英语、降分、加分、优先录取等措施增加工农及工农子弟的高等学校入学机会。例如，1954年全国高校招生录取办法规定，为了照顾工农速成中学毕业生、合乎优先录取条件的产业工人、工农干部的特点，

① 《中共中央宣传部关于高小和初中毕业生从事劳动生产宣传提纲》，《人民日报》1954年5月29日。

② 《北京市重要文献选编》（1951），中国档案出版社2001年版，第372页；《北京市重要文献选编》（1952），中国档案出版社2001年版，第376页。

③ 《政务院周恩来总理发布指示，妥善救济失业教师，处理学生失学问题》，《人民日报》1950年7月28日。

④ 《武汉市公私立中小学校广泛吸收工农子弟入学，市政府颁布优待工农子弟入学办法》，《人民日报》1950年4月13日。

使他们有更多的被录取机会，其各科成绩都予以适当加分：对于工农速成中学的考生每门科目平均增加10分，总分增加50分；对于产业工人、工农干部每门增加巧分，总分增加60分。1956年的招生录取办法规定，工人、农民、工农速成中学毕业生、工农干部、复员军人、转业军人、参加工作3年以上的在职干部、烈士子女等，在与一般考生成绩相同或接近时应优先录取。[①]

其四，创办新型中学、大学，有计划、有步骤地培养工农出身的新型知识分子干部。一是工农速成中学。1951年2月10日，中央教育部正式颁布《工农速成中学暂行实施办法》，规定工农速成中学的任务是："招收参加革命或产业劳动一定时间之优秀的工农干部及工人，施以中等程度的文化科学基本知识的教育，使其能升入高等学校继续深造，培养成为新中国的各种高级建设人才。"[②]1952年11月19日，中央教育部发出《关于工农速成中学附设于高等学校的决定》，明确规定"自1953年起，工农速成中学应有计划、有步骤地附设于高等学校，作为高等学校的预备学校。学生毕业后，一般直接升入本高等学校继续深造"，这样"可以逐渐改变高等学校的学生成分，使高等学校确实面向工农开门"。[③]到1955年，工农速成中学升入高等院校的方式有所变化，需要参加高等学校的招生考试，但是给予照顾，予以单独出题、单独录取。这就给工农青年、工农干部设立了一条进入高等学校的便捷通道。二是新型大学。为了有计划、有步骤地培养新中国各种专门建设人才和工农知识分子，党和政府决定设立新型大学，并增设大学预科。其中，中国人民大学是在新中国成立后，由中共中央、政务院决定创办的第一所新型高等学校。学校设本科、专修科和工农文化补习班，主要招收工农干部和有3年以上工龄的产业工人。1950—1953年，中国人民大学学生成分多是产业工

---

① 杨学为编：《高考文献（1949—1976）》（上），高等教育出版社2003年版，第66、186页。

② 《工农速成中学暂行实施办法》（1951年2月10日），载中华人民共和国教育部办公厅编：《教育法令文献汇编（1949—1952）》，1958年6月印，第246页。

③ 《关于工农速成中学附设于高等学校的决定》（1952年11月19日），载中华人民共和国教育部办公厅编：《教育法令文献汇编（1949—1952）》，1958年6月印，第252—253页。

人与革命干部，占总人数的70%左右。[①]

值得指出的是，在千方百计实现工农教育权利、使工农子女真正有机会就学的同时，各级各类学校并不排斥其他阶级子女入学。1950年，教育部副部长钱俊瑞在《当前教育建设的方针》一文中指出："我们说教育的力量首先并且主要地放在工农身上，并不是说我们的教育从此就不管小资产阶级和民族资产阶级了……现在大批民族资产阶级和城市小资产阶级的子女还是很好地在各级学校里念书，他们尽可以继续在这些学校里念下去，一直念到能够走出校门，为人民的国家担任一部分工作。""即使是封建地主阶级，他们不是有很多子女在今天新中国的学校里念书吗？国家需不需要把这些地主阶级的子女从学校里统统赶出去？决不需要。"[②]1956年12月8日，毛泽东在同工商界人士的谈话中强调学校对资本家子女要一视同仁，"入学、助学金、入团和戴红领巾这些问题，要一视同仁，只看条件如何，不看家庭出身。如果成绩不够的，就是工农子弟也不能录取，资本家子女成绩够的就应该录取"[③]。1957年7月，郭沫若进一步指出："对于非工农出身的，非党非团的青年，党和政府同样是十分爱护和尽力培养的，决没有也不会对他们采取歧视和排斥的态度。以中国科学院现在在学的研究生为例，其中，地主、资产阶级家庭出身的占41.4%，非党非团的占37.9%。思想是可以改造的。一切非工农出身的和非党非团的学生，只要自己愿意，都能把自己培养成为忠于社会主义事业的专家，同工农子弟和党团员一样为国家贡献自己的力量。"[④]也就是说，教育虽然以工农为主体，但是对其他阶级的子女一样敞开大门，各阶级子女都可以平等地接受教育。全国人民，只要自己努力，谁都有受教育的机会。

从学校招生实际工作看，这一时期高等学校招生虽然已经进行政治

---

① 胡锡奎：《培养产业工人和革命干部为高级建设人才的方法和道路》，《人民日报》1953年10月4日。

② 钱俊瑞：《当前教育建设的方针》（上），《人民教育》1950年第1期。

③ 《毛泽东邓小平江泽民论教育》，中央文献出版社、人民教育出版社、北京师范大学出版社2002年版，第64页。

④ 《驳斥一个反社会主义的科学纲领——郭沫若的发言》，《人民日报》1957年7月6日。

审查，但主要是针对敌对“坏分子”，审查考生本身的政治历史问题，不涉及家庭出身。例如，1955 年高等教育部、教育部、公安部、内务部作出的《关于对考生进行政治审查的规定》，明确不予录取的七类人是：被管制人员；目前依法被剥夺政治权利的分子；五方面反革命分子；被我机关、学校、部队、团体或工矿企业部门清洗或开除，现无确实证明有显著悔改表现者；政治历史复杂、很难弄清而有可疑材料者；品质恶劣或有反动言行，不堪教育改造者；直系亲属被我处死而本人坚持反动立场者。[①] 即使是开展整风“反右”运动期间，1957 年 7 月 28 日，中共中央发出的《关于高等学校录取新生政治审查问题的通知》，规定重点审查、不予录取的只是“（1）反革命分子和坏分子；（2）思想反动、坚持反动立场、反党反社会主义的分子；（3）品质作风极端恶劣（例如一贯偷窃、严重的流氓作风等）屡教不改的分子”[②]，仍然不涉及家庭出身，不殃及子女。也就是说，非工农阶级包括“剥削阶级”子女仍然可以正常上大学。因此，到 1957 年，全国工农成分大学生仅占 36.42%，其他阶级阶层成分大学生占 63.58%。[③]

从人民助学金的发放来看，对“剥削阶级”子女也是一视同仁的。1952 年 7 月 23 日，经政务院批准，教育部发布《关于调整全国各级各类学校教职员工工资及学生人民助学金的通知》，高等学校、初级专业学校、中等专业学校、工农速成中学等学校学生全部给予人民助学金，用以解决基本的伙食费及学习、生活费用；家庭困难者，还可再申请不同等级的补助。[④] 困难补助也没有排斥家庭出身不好的学生。“三反”“五反”运动中，一些贪污分子和不法工商户受到处理，造成他们的子女面临家庭经济困难而无力承担生活、学习费用。对此，教育部特意批示，对于其中“愿意继续学习，要求学校或政府给以帮助者，可酌情给予人

① 宋葆初：《新中国高校招生 50 年大事记》（三），《中国高校招生》2000 年第 5 期。

② 同上。

③ 杨学为编：《高考文献（1949—1976）》（上），高等教育出版社 2003 年版，第 332 页。

④ 参见中华人民共和国教育部办公厅编：《教育法令文献汇编（1949—1952）》，1958 年 6 月印，第 82—83 页。

民助学金”[①]。普通中学人民助学金的发放是有比例的，一般除甲等人民助学金优先照顾革命烈士、革命军人子女外，凡家庭经济困难的学生不论何种家庭出身均可申请，其等级根据经济困难程度而定。在一些农村中学，随着合作化的发展和贫农生活的改善，还出现了贫农子女享受助学金的比例逐年减少、地富子女享受助学金比例逐年增加的情况。例如，拿 1956 年和 1955 年比较，三河一中贫农子女享受助学金的比例减少了 39%，通县一中减少了 1.4%；而地富子女享受助学金比例，三河一中增加了 8.7%，通县一中增加了 31.8%。[②]

尽管如此，整风“反右”时期学校向工农开门的教育方针遭到一些人的指责。他们批评学校向工农开门是“宗派主义”，如此培养革命干部子女和工农学生“不公道”；[③]“过去在升学、升级、选拔研究生、留学生时，有片面强调政治条件的偏向”，呼吁“人民内部在培养机会上应一视同仁”。[④]

针对这种批评，中央有关领导人对工农群体仍然处于教育劣势的不平等状况进行分析，用数字回应他们的批驳。1957 年 6 月 26 日，周恩来在第一届全国人大第四次会议的《政府工作报告》中指出：“有人认为过去派遣出国的留学生中，革命干部的子女占多了。事实怎样呢？根据已有的统计材料，从 1952 年到 1956 年，我们派出留学生六千四百三十五人，其中革命干部的子女还不到百分之三点五。由此可知，那种能法是完全不符合事实的。”[⑤]之后，全国人民代表大会常务委员会副委员长、中国科学院院长郭沫若在就政府工作报告进行发言时，进一步就工农群体就学的实际情况进行了说明。他列举了一组数字，指出：“高等学校一九五六年九月在校学生中，工农成分只占 34.29%，同一期间在校的研究生中，工农成分只占 17.46%。中国科学院现在在学的研究

① 《中央人民政府教育部关于贪污分子或不法工商户的子女要求退学、休学或要求以人民助学金补助问题的处理意见》（1957 年 7 月 28 日），北京市档案馆馆藏档案。

② 《中华人民共和国教育部转发河北省三河一中和通县一中学生家庭成分及助学金使用情况调查报告》（1957 年 7 月 26 日），北京市档案馆馆藏档案。

③ 郭林：《不许动摇教育向工农开门的方针》，《人民教育》1957 年第 9 期。

④ 《驳斥一个反社会主义的科学纲领——郭沫若的发言》，《人民日报》1957 年 7 月 6 日。

⑤ 《建国以来重要文献选编》第 10 册，中央文献出版社 1994 年版，第 321—322 页。

生中，工农成分只占5.92%。据1952—1956年留苏预备班资料，留苏学生中工农成分只占30.1%。这些数字，告诉了我们：现在受国家培养的青年科学干部，工农成分只占少数，而资产阶级、地主家庭出身的青年，则仍然占多数。”他一针见血地指出，实际上工农教育劣势的不平等状况仍然没有完全改变。他说：“如果要‘一视同仁’，那倒真正是不平等了。先说工农学生吧。大家知道旧中国在反动统治之下，工农子女被剥夺了受教育，特别是受高等教育的权利。现在，反动统治已经推翻了，对于这个不合理的不平等的状况，难道我们不应该尽最大力量来加以改变吗？应当指出，在这一方面，我们一直到现在，都还没有完全消除旧社会留下来的不平等现象。”①

就教育机会平等而言，它不仅仅是指所有的人入学机会平等，而且包括“各族群接受学校教育的学生，在总学生数中所占的比例，应与各族群在同一年龄人口中所占的比例相等”②。从这一意义来衡量，确实如郭沫若所指出的，直到20世纪50年代中期，工农青年、工农子女入学机会尤其是高等学校入学机会仍然是比较少的，与其他群体相比是不平等的。究其原因，这与新中国成立初期整个国民经济基础比较薄弱、教育资源有限而又不均衡以及工农群体的经济条件等密不可分，这也决定了工农教育劣势的转变不可能在短时期内实现。

出于对这种教育状况的认识，为了进一步扭转工农教育劣势，1958年以后，学校向工农开门的方针发生变化，尤其是高等学校招生进一步向工农倾斜。

二、1958—1965年学校向工农开门政策的调整

1957年初，工农在学校教育中仍然处于劣势的情况引起了毛泽东等中央领导人的注意。例如，1957年3月18日，毛泽东说：“现在大学生有多少是工人农民出身的呢？全国的统计有百分之二十，一百个大学生

① 《驳斥一个反社会主义的科学纲领——郭沫若的发言》，《人民日报》1957年7月6日。

② 冯惠敏：《中国共产党教育公平思想研究》，武汉大学出版社2009年版，第5页。

里面只有二十个是工人农民出身的，百分之八十都是地主、富农、资本家的子女。中学生就不大清楚了，大概是四、六开，地主、富农、资本家出身的有百分之六十，工人农民出身的有百分之四十，或者是一半一半……什么年间大学生百分之百是工人农民出身，高中生百分之百是工人农民出身，至少要经过三个五年计划以后，至少还要过十一二年，这个情况才能起根本变化，也许时间还要长一些，再有两个五年计划还不够，也许还要三个五年计划。”[①] 同年 3 月 20 日，他再次指出：“现在的大学，约有百分之八十是地主、资本家、富农的儿女；中学据江苏省统计高中百分之六十是地主、富农、资本家的儿女；初中也有百分之四十是地主、富农、资本家的儿女；只有小学倒过来，大概地主、富农资本家的儿女占百分之二十、三十，工人、农民子弟有百分之七十、八十。这种情况，需要很长的时间，可能要一二十年，才能改变。”[②] 整风运动中一些知识分子对党的政策进行批评攻击，使毛泽东等中央领导人对知识分子的认识发生了很大变化，强调“造就无产阶级自己的知识分子队伍”[③]，提出“我们必须在十年之内建立一支强大的无产阶级知识队伍”的目标[④]。

在这种情况下，各级学校尤其是高等学校的大门进一步向工农倾斜。在 1958 年 4 月 15—24 日召开的教育工作会议上，教育部提出高校招生要贯彻阶级路线的政策，“高等学校录取新生，应根据政治、学业、健康三者并重的原则，择优录取。为了贯彻阶级路线，保证录取新生的政治质量，对于工农速成中学毕业生、工农干部、优秀的高中毕业生等，还应采取保送入学、优先录取等办法；各地、各校可以规定录取工农成分学生的比例”，与此同时，各地、各校还可以规定“限制录取剥削阶级家

---

① 毛泽东：《在山东省级机关党员干部会上的报告》（1957 年 3 月 18 日），载《毛泽东思想万岁（1949.10—1957.12）》，内部资料，1967 年 11 月印，第 200 页。

② 毛泽东：《在南京部队、江苏、安徽二省党员干部会议上的讲话》（1957 年 3 月 20 日），载《毛泽东思想万岁（1949.10—1957.12）》，内部资料，1967 年 11 月印，第 216 页。

③ 《毛泽东选集》第 5 卷，人民出版社 1977 年版，第 489 页。

④ 毛泽东：《中国共产党八届三中全会总结时的讲话》（1957 年 10 月 9 日），载《毛泽东思想万岁（1949.10—1957.12）》，内部资料，1967 年 11 月印，第 239 页。

庭出身的学生的比例"[①]。这样，学校向工农开门，有了对工农保送入学、优先录取，对"剥削阶级"子女入学进行限制等新内容。

第一，对于工农速成中学毕业生、工人、农民、工农干部和优秀高中毕业生升入高等院校，采取保送入学的办法。由于免试保送入学可以绕开统一考试这一严密筛选机制，能够有效地提高工农大学生的比例，1958 年 6 月 17 日，教育部发出《关于工农速成中学毕业生、工人、农民、工农干部和老干部以及优秀的高中毕业生保送入学的通知》，指出："为了使高等学校招生能够更好地贯彻阶级路线，保证新生的政治质量，对于工农速成中学毕业生、工农干部和参加革命工作时间较久的老干部、优秀的高中毕业生等，经审查认为符合条件的，在今年的招生工作中可以采取保送入学的办法。"[②] 其中，优秀高中毕业生的保送条件，工农家庭出身是第一位的。这一年实行保送入学的结果是高校中工农学生的比例从 1957 年的 36.3% 提高到 1958 年的 55.28%[③]，为新中国成立以来提高幅度最大的一年。其后，在 1959 年取消了对高中毕业生保送入学的规定，而对于工人、农民、工农干部和老干部继续实行免试保送入学的优惠。

第二，对于没有接受保送免试入学而参加招生考试的工农青年、工农干部升入高等院校予以照顾和优先录取。其一，在报考年龄方面对工农放宽限制。1958 年，教育部规定考生报考年龄一般为 30 周岁以下，而对工人、农民、工农干部、转业军人、复员军人及参加革命工作满 10 年在职干部的报考年龄则放宽至 35 周岁以下。其二，对工农青年及工农子女实行优先录取政策。1958 年教育部就高校招生工作指出：对于工人、农民、工农干部、工农速成中学毕业生、参加过体力劳动满 2 年的工农子女，以及参加革命工作满 10 年的在职干部，政治、健康条件合乎标准，学科考试成绩估计入学后能够跟班上课的，在录取一般考生以前，单独优先录取。[④]

此外，1960 年各地还采取了内招在职职工、干部和人民公社社员进

---

① 宋葆初：《新中国高校招生 50 年大事记》(四)，《中国高校招生》2000 年第 6 期。

② 杨学为编：《高考文献（1949—1976）》(上)，高等教育出版社 2003 年版，第 314—315 页。

③ 同上书，第 572 页。

④ 同上书，第 326—327 页。

入高等学校（包括全国重点学校）学习的办法，以便使高校工农成分学生比重迅速增长。这些内招人员毕业后，原则上都回原单位、原公社工作。据统计，1960 年，北京、上海、河北、湖北、河南、江苏、浙江、广东、四川、甘肃、辽宁 11 个省市内招职工、干部约 3 万人，加上其他地区，全国各高等学校的内招人员达 4 万人以上。[①]

第三，将家庭出身纳入政治审查标准，限制一些“剥削阶级”子女接受中高等教育的机会。1958 年《高等学校录取新生的政治审查标准》所列不予录取的有 11 类人，并且开始将家庭出身列为政治审查标准，规定“地主、富农和反动官吏等剥削阶级家庭出身，没有划清思想界限，表现落后”的考生[②]，不予录取。1961 年 2 月，教育部发出《关于保证中小学师资质量问题的两项通知》，规定各级师范学校招生，必须保证质量，特别是政治质量，严格政治审查，贯彻阶级路线，凡学生家庭属五类分子（即地主、富农、反革命分子、坏分子、右派分子——笔者注）的一般不予招收。[③]到 1964 年，随着社会主义教育运动的开展，中央对阶级斗争形势的估计越来越严重，在招生中政审的范围由高等学校进一步扩大到中等学校，要求“中学应该建立与健全学生的档案制度，调查清楚学生的家庭出身和直系亲属、主要社会关系的政治情况，深入考察学生本人的政治思想表现”[④]。

在实际招生工作中，由于“思想界限”等没有具体尺度可以考量把握，出现了对学生社会关系调查审查范围过宽，掌握政治审查标准偏严的情况，尤其是对待录取“剥削阶级”出身和家庭有政治历史问题的考生有很多顾虑，从而使一些“剥削阶级”子女接受高等教育的机会受到限制。1958—1965 年，高校招收的“剥削阶级”家庭出身学生的比重逐年下降，“1958 年剥削阶级家庭出身的新生，占新生总数的 16.9%，1965 年下降为 6.1%”[⑤]。

① 杨学为编：《高考文献（1949—1976）》（上），高等教育出版社 2003 年版，第 376 页。

② 同上书，第 325 页。

③ 中华人民共和国教育部办公厅编：《教育法令文献汇编》（1961），1962 年 9 月印，第 52 页。

④ 杨学为编：《高考文献（1949—1976）》（上），高等教育出版社 2003 年版，第 498 页。

⑤ 同上书，第 572 页。

三、学校向工农开门与新中国教育平等

学校向工农开门，体现了新中国成立后中国共产党为改变工农教育劣势、实现教育权利平等和教育机会平等而努力的价值追求。

美国当代哲学家罗尔斯探讨社会正义问题的著作《正义论》阐述了两条正义原则，第一条原则：每个人对所有人所拥有的最广泛平等的基本自由体系相容的类似自由体系都应有一种平等的权利（平等自由原则）。第二条原则：社会的和经济的不平等应这样安排，使它们：（1）在与正义的储存原则一致的情况下，适合于最少受惠者的最大利益（差别原则）;（2）依系于在机会公平平等的条件下职务和地位向所有人开放（机会的公正平等原则）。[①]

在新中国成立初期占全国人口80%的工农大众基本被排除在学校之外的情况下，中国共产党为保障工农子女接受教育的机会，提高工农群众的文化水平并且逐渐形成无产阶级知识分子队伍，自1949年开始实行学校向工农开门，采取各种措施优先照顾工农子女入学，符合地位最不利群体的最大利益；在优先工农子女入学的同时，又不排斥其他阶层子女入学。这一方针符合正义论的两条正义原则，无可厚非。尤其是1949—1957年，无论是学校招生还是人民助学金的发放，在优先照顾工农子女的同时，对其他阶级阶层子女一视同仁，较好地执行了正义的平等原则、差别原则和公正原则。也就是说，这种向工农倾斜的貌似不平等的政策方针，正是为了扭转工农的教育劣势，达到实现教育平等的目标。

1958年以后，中央曾三令五申学校招生应主要看本人表现，不搞唯成分论，不排斥表现好、成绩合格的“剥削阶级”子女入学。例如，1958年9月19日，中共中央和国务院下发《关于教育工作的指示》指出：“应该大力发展中等教育和高等教育，争取在十五年左右的时间内，

---

① ［美］约翰·罗尔斯：《正义论》，何怀宏、何包钢、廖申白译，中国社会科学出版社1988年版、2015年重印，第7—8页。

基本上做到使全国青年和成年人，凡是有条件和自愿的，都可以受到高等教育。”[①] 这里并没有把非工农家庭出身的青年放在高等教育范围之外。1961 年 8 月 17 日，中共中央批准教育部党组《关于资产阶级子女升学问题的报告》，要求高等学校招生不要歧视资产阶级子女，要根据“家庭社会关系看本人”的精神，着重看本人的表现，如果资产阶级子女的政治、健康条件合格，学业成绩达到了规定的标准，就应当和其他考生一样考虑录取。“不要因为他们是资产阶级子女，就对他们有所歧视而不予录取。”[②]1965 年 7 月 14 日，中共中央转发《教育部党组关于全国农村半农半读教育会议的报告》，再次指出：“正确贯彻阶级路线，团结一切可以团结的力量。半农半读学校，首先应该千方百计地使贫下中农子女入学……对地富子女，也应当允许他们入学，通过半农半读可以更好地教育改造他们……目前，有的地方，不许地富子女入学……是不符合党的政策的，应当注意纠正和防止。”[③]

直到“文化大革命”之前，中高等学校仍然采取以学业成绩作为选拔标准的学校统一考试招生办法。尤其是 1961 年中央确立“调整、巩固、充实、提高”的八字方针后，教育领域进行了调整工作，其直接结果就是高校招生更强调学生成绩，工农青年只有当其分数达到标准才能给予优先。例如，1962 年高等学校招考新生规定，要“切实保证新生质量，应该按统一规定的标准，择优录取”，“录取新生的办法，应该按照考试成绩的高低和考生报考志愿的顺序，从高分到低分，分段进行录取”。[④] 由于对招生质量的强调，高校中工农成分的学生增长开始减缓。1961 年、1962 年、1963 年高校工农成分学生比例分别为 58.1%、58.3%、59%。[⑤]

然而，很多地方在执行阶级路线政策时，无论学校招生还是人民助

---

① 中华人民共和国教育部办公厅编：《教育法令文献汇编》（1958），1959 年 5 月印，第 9 页。

② 杨学为编：《高考文献（1949—1976）》（上），高等教育出版社 2003 年版，第 400 页。

③ 《建国以来重要文献选编》第 20 册，中央文献出版社 1998 年版，第 317 页。

④ 《教育部关于今年高等学校招考新生规定》，《人民日报》1962 年 6 月 18 日。

⑤ 中华人民共和国教育部编：《三十年全国教育统计资料（1949—1978）》，1979 年印，第 27 页。

学金发放，都出现了限制“剥削阶级”子女教育权利和机会的做法。如前所述，1958年以后高等学校招生存在政治审查标准偏严，将一些“剥削阶级”子女关在学校门外的情况。1959年以后，中央强调“人民助学金的使用，应该首先解决县联社或人民公社在供给上确有困难及家庭贫苦的工农子女入学问题”[①]，尽管没有对“剥削阶级”子女申请助学金作出说明，但是不少地方在实际工作中对“剥削阶级”子女申请助学金进行了控制。例如，1959年北京市顺义区教育局规定，“地富子女，家庭生活确有困难者，可酌情给以适当补助，但要加以严格控制”；东城区教育局“在助学金掌握上贯彻了党的阶级路线。助学金首先解决工农子女入学困难，使他们能够安心学习。对学生家长是地主、富农、反革命的做了严格的审查，对其中不愿意参加劳动，单纯依赖政府补助的进行了控制”。[②]这无形中在一定程度上损害了教育机会的公正平等原则。

[原载《安徽史学》2016年第3期，收入本书时略有修改]

① 《北京市教育局关于人民助学金调整的情况和意见》(1959年8月10日)，北京市档案馆馆藏档案《关于调整人民助学金比例的通知卷(1959.1.1—12.31)》。

② 《北京市顺义区教育局关于中等学校人民助学金使用的通知》(1959年9月)，《北京市东城区关于59—60学年度中学助学金评审工作的情况》(1959年11月13日)，北京市档案馆馆藏档案《关于调整人民助学金比例的通知卷(1959.1.1—12.31)》。

改革开放40年中国共产党推进教育公平的实践和经验

教育公平，是教育现代化的基本要求，体现着社会主义的内在价值追求。推进教育公平是一个循序渐进的历史过程。中国共产党自新中国成立后为实现教育公平进行了不懈努力。改革开放以来，中国共产党在教育改革发展过程中采取了诸多举措，大力推进教育公平。2001年，中国共产党明确把“坚持社会主义教育的公平与公正性原则”作为教育事业改革与发展的基本原则之一。之后，促进教育公平成为国家基本教育政策和中国特色社会主义教育的显著特征。2016年，新修订的《中华人民共和国教育法》明确规定，国家应采取措施“促进教育公平”。教育公平在40年改革开放进程中呈现出整体不断向更高水平发展的基本趋势。

一、教育改革中教育公平状况的改善（1977—1991年）

1977年高考和考试制度的恢复，拉开了改革开放新时期中国共产党推进教育公平的序幕。

第一，恢复高考和考试制度。“文化大革命”结束后，教育领域的首要变革是高考制度的恢复。1977年8月4日至8日，邓小平主持召开科学与教育工作座谈会，明确表示：“今年就要下决心恢复从高中毕业生中直接招考学生，不要再搞群众推荐。”[①]8月13日至9月25日，教育部召开全国高等学校招生工作会议，决定废除推荐，恢复考试，以统一考试、择优录取的方式选拔人才。10月12日，国务院批转教育部《关于一九七七年高等学校招生工作的意见》，提出高等学校招生“根据德、智、体全面衡量，择优录取的原则，实行自愿报名，统一考试，地市初选，学校录取，省、市、自治区批准的办法”，同时要求中等专业学校招生办法参照该文件精神。[②]12月，高考大门重新开启。

与此同时，对学生的政治审查逐步简化。1977年9月19日，邓小平提出：“政审，主要看本人的政治表现。政治历史清楚，热爱社会主义，热爱劳动，遵守纪律，决心为革命学习，有这几条，就可以了。总之，招生主要抓两条：第一是本人表现好，第二是择优录取。”[③]1983年，教育部发布《一九八三年全日制高等学校招考新生的规定》，取消“政治审查”的提法，也不再单独下发关于政审的文件，改为“政治思想品德考查”，主要看考生本人的政治态度、思想觉悟和道德品质。[④]这就解除了家庭出身对受教育机会的限制，扩大了教育受众范围。

第二，实行九年义务教育。义务教育覆盖面最广，是推进教育公平的重点。改革开放初期，由于教育资源有限，相当一部分农村地区小学教育尚未普及。为了让每个孩子都能有学上，1985年5月27日，中共中央作出《关于教育体制改革的决定》，提出“把发展基础教育的责任交给地方，有步骤地实行九年制义务教育”[⑤]。1986年7月1日施行的《中华人民共和国义务教育法》规定，“国家实行九年制义务教育”，“城市和农村建设发展规划必须包括相应的义务教育设施”，“国家对接受义务教育的学生免收学费”。[⑥]这就从法律上明确了政府有义务为适龄儿童提供免费的基础教育，体现了政府为人民提供合格教育的责任。

---

① 《邓小平文选》第2卷，人民出版社1994年版，第55页。

② 参见杨学为编：《高考文献（1977—1999）》，高等教育出版社2003年版，第71、73页。

③ 《邓小平文选》第2卷，人民出版社1994年版，第69页。

④ 参见杨学为编：《高考文献（1977—1999）》，高等教育出版社2003年版，第174页。

⑤ 《中共中央关于教育体制改革的决定》，《中华人民共和国国务院公报》1985年第15期。

⑥ 《十一届三中全会以来教育文献选编》，教育科学出版社1992年版，第236页。

第三，资助贫困学生完成学业。推进教育公平，要重点保障家庭经济困难的孩子能上学、不失学。在学校设立人民助学金，资助贫困群体完成学业，是新中国的一贯政策。随着教育改革的推进，人民助学金制度也不断发生变化。

1983年7月11日，教育部和财政部联合发出关于颁布《普通高等学校本、专科学生人民助学金暂行办法》和《普通高等学校本、专科学生人民奖学金试行办法》的通知，提出从1983年秋季入学的新生开始实行人民助学金、人民奖学金并存的办法，并过渡到以人民奖学金为主，辅之以人民助学金。1987年7月，国家教委决定自1987年起，在全国本科高等学校新生中全面实行奖学金和学生贷款制度，由国家向家庭经济确有困难、无力解决在校学习期间生活费用的学生提供无息贷款，每人每年最多不得超过300元；少数学生在获得奖学金后，生活仍有困难的可以申请贷款，但申请的贷款和获得的奖学金两项之和全年应控制在350元以内。[①]在20世纪80年代大中专院校实行免费就读的情况下，奖学金和学生贷款制度的推行，使贫困家庭子女上大学的生活费用问题得到基本解决。

第四，发展职业技术教育、特殊教育、成人教育，全方位保障教育公平。根据学生不同特点和个性差异，提供适合个人特点的教育机会，是教育公平的重要目标，也是现代教育发展的趋势。改革开放后，中国共产党对此从不同方面进行了探索。

加强职业技术教育，实行教育分流，构建普通教育和职业技术教育并重的教育体系，是其中一项重要内容。改革开放之初，职业技术教育发展比较缓慢，是教育领域最薄弱的一个环节。有鉴于此，1985年5月，中共中央提出，要“调整中等教育结构，大力发展职业技术教育”[②]。1991年10月17日，国务院作出大力发展职业教育的决定，要求“在九十年代要逐步做到：使大多数新增劳动力基本上能够受到适应从业岗位需要的最基本的职业技术训练，在一些专业性技术性要求较高的劳动岗位，

---

① 参见《国家教育委员会、财政部关于重新印发〈普通高等学校本、专科学生实行奖学金制度的办法〉和〈普通高等学校本、专科学生实行贷款制度的办法〉的通知》，《中华人民共和国国务院公报》1987年第21期。

② 《中共中央关于教育体制改革的决定》，《中华人民共和国国务院公报》1985年第15期。

就业者能较普遍地受到系统的严格的职业技术教育；初步建立起有中国特色的，从初级到高级、行业配套、结构合理、形式多样，又能与其他教育相互沟通、协调发展的职业技术教育体系的基本框架"①。此后，职业技术教育迅速发展，为不能通过普通教育升学的学生提供技能教育机会，使其能以一技之长在社会上立足。

特殊教育是促进残疾人全面发展、帮助残疾人更好融入社会的基本途径，残疾人受教育程度是推进教育公平的重要标志。为保障残疾人享有平等的教育权利，1989年5月4日，国家教委等八部门联合发出《关于发展特殊教育的若干意见》，要求把残疾少年儿童教育切实纳入普及义务教育的工作轨道，规定发展特殊教育事业的基本方针是"着重抓好初等教育和职业技术教育，积极开展学前教育，逐步发展中等教育和高等教育"②。中央财政自1989年设立特殊教育专款，推动特殊教育的发展。1989年至1991年，各类特殊教育学校每年增长20%，普通学校附设特殊教育班每年增长1倍，在特殊教育学校（班）学习的盲、聋、弱智学生每年增长30%。接受高等教育的残疾人越来越多，1990年至1991年仅参加高等自学考试取得大专文凭的残疾人就达4700名。③

认同并支持全体社会成员的学习需求是教育公平的重要内容。1978年2月，邓小平批准创办面向全国的广播电视大学，揭开了中国成人教育发展的新篇章，此后逐步建立起比较完善的成人高等教育制度、高等教育自学考试制度以及中央到地方全覆盖的卫星广播电视教学网络，基本保障了成年人再次接受教育的机会。

二、教育规模化发展中教育公平原则的提出（1992—2002年）

1992年6月16日，中共中央、国务院发布《关于加快发展第三产业

---

①《国务院关于大力发展职业技术教育的决定》，《中华人民共和国国务院公报》1991年第36期。

②《国务院办公厅转发国家教委等部门关于发展特殊教育若干意见的通知》，《中华人民共和国国务院公报》1989年第13期。

③《中国的人权状况》（八、九、十部分），《人民日报》1991年11月5日。

的决定》，明确将教育事业纳入“对国民经济发展具有全局性、先导性影响的基础行业”予以重点发展[①]。此后，教育体制改革迅速推进，有效地扩大了教育规模。教育规模的扩大有效增加了各级各类教育机会。义务教育方面，1992年10月，党的十四大提出“到本世纪末，基本扫除青壮年文盲，基本普及九年义务教育”的目标。截至2000年底，全国通过这“两基”目标验收标准的县（市、区）达2541个，地区人口覆盖率达到85%以上。[②]职业教育方面，截至2000年，全国有职业初中1200所，在校生近90万人；有中等职校2万余所，在校生1300多万人；有独立设置的高等职业技术学院184所，在校生36万多人，一些普通高校也建立了职业技术学院，初步形成具有中国特色的初、中、高相衔接，又与普通教育、成人教育相互沟通的职业教育体系。[③]高等教育方面，高校招生规模较小的局面得到很大改观，尤其是1999年高校扩招使当年毛入学率达到10.5%，2002年达到15%。高等教育开始迈入大众化发展时代，人民群众享受高等教育的机会明显增加。

教育规模的扩大带来了教育总量的快速增长，同时也带来了一些问题。比如，城乡之间、区域之间、学校之间因发展水平和拥有资源的不平衡开始出现不同程度的教育差距，由此给教育公平造成了一定的负面影响。一是城乡差距直接影响农村学生的教育机会。20世纪80年代中期，我国建立的基础教育由地方负责、分级管理的体制，客观上使城乡、区域之间因经济发展不平衡而导致的义务教育经费差距日渐显现。例如，1999年，北京市初中生的人均经费为3737.25元，农村初中生为2445.17元，而贵州农村初中生的人均经费仅为416.68元。[④]农村义务教育经费不足影响了农村中小学办学质量，导致城乡学生的高中升学率存在较大差距。1999年，全国城市高中招生1519240人，同期农村高中招生551471

---

① 《中共中央国务院关于加快发展第三产业的决定》,《中华人民共和国国务院公报》1992年第18期。

② 温红彦、王淑军:《“两基”：从蓝图到现实》,《人民日报》2001年4月7日。

③ 王淑军:《职业教育五年输送两千万毕业生》,《人民日报》2001年9月5日。

④ 《中国教育经费统计年鉴》(2000年)，中国统计出版社2001年版，第374、376页。

人。[①]普通高中入学的城乡差距也造成享受高等教育机会的不均。1999年底，一份关于北京多所高校2000余名学生的抽样调查报告显示，在这些学生中，仅有17.7%来自农村。也就是说，城乡大学生的比例分别是82.3%和17.7%。[②]二是高等教育资源的区域差距导致高等教育入学机会分配不均衡。1994年，全国共有高校1054所，其中，最多为江苏67所，其次为北京65所，最少为西藏4所，海南5所，宁夏、青海共7所。[③]高校资源比较集中的省市分配到的招生指标多，当地学生接受高等教育的机会自然较多，相比之下，西藏、贵州、云南、青海等西部地区省份高等教育入学率均低于全国平均水平。三是校际差距损害义务教育的公平性。改革开放初期集中优势教育资源向部分学校重点投入的发展战略使义务教育阶段重点学校与一般学校在教学质量、升学水平上开始出现差距；20世纪90年代以国家财政拨款为主、辅之以社会捐资集资等多种渠道筹措教育经费的办学体制改革又加大了这种校际差距，因为重点学校吸引的资金经费远远超出一般学校，二者之间的办学差距直接导致学生所接受教育质量的不同和发展机会上的不平等。

针对在推进教育公平过程中出现的这些问题，党和政府采取多种措施进行解决，尤其注重加大对教育薄弱地区、弱势群体的政策倾斜力度。一是加大对农村贫困地区义务教育的支持。普及义务教育的难点在于农村贫困地区。从1995年开始，国家教委、财政部联合组织实施“国家贫困地区义务教育工程”，第一期工程中央财政投入39亿元，地方财政配套87亿元，共计126亿元，极大地改善了贫困地区义务教育办学条件。二是努力消除校际差距。国家教委明确义务教育阶段不设重点校、重点班、快慢班，要求坚持义务教育“免收学费”“就近入学”“平等受教育”的原则，不得人为地加大校际间在办学条件、生源上的差距，公办学校

---

① 《各地区普通中学分城乡招生数和毕业生数》（1999年），载国家统计局编：《中国统计年鉴》（2000年），中国统计出版社2000年版，第667页。

② 孙立平：《失衡：断裂社会的运作逻辑》，社会科学文献出版社2004年版，第96页。

③ 《中国教育事业统计年鉴》（1995年），人民教育出版社1996年版，第16页。

不得变相招收择校生。[①] 三是加大对贫困学生的资助，关心解决农民工随迁子女教育问题。义务教育作为全民教育，不应遗忘每一个适龄的孩子。1997 年 11 月，国家教委、财政部决定设立“国家贫困地区义务教育助学金”，每年使 60 余万名因家庭贫困面临失学和辍学的儿童得到资助。为了解决农民工随迁子女的上学难问题，1996 年 4 月 2 日，国家教委印发《城镇流动人口中适龄儿童、少年就学办法（试行）》，规定了流入地政府对农民工子女接受义务教育的责任和以全日制中小学为主解决农民工子女入学问题的办法，保障这些少年儿童教育平等权利的实现。此外，针对从 1993 年开始实行高校收费制度使学校中出现一些经济困难大学生的现象，1994 年中央财政拨款 1.1 亿多元，1995 年拨款 2.1 亿多元，资助困难大学生完成学业；对师范、农林等专业实行免费制度，并设立专业奖学金。高校积极向社会筹集资助困难学生的专项资金，设立“勤工助学基金”为困难学生提供勤工助学岗位，初步形成由奖学金、学生贷款、勤工助学基金、困难补助和学杂费减免构成的高校困难学生资助体系。2001 年颁布的《全国教育事业第十个五年计划》，首次将“坚持社会主义教育的公平与公正性原则”作为教育事业改革与发展的基本原则之一，把促进教育公平推进到一个新的阶段。

三、促进教育公平成为国家基本教育政策（2003—2011 年）

党的十六大以来，促进教育公平的实践进一步推进。2006 年 10 月，党的十六届六中全会通过的《中共中央关于构建社会主义和谐社会若干重大问题的决定》，提出了“坚持教育优先发展，促进教育公平”的方针。2007 年 10 月党的十七大报告指出，“教育公平是社会公平的重要基础”。2010 年 7 月颁布的《国家中长期教育改革和发展规划纲要（2010—2020 年）》首次明确，“把促进公平作为国家基本教育政策”。这一系列举措表明，大力促进教育公平已经成为教育事业改革和发展的重要议题。

---

① 《关于规范当前义务教育阶段办学行为的若干原则意见》，《中华人民共和国国务院公报》1997 年第 3 期。

第一，推进义务教育均衡发展，努力缩小义务教育发展中的差距。在2000年绝大部分地区基本实现普及九年义务教育的基础上，2005年5月25日，教育部发布了关于推进义务教育均衡发展的意见，强调："把义务教育工作重心进一步落实到办好每一所学校和关注每一个孩子健康成长上来，有效遏制城乡之间、地区之间和学校之间教育差距扩大的势头，积极改善农村学校和城镇薄弱学校的办学条件，逐步实现义务教育的均衡发展。"①

义务教育均衡发展，关键在于西部地区。2003年，西部地区372个县以及新疆生产建设兵团的38个团场仍然没有实现"两基"目标。2004年,《国家西部地区"两基"攻坚计划（2004—2007年）》正式启动，之后的4年间，410个攻坚县（团场）中有368个实现"两基"目标，其他42个达到"普六"标准，西部地区"两基"人口覆盖率达到98%。中央财政投入100亿元实施农村寄宿制学校建设工程，新建、改扩建7651所寄宿制学校，满足195.3万名新增学生的就学需求和207.3万名新增寄宿生的寄宿需求，实现了学生"进得来"；从2006年起国家对西部地区农村义务教育学生全部免除学杂费，2007年秋季起全部免费提供国家课程教科书，近50%的寄宿生享受了家庭经济困难寄宿生生活补助（即"两免一补"），实现了学生"留得住"；中央和地方财政投入110亿元实施农村中小学现代远程教育工程，覆盖36万所农村中小学，1亿多中小学生共享优质教育资源；实施农村义务教育阶段学校教师特设岗位计划、城镇教师支援农村教育计划和农村教师远程培训计划等，促进西部地区农村教师整体素质逐步提高。

义务教育均衡发展，必须缩小城乡差距。2003年9月，国务院强调，"发展农村教育，使广大农民群众及其子女享有接受良好教育的机会，是实现教育公平和体现社会公正的一个重要方面，是社会主义教育的本质要求"②，因此，应当将教育公平建设重点转向农村。2004年起，中央财政按照新增教育经费主要用于农村的要求，加大对农村义务教育的投入。

---

① 《教育部关于进一步推进义务教育均衡发展的若干意见》,《中华人民共和国教育部公报》2005年第Z2期。

② 《国务院关于进一步加强农村教育工作的决定》,《教育部政报》2003年第10期。

2007 年，“两免一补”的农村义务教育经费保障机制在全国农村推开，全部免除农村义务教育阶段学生学杂费，向全部农村义务教育阶段学生免费提供教科书，补助家庭经济困难寄宿生生活费，惠及 1.5 亿农村学生，农村地区适龄少年儿童“上学难、上学贵”的问题得到基本解决。

加快城镇薄弱学校改造，切实缩小校际差距，也是义务教育均衡发展的题中之义。自 2005 年起，教育部开始实施义务教育阶段薄弱学校改造工程。2006 年修订施行的《中华人民共和国义务教育法》规定，要合理配置教育资源，促进义务教育均衡发展，加强对薄弱学校的建设，缩小学校之间办学条件的差距，不得将学校分为重点学校和非重点学校等。各地纷纷探索切实缩小校际差距的办法。例如，2006 年，安徽省率先制定了实现义务教育均衡时间表，实行义务教育阶段公办学校免试就近入学、义务教育阶段公办学校不得举办或变相举办重点学校、同一市县同类教师工资待遇基本相同等措施，力争实现同一个城区、同一个县城乃至同一个经济区中小学教育相对均衡。

第二，建立困难学生资助政策体系，保障弱势群体子女平等接受教育。针对经济困难学生资助政策体系还不够完善、资助面偏窄、资助标准偏低等问题，新世纪、新阶段国家出台一系列关于建立困难学生资助的政策。例如，2007 年 5 月 13 日，国务院发布《关于建立健全普通本科高校、高等职业学校和中等职业学校家庭经济困难学生资助政策体系的意见》，对家庭经济困难学生采取奖、贷、助、补、减等多种方式进行资助，使他们能够上得起大学或接受职业教育。2010 年 9 月 26 日，财政部、教育部印发《关于建立普通高中家庭经济困难学生国家资助制度的意见》，提出建立以政府为主导、国家助学金为主体、学校减免学费等为补充、社会力量积极参与的普通高中家庭经济困难学生资助政策体系。2011 年 9 月 5 日，财政部、教育部发出《关于建立学前教育资助制度的意见》，要求各地从 2011 年秋季学期起建立学前教育资助政策体系，资助家庭经济困难儿童、孤儿和残疾儿童入园。至此，覆盖高校、高中、义务教育和学前教育四个教育阶段以及普通教育和职业教育两大教育类型的学生资助政策体系初步建立，从制度上为因家庭经济困难而失学的孩子提供了坚实保障。据统计，仅 2010 年，国家资助困难学生 1.8 亿人，资助经费达到510亿元。[①]

对于农民工随迁子女接受义务教育问题，国家提出了“一视同仁”的原则。2003年1月5日，国务院办公厅在《关于做好农民进城务工就业管理和服务工作的通知》中指出：“流入地政府应采取多种形式，接收农民工子女在当地的全日制公办中小学入学，在入学条件等方面与当地学生一视同仁，不得违反国家规定乱收费，对家庭经济困难的学生要酌情减免费用。”[②] 此后，农民工随迁子女在公办学校的就学率逐年上升，到2011年，全国79.2%的农民工随迁子女进入公办学校就读。[③]

第三，对中西部采取特殊扶持政策，努力缩小教育区域差距。2004年，我国高等教育毛入学率为19%，东部地区上海、北京分别达到55%、53%，而西部地区云南、贵州、甘肃等都没有超过15%。[④] 为了缩小这种差距，党和政府加大西部高等教育建设力度。从2001年起实施“对口支援西部地区高等学校计划”，由北京大学、清华大学等13所名校对口支援西部12个省区市和新疆生产建设兵团各一所高校，到2009年支援高校发展到64所，受援高校增加到38所，涵盖西藏地区所有高校和新疆地区的所有本科院校。2012年，西部地区已经拥有“211工程”高校25所、国家重点学科264个。2008年启动的“支援中西部地区招生协作计划”，由高教资源丰富、办学条件较好的东部11个省份，面向高教资源缺乏的5个中西部省份招生3.5万人，扩大中西部地区高考录取率。该计划规模逐年扩大，2011年东部15个支援省市面向中西部8省区招生15万名，为中西部学生提供了更多、更好的高等教育机会。此外，2008年至2010年，国家启动中西部地区特殊教育学校建设工程，共安排47亿元，用于新建、改造特殊教育学校，基本实现市（地）和30万人口以上、残疾儿童少年较多的县（市）都有一所特殊教育学校的目标，残疾

① 《从有学上到上好学——怎么实现教育公平》，《人民日报》2011年8月22日。

② 《国务院办公厅关于做好农民进城务工就业管理和服务工作的通知》，《中华人民共和国国务院公报》2003年第5期。

③ 《把脉“择校热”，建言“上好学”——民盟中央调研组就“教育公平”赴鄂调研》，《光明日报》2012年7月5日。

④ 韩晓蓉：《上海高等教育毛入学率55%继续居全国之冠》，《东方早报》2005年2月21日。

学生的学习需求基本得到满足。

在中国共产党的领导下，这一时期我国的教育公平事业取得了巨大成就，但还不完全适应国家经济社会发展和人民群众接受良好教育的需求，还存在一些问题需要在进一步的发展中予以解决。比如，有学上的问题基本解决，但上好学的问题依然突出，人民群众不断增长的多样化教育需求还不能得到很好满足；中小学生课业负担过重，素质教育推进困难；教育结构和布局不尽合理，城乡、区域教育发展不平衡；教育投入不足，教育优先发展的战略地位尚未完全落实；等等。

四、党的十八大以来教育公平取得新的重要进展

“教育是民族振兴、社会进步的重要基石”，“对提高人民综合素质、促进人的全面发展、增强中华民族创新创造活力、实现中华民族伟大复兴具有决定性意义”。①党的十八大以来，以习近平同志为核心的党中央坚持科教兴国战略和人才强国战略，坚持把教育放在优先发展的战略位置，大力推动教育改革，高度重视教育公平，明确提出：“教育公平是社会公平的重要基础，要不断促进教育发展成果更多更公平惠及全体人民，以教育公平促进社会公平正义。”②

推进教育公平，必须加大政策扶持特别是资金投入力度，以习近平同志为核心的党中央始终坚持把教育作为财政支出重点领域予以优先保障。2012 年至 2016 年，国家财政性教育经费累计投入 13.5 万亿元，超过 1952 年至 2011 年 60 年累计投入之和。2017 年，国务院印发的《国家教育事业发展“十三五”规划》进一步提出“一个不低于、两个只增不减”要求，即保证国家财政性教育经费支出占 GDP 的比例一般不低于 4%，确保财政一般公共预算教育支出逐年只增不减，确保按在校学生人数平均的一般公共预算教育支出逐年只增不减。这充分体现了中国共产

① 《习近平在全国教育大会上强调坚持中国特色社会主义教育发展道路培养德智体美劳全面发展的社会主义建设者和接班人》，《人民日报》2018 年 9 月 11 日。

② 《全面贯彻落实党的教育方针努力把我国基础教育越办越好》，《人民日报》2016 年 9 月 10 日。

党坚定实施教育优先发展、促进教育公平的决心。

值得指出的是，党的十八大以来，中国共产党推进教育公平的努力始终贯穿着一条公平与质量相伴的主线，即公平教育不仅要覆盖全民，让人人有学上，还要推进优质教育资源共享，让人人上好学。这一点，从这些年政府工作报告中可见一斑。比如，2013年政府工作报告提出，“提高各级各类教育质量，进一步促进教育公平”；2014年强调，“促进教育事业优先发展、公平发展”，“扩大优质教育资源覆盖面”；[①]2015年要求，“促进教育公平发展和质量提升”[②]；2016年明确，“发展更高质量更加公平的教育”；2017年再次强调，“办好公平优质教育”“扩大优质教育资源覆盖面”[③]。党的十八大以来，教育公平取得的重要进展主要体现在以下几个方面。

第一，义务教育从“巩固基本均衡发展”走向“实现优质均衡发展”。为了让所有适龄儿童少年都上好学，必须加快缩小县域内城乡教育差距。2016年5月20日，中央全面深化改革领导小组第二十四次会议指出，统筹推进县域内城乡义务教育一体化发展，对缩小城乡教育差距、促进教育公平具有重要意义。2016年7月11日，国务院印发《关于统筹推进县域内城乡义务教育一体化改革发展的若干意见》，要求各地加快推进县域内城乡义务教育学校建设标准统一、教师编制标准统一、生均公用经费基准定额统一、基本装备配置标准统一和“两免一补”政策城乡全覆盖。随后，义务教育公办学校标准化建设、校长教师交流轮岗等举措相继出台，加上2014年起大力推行的义务教育免试就近入学，优质教育资源共享得到大力推进。截至2016年底，全国已有1824个县（市、区）通过义务教育基本均衡发展督导评估国家认定，占全国总数的62.4%；其中，东部地区740个，中部地区556个，西部地区528个。[④]而且这次评估认定突出“更加均衡、更有质量”，推动义务教育向高水平、高质量

① 《十八大以来重要文献选编》（上），中央文献出版社2014年版，第189、848页。

② 《十八大以来重要文献选编》（中），中央文献出版社2016年版，第390页。

③ 《十八大以来重要文献选编》（下），中央文献出版社2018年版，第278、642页。

④ 国务院教育督导委员会办公室：《2016年全国义务教育均衡发展督导评估工作报告》（摘编），《人民日报》2017年2月27日。

方向发展。

第二，优化教育资源配置结构，缩小教育区域差距取得新进展。党的十八大以来，以习近平同志为核心的党中央特别强调加快推进中西部教育发展，要求“优化教育资源配置，逐步缩小区域、城乡、校际差距，特别是要加大对革命老区、民族地区、边远地区、贫困地区基础教育的投入力度，保障贫困地区办学经费，健全家庭困难学生资助体系”[①]。2016年5月11日，国务院办公厅印发《关于加快中西部教育发展的指导意见》，对中西部义务教育、职业教育、高中教育、高等教育、学前教育、民族教育、残疾人教育等的发展作出顶层设计，并将“坚持教育的公益性和普惠性，着力从中西部最困难的地方和最薄弱的环节做起，把提升最贫困地区教育供给能力、提高最困难人群受教育水平作为优先任务，促进基本公共服务均等化，保障每个孩子受教育的权利”[②]，对兜住底线的基本原则予以强调，大力促进中西部教育的公平发展。其一，国家明确将中西部和贫困地区教育作为政策和资金投入重点。2018年，中央财政教育转移支付增加到3067亿元，80%用于中西部农村和贫困地区。[③]为提升中西部高等教育水平，2013年起国家制定实施《中西部高等教育振兴计划（2012—2020年）》，推出中西部高校基础能力建设工程、中西部高校综合能力提升工程、中西部教师教育创新计划、千名中西部大学校长海外研修计划等措施，促进优质资源共享，扩大中西部学生入学机会。其二，把教师队伍建设作为解决中西部和贫困地区基础教育短板的重要抓手。2013年中央1号文件要求，“设立专项资金，对在连片特困地区乡、村学校和教学点工作的教师给予生活补助”[④]；2015年国务院办公厅印发《乡村教师支持计划（2015—2020年）》，强调要全面提高乡村教师待遇，使长期以来农村学校教师“下不去、留不住、干不好”的矛盾得

---

① 《全面贯彻落实党的教育方针努力把我国基础教育越办越好》，《人民日报》2016年9月10日。

② 《国务院办公厅关于加快中西部教育发展的指导意见》，《中华人民共和国国务院公报》2016年第18期。

③ 《从“有学上”到“上好学”——党的十八大以来全国教育系统推进义务教育均衡发展纪实》，《光明日报》2018年9月8日。

④ 《十八大以来重要文献选编》（上），中央文献出版社2014年版，第105页。

到缓解，教师为本的教育条件公平大为改善。

此外，注重提高贫困地区义务教育的硬件设施水平和教育信息化建设。2014年，国家启动以中西部农村贫困地区为主的义务教育“全面改薄”[①]工程，推动中西部义务教育薄弱学校整体功能提升，全国832个贫困县的10.3万所义务教育学校办学条件达到“底线要求”，占94.7%。[②]为了“让亿万孩子同在蓝天下共享优质教育、通过知识改变命运”，习近平明确指出，要把推进教育信息化作为向贫困地区扩大优质教育资源覆盖面、大力促进教育公平的手段。[③]党的十八大以来，国家教育信息化建设快速推进，完成了“教学点数字教育资源全覆盖”项目，全国中小学互联网接入率从25%上升到94%，多媒体教室比例从不到40%增加到87%。[④]

第三，保障贫困地区学生和困难群体享受到同等优质教育资源。党的十八大报告明确提出，要“积极推动农民工子女平等接受教育”，这比党的十七大报告所提出的“保障进城务工人员子女平等接受义务教育”少了“义务”二字，意味着从学前教育到高中阶段乃至高等教育阶段的大门都要向农民工子女平等敞开。党的十八大以来，在公办学校就读的农民工随迁子女比例稳定在80%左右，30个省（区、市）实现符合条件的随迁子女在流入地参加高考，2017年共有15万名符合条件的随迁子女在流入地报名参加高考，是五年前的36.5倍；从2017年起，随迁子女100%纳入义务教育“两免一补”和生均公用经费补助范围，资金随学生流动，“钱随人走”，惠及近1400万名进城务工人员随迁子女。[⑤]

为了“帮助贫困人口子女接受教育，阻断贫困代际传递，让每一个孩子都对自己有信心、对未来有希望”[⑥]，党的十八大以来党和政府着力健

---

① “全面改薄”是“全面改善贫困地区义务教育薄弱学校基本办学条件”的简称。

② 《全面改薄工作总体进展顺利　实现时间过半任务过半》，《经济日报》2017年2月16日。

③ 习近平：《致国际教育信息化大会的贺信》（2015年5月22日），《人民日报》2015年5月24日。

④ 《优先发展，坚持教育战略地位不动摇——党的十八大以来我国教育事业改革发展成就综述之一》，《人民日报》2018年9月7日。

⑤ 《落实好十九大精神办好人民满意教育》，《中国教育报》2017年10月23日。

⑥ 《全面贯彻落实党的教育方针努力把我国基础教育越办越好》，《人民日报》2016年9月10日。

全困难学生资助政策，构建起“三个全覆盖”（从学前教育到研究生教育所有学段全覆盖、公办民办学校全覆盖、家庭经济困难学生全覆盖）的中国特色学生资助体系，形成了“普惠、助困、奖优、引导”的复合型体系结构，为贫困家庭学生顺利入学、完成学业提供强有力的保障，没有学生因家庭经济困难而辍学的目标基本实现。2012 年至 2016 年，学生资助金额累计近 7000 亿元，年均增幅 10.66%；累计资助各教育阶段学生（幼儿）4.25 亿人次。[①] 困难学生资助体系在促进教育公平方面发挥着越来越重要的作用。此外，为了增加特殊困难地区学生接受优质高等教育机会，自 2012 年起国家组织实施农村贫困地区定向招生专项计划（国家专项计划）、地方重点高校招收农村学生专项计划（地方专项计划）、农村学生单独招生计划（高校专项计划），畅通农村和贫困地区学子进入重点高校接受优质教育的渠道。

第四，着眼于实现人的全面发展，保障人人享有公平接受高品质教育的权利。习近平高度重视人才的培养和选拔，重视人的全面发展，强调“素质教育是教育的核心，教育要注重以人为本、因材施教，注重学用相长、知行合一，着力培养学生的创新精神和实践能力，促进学生德智体美全面发展”[②]；“必须通过深化改革，促进教育公平、提高人才选拔水平，适应培养德智体美全面发展的社会主义建设者和接班人的要求”[③]。

为了全面实施素质教育，2013 年 6 月，教育部印发《关于推进中小学教育质量综合评价改革的意见》，通过品德发展水平、学业发展水平、身心发展水平、兴趣特长养成、学业负担状况 5 个方面 20 个关键性指标构建中小学教育质量评价体系，促进学生全面发展。不少地区的中小学开展自主、合作、探究式的学习方式，为每个学生提供更丰富的选择和满足其个性成长的发展空间。如北京启动高中、高校联合培养拔尖人才的“翱翔计划”，让学有余力的优秀高中生走进高校、科研院所的实验

① 陈宝生：《五年来学生资助工作成效显著》，《人民日报》2017 年 9 月 29 日。

② 《全面贯彻落实党的教育方针努力把我国基础教育越办越好》，《人民日报》2016 年 9 月 10 日。

③ 《共同为改革想招一起为改革发力群策群力把各项改革工作抓到位》，《人民日报》2014 年 8 月 19 日。

室，在科学家身边成长。

2014 年 6 月，国务院印发《关于加快发展现代职业教育的决定》，以"到 2020 年，形成适应发展需求、产教深度融合、中职高职衔接、职业教育与普通教育相互沟通，体现终身教育理念，具有中国特色、世界水平的现代职业教育体系"为目标，为学生多样化选择、多路径成才搭建"立交桥"。[①]党的十八大以来，每年约有 500 万名农村学生通过接受职业教育实现城镇就业，每年约有 280 万个家庭通过高职实现拥有第一代大学生的梦想。职业教育，让每个人都有了人生出彩的机会。

在招生考试制度改革方面，各地立足"促进公平、科学选才"，形成了考试招生制度改革实施方案，完善高中学业水平考试、规范高中学生综合素质评价、减少和规范高考加分、完善和规范自主招生等关键配套文件相继出台。考试招生制度改革全面推进，教育公平的基石进一步筑牢。

此外，党和政府还高度关注残疾人享受优质教育，将提升特殊教育作为推进教育公平的重要内容和保障改善民生的重要任务。2014 年至 2017 年，先后实施《特殊教育提升计划（2014—2016 年）》《第二期特殊教育提升计划（2017—2020 年）》，形成以随班就读为主体、以特教学校为骨干、以送教上门为补充的特殊教育基本格局，建立起布局合理、学段衔接、普职融通、医教结合的特殊教育体系，其中，盲、聋、弱智三类残疾儿童义务教育入学率达 90% 以上。

五、改革开放 40 年推进教育公平的经验

改革开放 40 年来，中国共产党始终努力推进教育公平。当前，我国教育事业总体水平已进入世界中上行列。据教育部公布的数据，2016 年，我国的学前 3 年毛入园率达到 77.4%，小学净入学率达 99.9%，初中阶段毛入学率为 104%，普及程度超过或相当于高收入国家平均水平；高中阶段毛入学率达到 87.5%，高于中高收入国家 83.8% 的平均水平；高

① 《国务院关于加快发展现代职业教育的决定》，《中国农村教育》2014 年第 22 期。

等教育毛入学率达到 42.7%，正在向国际公认的高等教育普及化阶段迈进。[①] 中国越来越多的孩子特别是农村孩子有了接受良好教育的机会。城乡教育一体化进程加速，县域义务教育均衡发展成效显著；教育资助体系实现学前到研究生教育全覆盖，农民工随迁子女异地就学障碍逐步消除；布局合理、学段衔接、普职融通的职业教育体系形成；普通教育、职业教育、继续教育相互贯通，人人可学、时时可学、处处可学的条件大为改善。总结改革开放 40 年中国共产党推进教育公平的历史经验，有助于在中国特色社会主义新时代更好地满足人民群众对更高质量和更加公平教育的现实需求。

第一，推进教育公平，要坚持以人民为中心。人民立场是中国共产党的根本政治立场，人民教育是我国教育事业的重要特色。改革开放以来，党始终高举人民教育的旗帜，坚持教育为人民服务，实施了科教兴国、人才强国等一系列重要战略，教育公平在各个方面均取得重大进展，教育方面人民群众获得感明显增强。党的十八大以来，习近平明确提出以人民为中心的发展思想，“始终把教育摆在优先发展的战略位置，不断扩大投入，努力发展全民教育、终身教育，建设学习型社会，努力让每个孩子享有受教育的机会，努力让 13 亿人民享有更好更公平的教育，获得发展自身、奉献社会、造福人民的能力”[②]。2017 年 10 月，习近平在十九大报告中强调：“必须把教育事业放在优先位置，加快教育现代化，办好人民满意的教育。”[③] 这彰显了鲜明的人民立场，蕴含着深厚的人民情怀，体现着中国共产党全心全意为人民服务的根本宗旨。改革开放教育公平发展中一系列成就的取得，从根本上说在于中国共产党始终坚持人民立场，坚持人民教育的理念。

第二，推进教育公平，要坚持教育的公益性和普惠性。坚持教育的公益性和普惠性，才能保证教育改革的正确方向，才符合发展为了人民、

① 《2016 年全国教育事业发展统计公报》，《光明日报》2017 年 7 月 17 日。

② 《习近平主席在联合国“教育第一”全球倡议行动一周年纪念活动上发表视频贺词》，《人民日报》2013 年 9 月 27 日。

③ 习近平：《决胜全面建成小康社会　夺取新时代中国特色社会主义伟大胜利》，《人民日报》2017 年 10 月 28 日。

发展依靠人民、发展成果由人民共享理念的要求，才能真正实现教育公平。由于底子薄、欠账多，改革开放以来我国教育的公益性和普惠性有一个逐步完善、不断发展的过程。由于义务教育具有明显的强制性、免费性、普及性，因此实现教育的公益性和普惠性首先要在义务教育领域取得突破。1986年施行的义务教育法从当时的客观实际出发，规定国家对接受义务教育的学生免收学费，小学和初中学生仍须缴纳一定的杂费；2006年颁行的义务教育法则明确规定实施义务教育，不收学费、杂费，从法律层面确立义务教育经费保障机制。2006年，西部农村率先实施义务教育经费保障机制改革。2007年，这项改革推广到全国农村，全国农村义务教育免交学杂费、免收教科书费。2008年秋，全国所有城市免除义务教育学杂费。2011年，所有省（区、市）通过国家“普及九年义务教育”评估验收，中国用25年实现了全面普及城乡免费义务教育。此后，教育的公益性和普惠性在中等职业学校、高中教育、学前教育等各教育阶段都有所扩展。从2012年秋季学期起，公办中等职业学校全日制正式学籍一、二、三年级在校生中所有农村学生、城市涉农专业学生和家庭经济困难学生一律免除学费。国家逐步增加财政投入支持发展学前教育，使得公益普惠的学前教育公共服务体系越来越可期，公益性、普惠性已经成为中国基础教育事业的主要特征。

第三，紧紧围绕教育均衡发展这个主要任务，在发展中推进教育公平。由于长期以来城乡、区域之间经济发展水平差异所造成的教育不平衡，以及有限的教育资源在配置上出现失衡，我国教育曾出现城乡、区域、校际之间差距拉大的现象。经过多年来尤其是党的十八大以来推进教育公平诸多举措的实施，中西部地区、贫困地区、农村地区教育明显加强，人民群众的教育获得感不断增加，教育发展不均衡的局面大为改观。但是，总体来看，我国农村教育仍然相对落后，中西部地区教育发展滞后于东部地区的状况没有得到根本改变，特殊群体教育保障水平还不高，学前教育入园难、入园贵的问题还没得到根本解决。教育发展的不平衡、不充分的现状与人民群众受教育的美好需求之间仍然存在矛盾，实现教育公平高水平发展依然任重道远。发展是解决我国一切问题的基础和关键，新时代推进教育公平，要紧紧抓住发展这一关键，把解决教育公平在发展中产生的矛盾和问题作为目标内容，把促进教育均衡发展作为主要任务，使人民受教育权益得到切实保障，实现人的全面发展。

［原载《党的文献》2018 年第 6 期］

毛泽东与中国共产党领导的文字改革

中国共产党在革命和社会主义建设过程中，高度重视文字改革问题。毛泽东自青年时代起，就对文字改革萌生了兴趣并给予持续关注。抗战时期，毛泽东明确提出了文字改革的主张，并对中国共产党人倡导的拉丁化新文字运动给予了大力支持。新中国成立后，毛泽东对文字改革更是悉心指导。无论是确定文字改革的方向，还是制订文字改革的方案，毛泽东都倾注了很多心血。全面梳理毛泽东关于文字改革的思想与实践，对于正确评价毛泽东在文字改革中的作用乃至正确看待中国共产党领导的文字改革，都具有重要的现实意义。

一、民主革命时期毛泽东对文学改革的关注和支持

五四时期，毛泽东曾经十分关注文字改革。20世纪二三十年代，他对于新民主主义文化的认识与当时中国共产党人创立拉丁化新文字的主张有一定程度的契合，所以毛泽东对拉丁化新文字给予了大力支持，使拉丁化新文字得以在根据地试验推广。

（一）关注文字改革

文字改革的思潮，在中国由来已久。五四新文化运动时期，由《新青年》开始，展开了文字改革的讨论。在讨论中，很多文化教育界知名人士认为，世界上的文字都要经过三个阶段：象形、表意、表音，汉字

不是表音文字，所以野蛮落后；在他们看来，汉字难学难写难认，是普及教育的障碍；拼音文字只要记住几十个字母，学习起来就容易得多。例如，1918 年 4 月，钱玄同在《新青年》四卷四期上发表《中国今后的文字问题》一文指出："中国文字，论其字形，则非拼音而为象形文字之末流，不便于识，不便于写；论其字义，则意义含糊，文法极不精密；论其在今日学问上之应用，则新理新事新物之名词，一无所有；论其过去之历史，则千分之九百九十九为记载孔门学说及道教妖言之记号。此种文字，断断不能适用于二十世纪之新时代。"陈独秀也赞同地回应指出："然中国文字，既难传载新事新理，且为腐毒思想之巢窟，废之诚不足惜。"[①]1923 年 1 月，《国语月刊》第七期专门出版"汉字改革"号，胡适、蔡元培、钱玄同、黎锦熙、赵元任、傅斯年等人发表文章，以对封建文化和教育进行反思的批判精神，或赞同简化汉字，或赞同废除汉字、采用新拼音文字，并提出简化汉字和拼音文字的详细方案，使文字改革思潮达到顶峰。

五四时期，毛泽东对传统文化的积弊有了清醒认识，对中国传统文化的消极影响进行了尖锐批判。如 1917 年 8 月 23 日，毛泽东在致好友黎锦熙的信中指出："近顷略阅书报，将中外事态略为比较，觉吾国人积弊甚深，思想太旧，道德太坏。""五千年流传到今，种根甚深，结蒂甚固，非有大力不易摧陷廓清。"[②]改造中国传统文化，建立新文化成为毛泽东在当时的文化追求。这样，毛泽东对文化界大力倡导的文字改革也萌生了兴趣。1919 年 9 月 5 日，毛泽东读了黎锦熙所写《国语学之研究》一文后，致信黎锦熙，表示"国语这个问题，弟亦颇想研究……关于'国语'的材料，先生遇着，千万惠给一点"[③]。1920 年 6 月 7 日，毛泽东再次向黎锦熙表达了要研究文字学的愿望。他说："文字学、言语学和佛学，我都很想研究，一难得书，二不得空时，懈怠因循，只好说'今日不学又有明日'罢了。希望先生遇有关于言语文字学及佛学两类之书，将书名开示与我，多余的印刷物，并请赐寄。收聚了书，总要划一个时

---

① 《陈独秀书信集》，新华出版社 1987 年版，第 202、206—207 页。

② 《毛泽东早期文稿（1912.6—1920.11）》，湖南出版社 1990 年版，第 86 页。

③ 同上书，第 404 页。

间，从事于此。”[①]

此后，虽然毛泽东投身于职业革命家的生涯，其研究文字的想法并未能付诸实践，但是他对于字改革一直给予关注，尤其是对中国共产党人领导的拉丁化新文字运动，给予了赞赏和支持。

（二）支持拉丁化新文字运动

拉丁化新文字是由旅苏的中国共产党人瞿秋白、吴玉章、林伯渠等领导发起的。20世纪20年代，苏联远东地区的少数民族掀起了拉丁化的文字改革运动。受这一运动的影响，瞿秋白研究了中国历史上的各种文字改革方案，于1929年写成《中国拉丁化字母方案》，在莫斯科出版。1931年，瞿秋白回国后，吴玉章、林伯渠等继续以瞿秋白的方案为基础，拟制了一个中国北方话拉丁化新文字方案。1931年9月26日，在海参崴召开中国文字拉丁化第一次代表大会，通过了这一方案并成立远东边区新字母委员会，在旅苏的10万中国工人中进行扫盲和普及教育的工作。1933年，拉丁化新文字传到国内，得到文化界人士的大力支持。1935年12月，蔡元培、鲁迅、郭沫若、茅盾等688人提出《我们对于推行新文字的意见》，指出："中国已经到了生死关头，我们必须教育大众，组织起来解决困难。但这教育大众的工作，开始就遇着一个绝大难关。这个难关就是方块汉字，方块汉字难认、难识、难学……中国大众所需要的新文字是拼音的新文字。这种新文字，现在已经出现了。当初是在海参崴的华侨，制造了拉丁化新文字，实验结果很好……我们觉得这种新文字值得向全国介绍。我们深望大家一齐来研究它，推行它，使它成为推进大众和民族解放运动的重要工具。”[②]

其实，拉丁化新文字倡导者主张以拉丁化新文字代替汉字，除因为“方块汉字难认、难识、难学”外，其最大理由就是认为文字是有阶级性的，几千年来汉字只为封建贵族服务，而不是为人民群众服务的，即“中国汉字是古代与封建社会的产物，已变成了统治阶级压迫劳苦群众工

---

① 《毛泽东早期文稿（1912.6—1920.11）》，湖南出版社1990年版，第479页。

② 转引自倪海曙编：《拉丁化新文字运动的始末和编年纪事》，知识出版社1987年版，第102页。

具之一，实为广大人民识字的障碍，已不适合于现在的时代”。“要造成真正通俗化、劳动大众化的文字”，“要采取合于现代科学要求的文字”，[①]使文字更好地为人民群众所利用，是拉丁化新文字倡导者的主要目的。这一点，与毛泽东对新民主主义文化的探索和认识十分契合。

毛泽东在从事农民运动、创建根据地的过程中，深刻认识到在阶级社会中，文化带有阶级的烙印，即“中国历来只是地主有文化，农民没有文化”。中国过去社会的文化是剥削阶级的文化，占中国大多数人口的农民未受过文化教育。但是，“农村里地主势力一倒，农民的文化运动便开始了”[②]。这样，在土地革命和根据地建设过程中，毛泽东提出了创建工农苏维埃文化的号召。1934 年 1 月，他在《中华苏维埃共和国中央执行委员会与人民委员会对第二次全国苏维埃代表大会的报告》中指出：“为着创造革命的新时代，苏维埃必需实行文化教育的改革，解除反动统治阶级所加在工农群众精神上的桎梏，而创造新的工农的苏维埃文化。”而创建工农大众的文化，首先要从提高农民的文化素质做起。这样，努力扫除文盲成为“苏维埃文化教育建设的中心任务”之一[③]。在这一精神指导下，苏维埃政府先后制定了《夜学校及半日学校办法》《识字班办法》《消灭文盲协会章程》《关于儿童入校与消灭文盲运动的指示》《消灭文盲决议案》等文件，提出了“要结束百分之八九十的劳动群众不识字的历史”的奋斗目标及“不识字的是瞎子”“开展消灭文盲运动”的鲜明口号，把发展识字、文化教育事业当成是争取革命战争胜利、完成苏维埃各方面建设的锐利武器，广泛深入地开展了苏区的扫盲运动。

由于拉丁化新文字具有不标声调、拼写方言、分词连写等特点，简单易学，因此，在苏区的扫盲运动中，曾有试用拉丁化新文字扫除文盲的酝酿，但因战事紧张，未能实行。1935 年红军到达陕北后，中共中央和苏维埃中央西北办事处积极支持试行新文字扫盲，并使之成为革命根据地发展新文化的一个组成部分。

毛泽东十分重视文字如何更好地被人民群众所利用，所以他对拉丁

① 吴玉章：《文字改革文集》，中国人民大学出版社 1978 年版，第 58—59 页。

② 《毛泽东选集》第 1 卷，人民出版社 1991 年版，第 39、288 页。

③ 中央党史研究室编：《毛泽东著作：文稿摘编》(内部本)，第 659 页。

化新文字十分赞赏。1936年9月22日，毛泽东看了《我们对于推行新文字的意见》这篇文章之后，写信给蔡元培说："读《新文字意见书》，赫然列名于首位者，先生也。二十年后忽见我敬爱之孑民先生，发表了崭然不同于一般新旧顽固党之簇新议论，先生当知见之而欢跃者绝不止我一人，绝不止共产党，必为无数量人也！"[①]

抗战时期，毛泽东对新民主主义文化的认识有了更进一步的发展。1940年1月1日，他发表《新民主主义论》一文，提出："所谓新民主主义的文化，一句话，就是无产阶级领导的人民大众的反帝反封建的文化。""它应为全民族中百分之九十以上的工农劳苦民众服务，并逐渐成为他们的文化。"从新民主主义文化大众化的角度，毛泽东发出了文字改革的号召："一切进步的文化工作者，在抗日战争中，应有自己的文化军队，这个军队就是人民大众。革命的文化人而不接近民众，就是'无兵司令'，他的火力就打不倒敌人。为达此目的，文字必须在一定条件下加以改革，言语必须接近民众，须知民众就是革命文化的无限丰富的源泉。"[②]这是毛泽东第一次明确提出文字改革的主张，"给了新文字工作者以极大的教育和鼓励"[③]，促进了新文字运动的进一步开展。

在毛泽东和党中央的支持下，陕甘宁边区于1936年至1938年初、1940年至1943年春先后开展了两次新文字扫盲运动，使拉丁化新文字在陕甘宁边区得到推广。1940年11月7日，陕甘宁边区新文字协会在延安中央礼堂召开成立大会。该会署名的赞助人有毛泽东、朱德、张闻天、王稼祥、任弼时、李富春等54人，毛泽东还担任了该协会的名誉理事。1940年12月25日，边区政府颁发了《关于推行新文字的决定》，规定边区政府的法令、公告等重要文件，将一律一边印新文字，一边印汉字；凡是写报告、递呈子、记账、打收条、通信等，用新文字跟用汉字法律上有同等效力。1940年秋，陕甘宁边区教育厅与边区新文字协会联合创办了《SINWENZBAO》（新文字报）。1941年5月15日，毛泽东

① 《毛泽东书信选集》，中央文献出版社2003年版，第57—58页。

② 《毛泽东选集》第2卷，人民出版社1991年版，第708页。

③ 倪海曙编：《拉丁化新文字运动编年纪事》（上），中国人民大学语言文字研究所1979年版，第141页。

为《新文字报》题词“切实推行，愈广愈好”[①]。在这种号召下，晋西北边区、山东抗日民主根据地、华中根据地等也都开展了推广新文字的工作，积累了文字改革的宝贵经验。

二、新中国成立后毛泽东对文字改革的悉心指导

新中国成立后，毛泽东对文字改革的认识则是从整个国家、民族出发，把文字改革纳入我国现代化建设的战略之中来考虑；从文字改革方向和文字改革方针的确立到文字改革具体方案的制订，毛泽东无不亲力亲为，倾注了很多心血，有力地指导了新中国文字改革工作的顺利开展。

（一）对新中国文字改革目标、方针作出战略规划

1949年，随着解放战争在全国取得胜利，热衷于改革汉字的党内外人士又提出了文字改革问题，希望在新的政治环境下恢复一度沉寂的文字改革事业。8月25日，吴玉章就文字改革问题写信给毛泽东，请示文字改革的方向和原则问题。此时，党中央的精力主要集中于军政大计，还未考虑将文字改革提上议事日程。因此，毛泽东收到吴玉章信后，并没有立即发表意见，而是委托郭沫若、茅盾、马叙伦三人研究吴玉章所提出的改革建议，并将他们的回复意见反馈给吴玉章。

新中国成立后，毛泽东与党中央放眼国内外形势，对文字改革问题作出战略规划，很快将文字改革提上新中国的工作日程。

首先，文字改革是新中国国民经济恢复发展和扫盲运动的需要。新中国成立后，恢复国民经济，大力加快经济发展步伐，尽快实现国家的工业化和现代化，成为新中国面临的首要任务，但是当时存在着一些必须从语言文字领域克服的困难。例如，当时方言众多，造成了社会交际的严重障碍，制约经济和文化的发展，并影响了政令畅通。新中国成立初期，在全国或全省的会议上，听众常常听不懂那些用差别很大的方言

---

① 倪海曙编：《拉丁化新文字运动编年纪事》（上），中国人民大学语言文字研究所1979年版，第164页。

所做的报告。这种状况，是与新中国的宣传教育工作和经济工作的需求极不适应的。同时，社会上存在大量文盲。据统计，1949 年，全国 5.5 亿人口中 80% 是文盲，农村的文盲率更高达 95% 以上。“在有几万万文盲的国家里，不可能建成社会主义社会，不可能有强大的工业建设。”[①]因此，毛泽东指出：“从百分之八十的人口中扫除文盲，是新中国的一项重要工作。”[②]从 1950 年开始，中国共产党在全国范围领导开展了以推广识字为主要内容的扫除文盲运动。但在识字运动中很快暴露出的传统繁体汉字的“三多”（字多、形多、读音多）、“五难”（难认、难读、难写、难记、难检排）成为影响识字效率的主要障碍，直接影响了教育的普及和人民文化水平的提高。这样，有计划、有步骤地改革汉字，以使广大人民群众迅速地学习使用汉字，就成为一项十分重要的政治任务。1955 年 10 月，全国文字改革会议指出：不能从文字改革本身来看文字改革问题，“应该把它和完成三个五年计划和我国建设社会主义工业国家联系起来”[③]。

其次，文字改革是新中国对旧有文化进行改造的组成部分。新中国成立前夕，毛泽东已经预言：随着经济建设的高潮到来，将要出现一个文化建设的高潮。然而，新中国成立后的文化现实是“资产阶级知识分子”的天下，多数人带有旧时代的思想意识、价值观念和文化印痕，文化界新旧思想的冲突，使得文化的改造、文化的转型成为必然。在毛泽东看来，不对旧有的思想倾向进行改造和批判，不对文化现状进行改革，就会影响和阻碍以马克思主义为指导的社会主义文化的兴起。1950 年 6 月，毛泽东在中共七届三中全会上提出：“要有步骤地谨慎地进行旧有学校教育和旧有文化事业的改革工作。”[④]作为旧文化表现形式的文字，无疑成为改造的对象之一。

最后，实行拼音化文字改革是当时世界发展趋势。十月革命胜利后，苏联很快实行了文字改革。1921—1932 年，苏联在少数民族中进行拉丁

① 《当代中国的文字改革》，当代中国出版社 1995 年版，第 65 页。

② 《毛泽东文艺论集》，中央文献出版社 2002 年版，第 117 页。

③ 《当代中国的文字改革》，当代中国出版社 1995 年版，第 65 页。

④ 《毛泽东文集》第 6 卷，人民出版社 1999 年版，第 71 页。

化文字改革，把原用阿拉伯字母的各种文字改为拉丁字母，给原来没有文字的各民族创制拉丁化文字；1936—1940年，又放弃拉丁化，改为斯拉夫化，把所有新创的拉丁化文字都改成斯拉夫字母。在苏联的影响下，蒙古人民共和国起初把老蒙文改为拉丁化字母，之后在1941年向俄文看齐，又将拉丁化字母改为斯拉夫字母的新蒙文。20世纪40年代中期，越南、朝鲜和日本这些曾经使用过汉字的国家也进行了文字改革。1945年，越南成立民主共和国，以拉丁化的越南语拼音文字为法定文字，废除汉字。日本在1946年启动了汉字简体化、拉丁化改革。朝鲜半岛独立以后，朝鲜自1946年就开始限制汉字的使用，到1949年彻底废除了汉字；韩国于1948年规定不得于政府公文中使用汉字。此外，一些殖民地半殖民地国家独立后，也进行了文字改革。如1945年印度尼西亚独立，以拉丁化的印尼文作为法定文字，成为东方拉丁化的一件大事。

可见，文字改革尤其是拼音化文字改革，在当时的世界似乎已是大势所趋。这不能不引起毛泽东、刘少奇等领导人的关注。1950年2月1日，刘少奇写信给中宣部负责人陆定一、胡乔木，指出要研究亚洲邻国蒙古、朝鲜、越南等国的文字改革经验，以便为我们的文字改革制订方案。①1951年春，毛泽东明确提出了“文字必须改革，要走世界文字共同的拼音方向”的主张②。毛泽东这一认识，与其在民主革命时期倡导文字改革、支持新文字的思想也是一脉相承的。这一主张，为新中国初期的文字改革树立了根本方向和目标。

毛泽东提倡汉字拼音化改革，但也深知“文字改革工作关系到几万万人，不可操切从事”③，文字改革必须是渐进的。基于这一认识，1950年6月，毛泽东对以吴玉章等人为代表的文字改革倡导者“认为汉字可以立即用拼音文字来代替”的看法给予了批评，强调“搞文字改革不要脱离实际”，应该“首先进行汉字的简化”。④之后，毛泽东明确指出文字改革的方针是：“汉字的拼音化需要做许多准备工作；在实现拼音化以前，

---

① 《建国以来刘少奇文稿》第1册，中央文献出版社2005年版，第441页。

② 马叙伦：《中国文字改革研究委员会成立会开会辞》，《中国语文》1952年7月号。

③ 《建国以来毛泽东文稿》第4册，中央文献出版社1990年版，第236页。

④ 《吴玉章文集》（上），重庆出版社1987年版，第664页。

必须简化汉字，以利目前应用，同时积极进行各项准备。”[①] 到20世纪50年代中期，毛泽东再次表述了他的这种看法。1955年5月1日，毛泽东在致蒋竹如的信中，专门谈到文字改革，他指出：“拼音文字是较便利的一种文字形式。汉字太繁难，目前只作简化改革，将来总有一天要作根本改革的。”[②] 毛泽东的这些认识，为1956年9月党的八大明确提出“有计划、有步骤地推行文字改革”的方针奠定了思想基础[③]。

20世纪50年代初中期的文字改革，基本上是按照毛泽东和党中央提出的上述目标和方针来规划并推进的。自1952年2月，中国文字改革研究委员会首先进行汉字简化的研究和方案制订工作，同时着手开展了拼音化的准备工作，即推广普通话和制订《汉语拼音方案》。这三项工作先后取得成果：1956年1月28日，国务院全体会议第23次会议通过《关于公布〈汉字简化方案〉的决议》；1956年2月6日，国务院向全国发出《关于推广普通话的指示》；1958年2月11日，第一届全国人民代表大会第五次会议批准公布《汉语拼音方案》。

值得注意的是，毛泽东对文字改革拼音化方向的认识不是一成不变的，而是在文字改革进程中根据实际情况进行了调整。1957年整风运动期间，知识界、理论界有些知识分子对汉字拼音化问题发表了反对意见。如有人指出：“我对文字改革的理由不了解，因此我不能盲目地同意文字改革。文字改革的文献虽然很多，可是从这些文献中就找不出足以令人信服的汉字必须拼音化的理由。”[④] 有人还指出：世界各国文字有两种体系，一种是东亚的中国形意文字体系，另一种是西欧的罗马拼音（拉丁字母）文字体系。“二者互有短长，无所谓轩轾优劣，更无庸是彼而非此。”“今之主张废除汉字，以拼音文字来代替的，主观上是为扫除文盲，普及文化；而客观上，则是自己毁灭祖国历史与文化，消灭民族意识，正是殖民主义者对被征服的国家所走的道路，至堪令人痛心的！”[⑤] 这些

---

① 转引自吴玉章：《文字改革文集》，中国人民大学出版社1978年版，第101页。

② 《毛泽东书信选集》，人民出版社1984年版，第492页。

③ 《建国以来重要文献选编》第9册，中央文献出版社1994年版，第373页。

④ 《文字改革问题座谈会记录》，《拼音》1957年第7期。

⑤ 王重言：《对于废除汉字改用拼音文字的商榷》，《文字改革》1957年10月号。

意见引起了毛泽东和党中央的重视。

为了消除人们的疑虑，毛泽东对文字改革的任务作了明确界定，指出文字改革的主要任务就是“简化汉字，推广普通话，制定和推行汉语拼音方案”。1958年1月10日，周恩来在中国人民政治协商会议全国委员会举行的报告会上做了《当前文字改革的任务》的报告，对毛泽东提出的文字改革三大任务进行了深入阐述。报告明确说明了汉语拼音方案的用处，“是用来为汉字注音和推广普通话的，它并不是用来代替汉字的拼音文字”①。而关于汉字的前途，报告指出：它是不是千秋万岁永远不变呢？还是要变呢？它是向着汉字自己的形体变化呢？还是被拼音文字代替呢？它是为拉丁字母式的拼音文字所代替，还是为另一种形式的拼音文字所代替呢，这个问题我们现在还不忙作出结论。但是文字总是要变化的……至于用什么方案，现在不忙把它肯定，关于汉字的前途问题，大家有不同的意见，可以争鸣，但这不属于当前文字改革任务的范围。②这就把文字改革的任务划分为“当前”与“将来”两个阶段，以搁置争议的态度尽量做到求同存异。至此，简化汉字、推广普通话、制定和推行汉语拼音方案就构成中国文字改革的内涵，奠定了新中国文字改革的框架，此后30多年的文字改革工作都是从这三方面展开的。

（二）对文字改革方案的制订予以悉心指导

20世纪50年代初中期，新中国各项建设处于起步阶段，毛泽东政务繁忙，因此对文字改革的考虑相对于政治、经济、战事要少一些，没有形成系统的思想体系。但是语言文字问题是一个影响整个民族文化的重大问题，又是一个牵涉社会生活各个方面的复杂问题。因此毛泽东对文字改革十分重视，对文字改革具体方案的拟定给予了很多悉心指导。

1. 从群众利益出发，提出简化汉字的原则和方法

20世纪50年代初中期，正是毛泽东对改造旧文化、建设社会主义新文化的探索时期。这种探索，在文字改革领域得到鲜明的体现。例如，

---

① 据胡乔木说明，这三项任务“是经毛主席提出，周总理在政协扩大会上宣布的”。参见《胡乔木谈语言文字》，人民出版社1999年版，第276页。

② 《建国以来重要文献选编》第11册，中央文献出版社1994年版，第22—37页。

这一时期，毛泽东指出，“我们的文化是人民的文化”[①]，这是毛泽东观察和解决文化问题的一个基本观点，因为在他看来，“为什么人的问题，是一个根本的问题，原则的问题”[②]。而简化汉字的建议就体现了毛泽东对建设社会主义文化的目的性、方向性的探索。

在中国历史上，汉字一直有简体、繁体之分。简体字被称为俗体字，主要在人民群众中流传；繁体字作为正统文字即正体字来传承。在抗日战争和解放战争时期，简体字在根据地受到人民群众的极大欢迎，解放区的油印书报刊物采用和创造了许多简化字。这些简化字随着人民群众革命运动的深入发展流行到全国各地，被称为“解放字”。新中国成立后，实现了人民当家作主，但是 80% 的人不识字的现实，限制了人民民主权力的运用。正是为了使文盲、半文盲迅速地掌握、使用文字，1950 年 6 月，毛泽东提出了文字改革首先进行汉字简化的建议。1950 年 7 月，毛泽东又向教育部提出“对常用字、简体字和一般文字改革问题多加研究”的要求。按照这一要求，教育部于 1950 年 10 月编成第一批简体字表初稿，共计 550 个字。1952 年初，中国文字改革研究委员会成立后，接手了教育部进行的文字改革研究工作。在这 550 个简体字基础上，继续把民间一直在使用且范围比较广泛的简体字收集起来加以整理，到 1952 年底制订出包括 700 个简体字的《常用字简化表草案》第一稿，送毛泽东审阅。

毛泽东看后，认为这 700 个简体字还不够简，指出做简体字要多利用草体，找出简化规律，做成基本形体，有规律地进行简化。汉字的数量也必须大大简缩。只有从形体上和数量上同时精简，才算得上简化。[③]这些很好的建议给汉字简化工作明确了方向和方法。1953 年 12 月，中共中央宣传部又传达了中央对汉字整理工作的四点意见：（1）实行简体字，采用通行的简体字 3400 个，另外整理出通行简字的偏旁；（2）统一异体字，有简字的以简字为正体；（3）选定一般必学的常用字 1500 个，1500

① 《毛泽东选集》第 3 卷，人民出版社 1991 年版，第 1012 页。

② 同上书，第 857 页。

③ 参见费锦昌主编：《中国语文现代化百年纪事（1892—1995）》，语文出版社 1997 年版，第 171 页。

字以外注音；（4）夹用拼音不宜太多。

按照毛泽东的意见和中央的指示精神，中国文字改革研究委员会决定将汉字字形的简化工作与汉字字数精简工作相结合，首先是数量上试行精简；依据毛泽东"利用草书"的指示，形成了"草书楷化"的"简化方法"；还通过简化偏旁，形成了一些"偏旁类推简化字"。到1954年11月，形成《汉字简化方案草案》，报送中央。1956年1月31日，国务院公布了《汉字简化方案》，收515个简化字和54个简化偏旁，分四批推行。

经过几年的推行，实践证明汉字简化对扫除文盲起了积极作用。1964年，我国对国民的文化素质进行了调查，结果显示：13岁以上人口的文盲率，已经由新中国成立初期的80%下降到了32%。[①]

2. 吸收外国进步文化，赞成汉语拼音方案采用拉丁字母

对于汉语拼音方案的指导，也体现了毛泽东关于社会主义文化建设方针的思想。在汉语拼音方案拟定之初，1952年，毛泽东提出了"形式应该是民族的，字母和方案要根据现有汉字来制定"的意见[②]。这与他在《新民主主义论》中提出的"民族的形式，新民主主义的内容——这就是我们今天的新文化"和新中国成立后提出的"社会主义的内容，民族的形式"的思想是一致的，[③]这是其思想渊源。从时代背景来说，毛泽东提出这一主张，与1951年底扫盲运动中出现的"速成识字法"有一定关联。速成识字法，1951年由中国人民解放军西南军区文化教员祁建华创造。这是一种借助传统汉字笔画式注音字母的辅助作用，利用汉字字形、字义、字音相同与相异的不同特点来提高识字速度的方法。1951年，西南军区在1.26万名干部、战士中试行"速成识字法"，一般只要15天时间，就能识字1500个以上。中共中央领导人对这种方法给予了高度评价，毛泽东称他"名副其实的识字专家"，刘少奇称他"当代仓颉"，陆定一称他"中国第二大圣人"。既然这种传统汉字笔画式注音字母辅助识

---

① 苏培成：《汉字进入了简化字时代》，《光明日报》2009年5月28日。

② 参见马叙伦：《中国文字改革研究委员会成立会开会辞》，《中国语文》创刊号，1952年7月号。

③ 《毛泽东文艺论集》，中央文献出版社2002年版，第42、148页。

字效率如此之高，毛泽东倾向于采取民族形式的拼音字母，也在情理之中。而且，1952 年至 1954 年的拼音文字方案拟定工作，就是以注音字母为基础进行修改的。

当时，毛泽东对究竟什么是汉语拼音的“民族形式”，认识也不是很清晰，尚无确定的意见。1952 年 8 月 26 日，马叙伦在中国文字改革研究委员会第二次全体委员会议上传达毛泽东意见时曾说：“毛主席肯定文字要拼音化，要力求美观，毛主席倾向双拼，但不是最后指示。”[①]1953 年初，中国文字改革研究委员会拼音方案组拟出中国拼音文字的字母草稿，送毛泽东审阅，毛泽东阅后认为，1952 年草拟的拼音字母，在拼音方法上虽然简单了，但笔画还是太繁，有些比注音字母更难写。他指出，拼音文字不必搞成复杂的方块形式，要利用原有汉字的简单笔画和草体，方案必须真正做到简单容易，才能推行。[②]

根据这些意见，中国文字改革研究委员会以注音字母为基础进行修改，设计了五套民族形式的拼音文字方案草案，但这些草案所需的字母都在 40—60 个，在学习使用上都很不方便。新构造出来的汉字笔画式字母，看起来与汉字有很大差别，经过草书连写以后就更看不出方块汉字的特点了，所谓“民族形式”也无从谈起。经过反复比较、研究，中国文字改革委员会决定采用现成的国际通用字母即拉丁字母，并于 1955 年 11 月 23 日向中央提交报告指出：注音字母笔画繁杂，笔势不顺，方向纷乱，书写不便，在记录方言和拼写少数民族语言方面都有困难，因此不可能作为我国将来拼音文字的字母，迟早要用别的字母来代替。但是如果等到将来再改，则不如现在就改，否则在教学和出版印刷方面徒然浪费许多人力物力，并增加将来改变时的困难。[③]

在文化冲突与融合中，毛泽东一向主张“古为今用，洋为中用”。他告诫人们：“对于外国文化，排外主义的方针是错误的，应当尽量吸收进

① 参见费锦昌主编：《中国语文现代化百年纪事（1892—1995）》，语文出版社 1997 年版，第 165 页。

② 同上书，第 171 页。

③ 《建国以来重要文献选编》第 8 册，中央文献出版社 1994 年版，第 100 页。

步的外国文化。”[①] “向古人学习是为了现在的活人，向外国人学习是为了今天的中国人。”[②] 在探索民族形式字母这条路走不通的情况下，毛泽东改变了自己的主张，尊重文字改革委员会的意见，同意采取拉丁字母形式，并就这一问题在 1956 年 1 月 20 日在中央召开的知识分子问题会议上的讲话中作了深刻讲解。他说：在将来采用拉丁字母，你们赞成不赞成呀？我看，在广大群众里头，问题不大。在知识分子里头，有些问题。中国怎么能用外国字母呢？但是，看起来还是以采取这种外国字母比较好。因为这种字母很少，只有二十几个，向一面写，简单明了。我们汉字这方面实在比不上，比不上就比不上，不要以为汉字那么好。拉丁字母出在罗马那个地方，为世界大多数国家所采用，我们用一下，是否就大有卖国嫌疑呢？我看不见得。凡是外国的好东西，对我们有用的东西，我们就是要学，就是要统统拿过来，并且加以消化，变成自己的东西。我们中国历史上汉朝就是这么做的，唐朝也是这么做的。汉朝和唐朝，都是我国历史上很有名、很强盛的朝代。他们不怕吸收外国的东西，有好的东西就欢迎。只要态度和方法正确，学习外国的好东西，对自己是大有好处的。[③]

1956 年 1 月 27 日，中共中央下发了《关于文字改革工作问题的指示》，明确指出：“中央认为，汉语拼音方案采用拉丁字母比较适宜。”[④]1956 年 2 月 20 日，中国文字改革委员会发表了《汉语拼音方案（草案）》。1958 年 2 月 11 日，第一届全国人民代表大会第五次会议批准《汉语拼音方案》后，这个方案迅速在全国推行，并在各个方面尤其是扫盲工作中发挥了积极的作用。

全国推广汉语拼音方案的成果，得到了毛泽东的重视和赞赏。1960 年 11 月 11 日《解放军报》报道：毛泽东在看望炮兵某部官兵时，看到新战士曹有炜拿着一本汉语拼音课本，就把书要过去，一页一页地翻着。

---

① 《毛泽东选集》第 3 卷，人民出版社 1991 年版，第 855 页。

② 《毛泽东文集》第 7 卷，人民出版社 1999 年版，第 82 页。

③ 转引自费锦昌主编：《中国语文现代化百年纪事（1892—1995）》，语文出版社 1997 年版，第 219 页。

④ 《建国以来重要文献选编》第 8 册，中央文献出版社 1994 年版，第 92 页。

毛泽东笑着向大家说："这种拼音字很好，你们好好学习吧。"[①]

3. 要求一切干部要学普通话

推广普通话，既是新中国加强汉民族政治、经济、文化统一的必要步骤，同时也是与实现汉字的拼音化方向直接相关的一项文字改革内容，是进一步发展汉语和准备文字根本改革的必要步骤。因此，毛泽东对推广普通话也给予了支持。1955 年 10 月召开的全国文字改革会议，正式通过了推广普通话的决议。1956 年 1 月 28 日，根据中共中央指示，成立了中央推广普通话工作委员会。1956 年 2 月 6 日，国务院向全国发出《关于推广普通话的指示》。1958 年 1 月 31 日，毛泽东在《工作方法六十条（草案）》第四十六条中专门指出，"一切干部要学普通话"，要"先订一个五年计划，争取学好，或者大体学好，至少学会一部分"。[②]这一要求，大大推进了全国干部学习普通话的进程。

三、正确看待新中国文字改革

经过半个世纪的实践，新中国成立后中国共产党领导开展的文字改革，取得了巨大的成就。截至 20 世纪末，我国 99% 的人口习惯使用简体汉字。随着我国国际地位的提升，简体字随着中华文化在全球获得了广泛深入的传播，联合国从 2008 年起使用的中文一律用简体字；新加坡、马来西亚等国家也采用简体字作为学习和使用汉语的规范用字。经过 50 多年的实践，汉语拼音方案在推广普通话、语文教育、新闻出版、信息处理等方面都得到了广泛的应用，是须臾不可或缺的工具。同时，汉语拼音方案在世界上也得到广泛认可。联合国秘书处从 1979 年 6 月 15 日起采用汉语拼音作为在各种拉丁字母文字中转写中华人民共和国人名和地名的标准。1982 年 8 月，国际标准化组织（ISO）通过决议采用《汉语拼音方案》作为在文献工作中拼写有关中国的专门名词和词语的国际标准。50 多年来，我国推广普通话工作也取得了非常大的进展。截至

① 罗光远：《毛主席看望炮兵战士》，《解放军报》1960 年 11 月 11 日。

② 《毛泽东文集》第 7 卷，人民出版社 1999 年版，第 360 页。

20世纪末，我国53%的人口掌握了普通话。实践证明，普通话作为有明确规范的统一的民族共同语，它的正确使用和推广，对社会主义建设事业的发展，对维护国家的统一和人民的团结发挥了重要作用。

这一切说明，在毛泽东悉心关怀指导下的新中国文字改革的政策与实践是成功的，毛泽东关于文字改革思想和对文字改革的重大贡献应予以充分肯定。但是，目前社会上出现了一些否定甚至污蔑文字改革的看法，如认为简体字就是“毛体字”，是“文化断裂”，“引致文化衰退的种子”。[①]

事实上，汉字远在甲骨文时代就已经有简体。“在历史上，汉字每当传习扩大，应用频繁，就发生简化。”[②]近代以来，诸多文人志士致力于汉字简化。20世纪30年代中期，蔡元培、邵力子、郭沫若等200位文化教育界知名人士就发起了颇有影响的手头字运动。国民党政府曾于1935年8月公布了《第一批简体字表》，拟大规模推行简体字，但因当时戴季陶等文化元老强烈反对，不得不于1936年下令“简体字应暂缓推行”。以毛泽东为代表的中国共产党人，对传统文化有着深厚的感情，就毛泽东本人而言，他一生都在大量使用繁体字，却倡导“文字必须改革”，并“首先进行汉字的简化”。这正说明文字改革，绝不是从毛泽东自身或一部分人的个人喜好出发的，确实是从广大人民群众利益出发而采取的决策。而且简化方案中80%以上的简体字都是在20世纪50年代以前就已经流行或存在的。其中，源自先秦的68字，占13.05%；源自秦汉的共96字，占18.43%；源自三国、两晋、南北朝的共32字，占6.14%；源自隋、唐、五代的共29字，占5.57%；源自宋、辽、金、元的共82字，占15.74%；源自明、清、太平天国时期的共53字，占10.17%；源自民国的共60字，占11.52%；中华人民共和国公布的（1949年至1956年，包括1949年以前在解放区通行的少量“解放字”）共101字，占19.38%。[③]

至于毛泽东所提出的文字改革“拼音化方向”的主张，笔者认为要辩证、全面地看待。首先，应该看到，这一主张是在当时世界文字改革

① 朱大可：《汉字革命和文化断裂》，《南方周末》2009年4月5日。

② 周有光：《汉字改革概论》，文字改革出版社1979年版，第11页。

③ 李乐毅：《80%的简化字是“古已有之”的》，《语文建设》1996年第8期。

呈现拉丁化趋势的背景下提出的，由于时代的限制，当时人们的认识具有局限性。可见，拉丁文字具有优越性，这在当时是很多人的共识。在这一点上，不能苛求前人。而且，在20世纪50年代的文字改革过程中，中共中央根据我国实际情况，并未将汉字的根本改革付诸实施。其次，应该肯定这一主张在新中国初期文字改革中发挥的作用。没有“拼音化方向”的指导，就形不成后来的汉语拼音方案。总之，在这一问题上，既不能认为毛泽东曾提出“拼音化”是错误的，从而进一步否定文字改革；也不能以毛泽东提出拼音化为由，要理所当然地继续推进汉字拉丁化改革。汉字要不要根本改革，关键在于汉字本身是否适应实践的需要。

[原载《党的文献》2010年第3期，收入本书时略有所删节]

中国共产党与新中国文字改革（1949—1958）

1949—1958 年，是新中国文字改革方案的研究和探索时期，其间几经周折，到 1958 年初，中共中央最终确定了文字改革的三大任务——整理和简化汉字、推广普通话、制定和推行《汉语拼音方案》。此后 30 多年我国文字改革工作都是从这三方面展开的。但是，近年来，中国共产党领导开展的这一巨大社会变革却遭到了一些人的质疑甚至攻击，社会上关于汉字简繁之争也愈演愈烈。[①] 因此，有必要全面分析中国共产党领导这一改革的原因，仔细研究文字改革方案的制订过程，只有这样才能科学地认识目前中国文字的使用状况，正确地看待中国共产党在文字改革历史进程中的作用。

一、文字改革的提出和中国共产党的认识

文字改革的思潮，在中国由来已久。早在清末，康有为、梁启超、谭嗣同等维新运动的领袖人物都曾发表过推行拼音文字的意见。到五四时期，五四新文化运动的积极倡导者、语言文字学家钱玄同就提出了

① 2008 年的两会上，宋祖英、关牧村等 21 名文艺界的政协委员发出“振兴繁体字”的呼吁，并联名提交了一份《小学增设繁体字教育的提案》。在 2009 年的两会上，全国政协委员、天津市侨联副主席潘庆林又向大会提交了“用 10 年时间废除简体汉字”的建议，引发了一场激烈的繁简之争。参见朱忠保：《从“小学增设繁体字教育提要”想到的》，《人民之声》2008 年第 4 期；《潘庆林委员：建议分批废除简体汉字》，《成都晚报》2009 年 3 月 4 日。

"汉字革命"的口号。中国共产党在进行政治革命、夺取政权的过程中，也积极倡导文化革命，关注文字改革问题。由中国共产党人发起领导的文字改革，始于20世纪30年代的拉丁化新文字运动[①]。毛泽东对于新文字运动给予了积极支持，1940年1月，他在《新民主主义论》中指出："文字必须在一定条件下加以改革，言语必须接近民众，须知民众就是革命文化的无限源泉。"[②]在中共中央的支持下，抗战时期拉丁化新文字在陕甘宁边区进行了推广试验。但受战争环境所限，也由于新文字本身不标声调等缺陷以及新文字运动干部的缺乏，1944年拉丁化新文字运动宣告暂停。

到1949年，随着解放战争在全国取得胜利，热衷于改革汉字的党内外人士又提出了文字改革问题，希望在新的政治环境下恢复一度沉寂的文字改革事业。1949年5月5日，胡愈之在《进步日报》发表文章《五四与文字改革》，指出："五四新文化运动是从文字改革运动开始的。""当人民革命获得胜利，人民有了自己的政权的时候，我们不应当忽略一件事，那就是完成五四以来没有完成的文字改革工作。这一工作是长期性的，但也是重要而且迫切的。"[③]同年5月，国语罗马字[④]的创始人之一黎锦熙联同北京大学、清华大学、北京师范大学等高校的语言文字专家向吴玉章建议成立一个文字改革研究会，恢复文字改革工作。

1949年5月、8月，吴玉章就文字改革工作先后向刘少奇、毛泽东等中央领导人请示。关于成立文字改革研究团体，刘少奇当即批示："可以组织这一团体，但不要限于新文字，汉字简体字也应研究整理一下，

---

① 拉丁化新文字，20世纪20年代末由旅苏的中国共产党人瞿秋白、吴玉章、林伯渠等创制，其特点是不标声调、拼写方言、分词连写，简单易学。30年代初主要在旅苏的10万中国工人中进行扫盲和普及教育工作，1933年拉丁化新文字传到国内，得到蔡元培、郭沫若、鲁迅、茅盾等文化界人士的大力支持。

② 《毛泽东选集》第2卷，人民出版社1991年版，第708页。

③ 转引自费锦昌主编：《中国语文现代化百年纪事（1892—1995）》，语文出版社1997年版，第110—111页。

④ 国语罗马字，1925年9月至1926年9月由钱玄同、黎锦熙、赵元任等人创立，其特点是：完全用26个拉丁字母，字母的用法比较接近英文；用拼法变化表示声调，有详细的拼调规则；作为一种拼音文字来设计，注重词儿连写。

以便大家应用，并告党外人士，我党中央对这一问题尚未考虑，党员所发表意见均为个人意见。”毛泽东对吴玉章提出的文字改革建议十分慎重，没有马上表态，而是委托郭沫若、茅盾、马叙伦三人研究吴玉章所提出的改革建议，并将他们的回复意见告知了吴玉章。[①]

可见，解放战争胜利前后，中共中央将主要精力集中于军政大计，还未考虑将文字改革提上日程，但对文字改革的探索是支持的。在中央这一精神指导下，1949 年 10 月 10 日，中国文字改革协会在北京正式成立，吴玉章为常务理事会主席兼拼音方案研究委员会主任；黎锦熙、胡乔木为副主席兼拼音方案研究委员会副主任。

如果说 1949 年中国共产党还无暇顾及文字改革，新中国成立后面临的国际、国内形势，则很快推动中共中央把文字改革提上工作日程。

（一）从国内来看，文字改革成为国民经济恢复发展和新中国扫盲运动的需要

新中国成立后，恢复国民经济，大力加快经济发展步伐，尽快实现国家工业化和现代化，成为中国共产党面临的首要任务。但是，1949 年，全国 5.5 亿人口中 80% 是文盲，农村的文盲率更高达 95% 以上。“在有几万万文盲的国家里，不可能建成社会主义社会，不可能有强大的工业建设。”[②] 因此，从 1950 年开始，中国共产党在全国领导开展了以推广识字为主要内容的扫除文盲运动。但在识字运动中很快暴露出传统繁体汉字的“三多”（字多、形多、读音多）、“五难”（难认、难读、难写、难记、难检排）成为影响识字效率的主要障碍，直接影响了教育的普及和人民文化水平的提高。这就使得文字改革变得十分迫切和必要。1950 年，郭沫若指出：“在全国 175 种报纸中，有几种少数民族的报纸，如维吾尔族用自己的文字出版报纸，每天销五万份；东北和朝鲜文字出版的报纸每天销四万份；而首都占全国领导地位的《人民日报》每天只销九万份。这说明了一个很大的问题：第一是文盲多，第二是文字困难。”

---

① 《吴玉章文集》（上），重庆出版社 1987 年版，第 656 页。

② 《当代中国的文字改革》，当代中国出版社 1995 年版，第 65 页。

所以，他强调，“文字改革的问题确实很重要”，“文字改革是当前很值得我们考虑的一个问题”。[①]

（二）从国际上来看，当时很多国家都进行了文字改革

如苏联、蒙古等社会主义国家都进行了文字改革。十月革命后，苏联实行文字改革。1921 年至 1932 年，苏联在少数民族中进行文字拉丁化运动，把原用阿拉伯字母的各种文字改为拉丁字母，给原来没有文字的各民族创制拉丁化新文字。在 1936 年至 1940 年，又放弃拉丁化，改为斯拉夫化，把所有新创的拉丁化文字都改成斯拉夫字母。蒙古人民共和国起初尝试把老蒙文拉丁化，1941 年向俄文看齐，改为斯拉夫字母的新蒙文。越南、朝鲜和日本这些曾经使用过汉字的国家也进行了文字改革。如 1945 年越南成立民主共和国，以拉丁化的越南语拼音文字为法定文字，废除汉字。日本在 1946 年启动了汉字简体化、拉丁化改革。朝鲜半岛独立以后，朝鲜自 1946 年即开始限制汉字的使用，到 1949 年彻底废除了汉字；韩国于 1948 年规定不得于政府公文中使用汉字。很多殖民地半殖民地国家独立后，也都进行了文字改革。土耳其在民主革命成功以后，1928 年把阿拉伯字母的土耳其文进行拉丁化。1945 年印尼独立，以拉丁化的印尼文作为法定文字，成为东方拉丁化的一件大事。

可见，文字改革尤其是拼音化文字改革，在当时的世界似乎已是大势所趋。这不能不引起中共中央领导人的关注。1950 年 2 月 1 日，刘少奇写信给中宣部负责人陆定一、胡乔木，提出要研究亚洲邻国蒙古、朝鲜、越南等国的文字改革经验。他指出：“中国的文字改革，尚无定案。但现在我们亚洲邻国蒙古，朝鲜，越南的文字改革均已成功。在某一方面来讲，他们的文字已较中国文字为进步，而他们原来是学并用中国文字的。朝鲜的字母已有数百年历史，日文字母历史亦有多年……我想我们的文字研究者应研究他们的字母及文字改革经验，为此，并可派学生或研究工作者去这些国家学习，以便为我们的文字改革制订方案。”[②]1951

---

① 转引自倪海曙：《拉丁化新文字运动编年纪事》（下），中国人民大学语言文字研究所 1979 年版，第 309 页。

② 《建国以来刘少奇文稿》第 1 册，中央文献出版社 2005 年版，第 441 页。

年春，毛泽东两次约请郭沫若、马叙伦、沈雁冰等人讨论文字改革问题，经过商讨，毛泽东明确提出了“文字必须改革，要走世界文字共同的拼音方向”的方针[①]。

在这种形势下，文字改革很快被中共中央提上工作日程。1951 年 12 月 26 日，周恩来指示，在中央人民政府政务院文化教育委员会下设立中国文字改革研究委员会。1952 年 2 月 5 日，中国文字改革研究委员会召开成立大会，由马叙伦任主任委员，吴玉章为副主任委员；丁西林、吴晓铃、林汉达、季羡林、胡乔木、韦悫、陆志韦、陈家康、叶恭绰、黎锦熙、魏建功、罗常培 12 人任委员。到 1954 年 10 月，经周恩来总理提议、第一届全国人民代表大会常务委员会第二次会议批准，将中国文字改革研究委员会改为中国文字改革委员会（简称文改会），作为国务院直属机构。1954 年 12 月 23 日，中国文字改革委员会正式成立，吴玉章为中国文字改革委员会主任，胡愈之为副主任；吴玉章、胡愈之、韦悫、王力、丁西林、叶恭绰、朱学范、吕叔湘、邵力子、季羡林、林汉达、胡乔木、马叙伦、陆志韦、傅懋勣、叶圣陶、叶籁士、董纯才、赵平生、黎锦熙、聂绀弩、魏建功、罗常培 23 人为委员。该会的成立表明文字改革不再限于研究，而要逐步实行了。

从文字改革机构组成人员的政治身份来看，中国文字改革研究委员会中，除吴玉章、韦悫、胡乔木、陈家康 4 人为中共党员外，其余 10 人皆为党外民主人士；中国文字改革委员会 23 名委员中，民主人士 13 人，占了大半。这说明，中国共产党在领导新中国文字改革的过程中，非常重视党外文化界人士的意见。从委员们的专业身份看，既有吴玉章、叶籁士等拉丁化新文字工作者，也有黎锦熙等国语罗马字倡导者；既有王力、陆志韦、吕叔湘等研究汉语语音、汉语语法等语言学家，也有丁西林这样倾力研究汉字检字法的科学家。可以说，新中国的文字改革，集中了各界人士的智慧。

为了协调党内对文字改革的不同意见，研讨文字改革工作上的重大

---

① 参见马叙伦：《中国文字改革研究委员会成立会开会辞》，《中国语文》创刊号，1952 年 7 月号。

原则和实行步骤等问题，并向中央提供切实可行的意见，1953 年 10 月 1 日，中共中央又成立了中央文字问题委员会。由胡乔木担任主任，范文澜任副主任；董必武、徐特立、吴玉章、谢觉哉等 34 名热心文字改革或对语言文字有研究的党内人士担任委员。

这样，在中国文字改革运动的历史上，结束了由民间热心人士提倡试验的阶段，从此文字改革工作成为国家事务的一部分，由专设的行政业务机构来进行。自 1952 年至 1957 年，在中共中央的指导下，中国文字改革（研究）委员会主要组织了对新中国文字改革方案等的研究和制订工作。

二、文字改革方案的探索

文字改革之初的两三年，中共中央并没有对文字改革的方针、任务等问题给予明确的正式指导[①]，中国文字改革研究委员会基本上是以 20 世纪 50 年代初毛泽东、刘少奇等中央领导人对文字改革所发表的意见为主要指导方针，开展了中国文字拼音化的方案、整理简化汉字方案的研究制订工作。直到 1955 年 10 月召开的全国文字改革会议，才正式确定了文字改革的方针，即汉字必须改革，汉字改革要走世界文字共同的拼音方向，而在实现拼音化以前，必须简化汉字，以利目前的应用，同时积极进行拼音化的各项准备工作。1956 年 1 月 27 日，中共中央发出《关于文字改革工作问题的指示》，对文字改革的方针、关于汉字简化的原则和步骤、关于大力推广普通话和积极准备文字拼音化的各项措施等做了明确说明。

总体来看，1952 年至 1956 年，中国文字改革（研究）委员会在中共中央指导下，主要围绕以下三个方面开展了文字改革方案的研究和制

---

① 1953 年 12 月 7 日，胡乔木在给毛泽东、刘少奇的信中指出："汉字问题较为复杂，但因文委的文改会成立已近两年，若不定一方针，甚难继续工作，对该会多数党外学者亦感无以交代，故切盼中央能对其中所提初步改革办法作一原则指示。"可见，直到 1953 年底，中共中央对文字改革的原则、方法等问题，一直没有给予明确的正式指导意见。参见《胡乔木书信集》，人民出版社 2002 年版，第 119—120 页。

订工作。

（一）汉字简化工作——“汉字改革的第一步”①

纵观中国文字发展历史，汉字简化不是中国共产党的首创。汉字远在甲骨文时代就已经有简体，“在历史上，汉字每当传习扩大，应用频繁，就发生简化”②。但是一直以来，简体字被称为俗体字，主要在百姓中流行。近代历史上首次大量采用简体字是太平天国时期。国民党政府曾于1935年8月公布了《第一批简体字表》，拟大规模推行简体字，但因当时戴季陶等文化元老强烈反对，不得不于1936年下令“简体字应暂缓推行”。民主革命时期，中国共产党领导的抗日根据地和解放区的大量刊物和宣传品曾经采用和创造了一些简体字（被称为“解放字”），流行甚广。

在新中国文字改革中，最早提出研究整理汉字简体字建议的是刘少奇。1949年5月，吴玉章向中央请示成立中国文字改革协会时，刘少奇就指示：“汉字简体字也应研究整理一下，以便大家应用。”③但是中国文字改革协会成立之初，人们对创立新文字的热情却远远高过对汉字的整理和简化。文字改革协会成立不到半年，就收到近百种新文字方案，而汉字的整理和简化方案则“门庭冷落”。这种状况直到毛泽东对文字改革有明确表态才有所改变。

毛泽东提倡汉字拼音化改革，但他深知“文字改革工作关系到几万万人，不可操切从事”④，文字改革必须是渐进的。因此，1950年6月，毛泽东向吴玉章指出，“搞文字改革不要脱离实际”，主张“首先进行汉字的简化”。吴玉章接受了毛泽东的意见，在中国文字改革研究委员会成立会上做了自我批评，他说，自己“认为汉字可以立即用拼音文字来代替。这事实上是一种脱离实际的幻想”，毛泽东的指示“是很对的”，所

---

① 吴玉章：《关于汉字简化问题——在政协全国委员会报告会上的报告》，《人民日报》1955年4月7日。

② 周有光：《汉字改革概论》，文字改革出版社1979年版，第11页。

③ 转引自《吴玉章文集》（上），重庆出版社1987年版，第565页。

④ 《建国以来毛泽东文稿》第4册，中央文献出版社1990年版，第236页。

以，中国文字改革研究委员会“在目前应着重研究汉字的简化”。[①]

在中国文字改革研究委员会研究制订简化方案的过程中，毛泽东提出了一些很好的具体建议。如他指出做简体字要多利用草体，找出简化规律，做成基本形体，有规律地进行简化。汉字的数量也必须大大简缩。只有从形体上和数量上同时精简，才算得上简化。[②]1953 年 12 月，中共中央又对汉字整理工作提出了四点指导性意见：（1）实行简体字，采用通行的简体字 3400 个，另外整理出通行简字的偏旁；（2）统一异体字，有简字的以简字为正体；（3）选定一般必学的常用字 1500 个，1500 字以外注音；（4）夹用拼音不宜太多。

按照中央精神，中国文字改革研究委员会多方征求意见，对简化方案进行反复修改，五易其稿，到 1954 年 11 月形成《798 汉字简化表草案》《拟废除的 400 个异体字表草案》《汉字偏旁手写简化表草案》这三个表，合称《汉字简化方案草案》，报送中央。1954 年 11 月，中共中央发出《关于讨论汉字简化方案（草案）的指示》，发动全国对这一方案进行讨论；1955 年 1 月，中国文字改革委员会印制了《汉字简化方案草案》30 万份，向各地文教工作者征求意见；同时《光明日报》等约 10 家报刊也发表了这一草案，广泛征求公众意见。

据不完全统计，当时全国参加讨论的共约 20 万人。中国文字改革委员会所收到的意见书，除去由各地文教行政机关整理汇转的以外，直接寄到文改会的意见书就达到 5167 件。[③]这些意见，文改会分类整理，进行研究，根据研究结果对草案进行了修正。1955 年 10 月，《汉字简化方案修正草案》经国务院汉字简化方案审订委员会审订后，由 1955 年 10 月 15 日至 23 日召开的全国文字改革会议讨论并一致通过。

为了减少改用简体字所引起的社会震动，1955 年 5 月 6 日，刘少奇指出：简化字要分期分批进行；原来的繁体字要保留一个时期，不要马

---

① 《吴玉章文集》（上），重庆出版社 1987 年版，第 664 页。

② 参见费锦昌主编：《中国语文现代化百年纪事（1892—1995）》，语文出版社 1997 年版，第 171 页。

③ 《全国文字改革会议文件汇编》，全国文字改革会议秘书处编印，1955 年，第 16 页。

上废除。[①] 根据这一意见，最终《汉字简化方案》确定了 517 个简化字，分别于 1956 年 1 月 31 日、1958 年 5 月 11 日、1959 年 7 月 15 日分三批在《人民日报》予以公布，正式在全国推行。

（二）从“拼音文字方案”到“汉语拼音方案”——文字改革的中心工作

新中国的文字改革，是以 1951 年底毛泽东所提出的“文字必须改革，要走世界文字共同的拼音方向”为总路线的。因此，“研究并提出中国文字拼音化方案”就成为文字改革的中心工作。值得注意的是，在拟订拼音化方案过程中，拼音文字的形式、作用都发生了根本变化。

1. 拼音字母形式的变化

新中国成立之初，以吴玉章为代表的拉丁化新文字工作者一再强调“中国文字应改成拼音文字，并以改成罗马字的，也就是拉丁化的拼音为好”；中国文字改革的原则，“应该力求科学化，国际化，大众化”。[②] 但是，20 世纪 50 年代初，这种拉丁化新文字引起了争议。有些人认为“汉语是单章节语，同音异义的字太多，用拼音文字来写是行不通的”；有些人认为“新文字太麻烦，它每个单词都得死记。人们要记上十万八万的词，才能读书看报。还不如方块字，学了几千字，可以任意配合成词，都能望文生义”。[③]

在意见分歧的情况下，毛泽东对拼音文字的问题发表了自己的看法。马叙伦于 1952 年 2 月 5 日在中国文字改革研究委员会成立大会上传达了毛泽东的意见：文字必须改革，要走世界文字共同的拼音方向；形式应该是民族的，字母和方案要根据现有汉字来制定。[④] 毛泽东提出的文字必须改革，要向拼音方向发展的看法与新文字工作者的观点是一致的，与

① 参见费锦昌主编：《中国语文现代化百年纪事（1892—1995）》，语文出版社 1997 年版，第 203 页。

② 《吴玉章文集》（上），重庆出版社 1987 年版，第 656 页。

③ 曹伯韩：《新语文运动中的一些思想问题》，《人民教育》1951 年第 4 卷第 2 期。转引自倪海曙：《拉丁化新文字运动编年纪事》（下），中国人民大学语言文字研究所 1979 年版，第 363—366 页。

④ 马叙伦：《中国文字改革研究委员会成立会开会辞》，《中国语文》1952 年 7 月号。

拉丁化新文字运动也是一脉相承的。但是，毛泽东关于应根据汉字来制定具有民族形式的字母和方案的意见，却让人意外。对于其中原因，据语言学家周有光回忆，认为是毛泽东受了斯大林的影响：1949 年 12 月，毛泽东首次出访苏联，在与斯大林的一次会谈中，毛泽东问斯大林："我们要改革文字，要制订一套字母，你看怎么办？"斯大林回答："中国是一个大国，你们应该创造一套自己的字母。"[①]

事实上，这种说法值得商榷。毛泽东对待文字改革的态度比较慎重，1951 年 2 月，他在与马叙伦谈到注音问题时还表示"注音问题采取慎重考虑的态度是对的，我亦尚无成熟意见"[②]。笔者认为，1952 年初毛泽东主张采用民族形式的字母，与 1951 年底扫盲运动中出现的"速成识字法"有一定关联。速成识字法，1951 年由中国人民解放军西南军区文化教员祁建华创造，这是一种借助传统注音字母[③]的辅助作用来提高识字速度的方法。1951 年，西南军区在 1.26 万名干部、战士中试行"速成识字法"，一般只要 15 天时间，就能识字 1500 个以上。中共中央领导人对这种方法给予了高度评价，毛泽东称祁建华是"名副其实的识字专家"，刘少奇称他为"当代仓颉"，陆定一称他"中国第二大圣人"。既然这种传统汉字笔画式注音字母辅助识字效率如此之高，毛泽东倾向于采取民族形式的拼音字母也在情理之中。1952 年 2 月，郭沫若在中国文字改革研究委员会成立大会上也指出："'速成识字法'给我们指示一点，就是，注音字母在今天仍不失为一个可以利用的工具。"[④]事实上，在 1952 年到 1954 年的拼音文字方案拟定工作中，就是以注音字母为基础进行修改的。

毛泽东有着深厚的传统文化底蕴，并深谙草书之道，因而对拟定民族形式拼音方案提出了一些具体意见。例如，他认为：拼音文字不必搞

---

① 参见周有光：《回忆〈汉语拼音方案〉的制定过程》，《群言》2008 年第 7 期。

② 《建国以来毛泽东文稿》第 2 册，中央文献出版社 1987 年版，第 122 页。

③ 注音字母，1918 年由当时的教育部正式公布。这套汉字笔画式的注音字母的产生是汉字标音法的一大进步，直到新中国成立时，它仍作为识字的辅助工具在小学、中学普遍推广，对于帮助识字和"统一国语"作出过很大的贡献。

④ 郭沫若：《在中国文字改革研究委员会成立会上的讲话》，《中国语文》1952 年 7 月号。

成复杂的方块形式，那样的体势不便于书写，尤其不便于连写。汉字就因为笔画方向乱，所以产生了草书，草书就是打破方块体势的。拼音文字无论如何要简单，要利用原有汉字的简单笔画和草体，笔势基本上要尽量向着一个方向，不要复杂。[①]根据这些意见，中国文字改革研究委员会以注音字母为基础进行修改，设计了五套民族形式的拼音文字方案草案，但这些草案所需的字母都在40个至60个，在学习使用上都很不方便。新构造出来的汉字笔画式字母，看起来与汉字有很大差别，经过草书连写以后就更看不出方块汉字的特点了，所谓“民族形式”也无从谈起，就连这些方案的制订者本身也对它们不甚满意。

与此同时，社会各界热心人士包括海外华人也制订了各自的汉语拼音方案，发表自己的见解。据统计，自1952年至1954年，文改会收到了全国各省、市、自治区和海外寄来的汉语拼音方案共计655种。[②]这些方案中有汉字笔画式的、有外文字母式的、有图案式的、有数码式的，甚至还有速记式的。

1955年10月15日，全国文字改革会议召开。中国文字改革委员会向会议提交了六种拼音方案草案的初稿（其中有四种汉字笔画式方案，一种斯拉夫字母式方案和一种拉丁字母式方案），借以征求意见和批评。会上，中国科学院语言研究所苏联顾问谢尔久琴柯做了《关于中国文字的几个问题》的报告，对拉丁化新文字作了高度评价，指出中国在应用以瞿秋白同志和其他中国共产党员所拟订的以字母为基础的拼音文字方面，已有足够的经验；认为推荐不大成功并从各方面说都是比较复杂的、按照注音字母类型创立的音缀和字母混合的字母，而不推荐比较合理地创制出来的汉语拼音字母，是没有任何根据的。他的意见得到了很多人的赞同，主张使用世界通行的拉丁化拼音字母。

1955年11月23日，中国文字改革委员会在向中共中央提交的《关于全国文字改革会议的情况和目前文字改革工作的请示报告》中，提出了“及早确定拼音方案”的建议，并指出：注音字母笔画繁杂，笔势不

① 参见费锦昌主编：《中国语文现代化百年纪事（1892—1995）》，语文出版社1997年版，第171页。

② 《建国以来重要文献》第8册，中央文献出版社1994年版，第102页。

顺，方向纷乱，书写不便，在记录方言和拼写少数民族语言方面都有困难，因此不可能作为我国将来拼音文字的字母，迟早要用别的字母来代替。但是如果等到将来再改，则不如现在就改，否则在教学和出版印刷方面徒然浪费许多人力物力，并增加将来改变时的困难。①

根据《胡乔木书信集》一书中所收入的胡乔木1956年1月19日致杨尚昆的一封信及其批示来看，中央政治局于1955年底或1956年1月初召开会议，审议了文改会的这一报告，并就文字改革工作问题做了讨论。根据中央的讨论意见，胡乔木代拟了《中共中央关于文字改革工作问题的指示》，并于1月19日交送中央。1月24日，邓小平批示要求毛泽东、刘少奇阅后发。1月27日，中央下发了这一指示，明确指出“中央认为，汉语拼音方案采用拉丁字母比较适宜”②，使得几年中关于字母形式的反复争论最终尘埃落定。

至于中共中央为什么改为支持拉丁字母，毛泽东于1956年1月20日在中央召开的知识分子问题会议上的讲话中作了较深刻的讲解。他说：吴玉章同志提倡文字改革，我很赞成。在将来采用拉丁字母，你们赞成不赞成呀？我看，在广大群众里头，问题不大。在知识分子里头，有些问题。中国怎么能用外国字母呢？但是，看起来还是以采取这种外国字母比较好。因为这种字母很少，只有二十几个，向一面写，简单明了。我们汉字这方面实在比不上，比不上就比不上，不要以为汉字那么好。凡是外国的好东西，对我们有用的东西，我们就是要学，就是要统统拿过来，并且加以消化，变成自己的东西。只要态度和方法正确，学习外国的好东西，对自己是大有好处的。③

1956年2月20日，中国文字改革委员会发表了《汉语拼音方案（草案）》，并印行100多万份，征求全国各方意见。很多人注意到这套草案的名称发生了变化，原来的“拼音文字方案（草案）”中的“文字”二字被删掉了。这样就由《拼音文字方案》改变为《汉语拼音方案》。其

① 《建国以来重要文献》第8册，中央文献出版社1994年版，第102页。

② 同上书，第92页。

③ 转引自费锦昌主编：《中国语文现代化百年纪事（1892—1995）》，语文出版社1997年版，第219页。

实，这一名称的变化，隐含的是拼音在文字改革理论和实践中作用的根本转变。

2. 拼音作用的变化

新中国成立初期，以吴玉章等人为代表的拉丁化文字倡导者认为“汉字可以立即用拼音文字来代替”，因而在各地开展了试行拉丁化新文字的活动。据统计，新中国成立后的一年中，全国有 60 个县市进行了新文字活动，有 14000 多人参加了学习，有 20 个县市成立了新文字团体，有 6 个大学和 3 个中学把新文字列为正课，有 3 个市的电台举办了广播讲座，有 10 多种新文字书籍和 20 多种新文字刊物出版（油印的不在内）。① 对于这种主张与实践，当时就有人提出异议，毛泽东对此也作了批评，指出文字改革不要脱离实际，汉字的拼音化需要做许多准备工作。②

1952 年 2 月，在中国文字改革研究委员会成立会上，吴玉章对以往“没有估计到民族特点和习惯，认为汉字可以立即用拼音文字来代替”的错误认识做了自我批评。此后，他逐渐认识到：在中国实现文字拼音化必须经历一个过渡时期。这是因为：（1）几千年来我国使用的汉字不是拼音文字，一般人民缺乏拼音的习惯；（2）我国的方言十分复杂，普通话还没有普及；（3）由于长期使用汉字的影响，汉语词汇中同音词比较多，有些词语用汉字写出来可以懂，说出来就不好懂。这就决定了汉字改革成为拼音文字，必然要有一个过渡时期。③ 而在这样一个过渡时期，尤其是在全国如火如荼开展的扫盲运动中，如何发挥拼音文字的作用，新文字工作者在实践中进行了很多探索。

1951 年底 1952 年初，全国范围内普遍推行速成识字法。在识字运动的高潮中，新文字工作者们提出了结合实际，为工农兵识字学文化服务的问题。他们呼吁新文字应该与“速成识字法”相结合，拉丁化新文字运动应该与扫盲运动相结合。“用新文字拼音来突击认识方块字，一方

① 转引自倪海曙：《拉丁化新文字运动编年纪事》（下），中国人民大学语言文字研究所 1979 年版，第 324 页。

② 《全国文字改革会议文件汇编》，全国文字改革会议秘书处编印，1955 年，第 14 页。

③ 吴玉章：《中国文字改革的道路》，《人民日报》1956 年 1 月 1 日。

面扫除了文盲，另一方面新文字也在这时候扎下了深根。”[①] 他们认为，这个办法可能是文字拼音化运动中最适宜的一个过渡办法。这样，在推行新文字的试验中，一些地方就将拉丁字母拼音作为了识字的注音工具，先学新文字，再用新文字来识汉字，取得了良好效果。

正是在这种实践的基础上，1955 年 10 月，全国文字改革会议提出，汉语拼音文字方案“首先作为普通话的教学工具，不作为拼音文字”[②]。可见，拼音文字的功能已发生了根本改变。为了更准确地体现拼音的作用，1955 年 12 月，中国文字改革委员会拼音方案委员会决定把原来的《拼音文字方案》的名称改为《汉语拼音方案》。1956 年 1 月，中央在《关于文字改革工作问题的指示》中，明确将汉语拼音方案的作用规定为“推广普通话和辅助扫盲教育中的汉字注音”。1956 年 2 月 9 日，中国文字改革委员会发表了《汉语拼音方案（草案）》，并在草案说明中详细阐述了汉语拼音方案的用处，主要有：给汉字注音、作为普通话的教学工具、作为科学上和技术上的符号、用来试验汉语拼音文字、作为各少数民族制定拼音文字的字母基础。

汉语拼音方案，受到了各界人士的热烈欢迎，他们还从不同的角度对拼音方案提出了种种不同的意见。从 1956 年 2 月到 9 月，文改会收到了全国各方面人士及海外华侨的书面意见 4300 多件。[③] 文改会根据各方面的意见，对草案进行了修订，送请国务院审核。1956 年 10 月，国务院成立汉语拼音方案审订委员会进行审议。经过多次座谈征求意见和反复的讨论磋商，审订委员会在 1957 年 10 月提出《汉语拼音方案修正草案》，经政协全国委员会常务委员会的扩大会议讨论，11 月 1 日由国务院全体会议第 60 次会议通过。1958 年 2 月 11 日，第一届全国人民代表大会第五次会议批准公布《汉语拼音方案》。

---

① 参见倪海曙：《拉丁化新文字运动编年纪事》（下），中国人民大学语言文字研究所 1979 年版，第 373 页。

② 《全国文字改革会议文件汇编》，全国文字改革会议秘书处编印，1955 年，第 117 页。

③ 中国文字改革委员会：《关于汉语拼音方案草案的说明》，《人民日报》1957 年 12 月 11 日。

（三）推广普通话——“为中国文字的根本改革铺平道路”[①]

在20世纪50年代初中期的文字改革宣传话语中，推广普通话，既是适应全国人民迫切要求和我国社会主义建设需要的政治任务，是加强汉民族政治、经济、文化的统一的必要步骤，同时也是与实现汉字的拼音化方向直接相关的一项文字改革内容，是进一步发展汉语和准备文字根本改革的必要步骤。

在新中国文字改革之初，一些文字改革工作者就认识到了统一民族语言的必要性。如1951年8月有人提出“我们还没有统一的民族语言，谈不到建立拼音文字”，主张文字改革工作“应该从统一语言着手”。[②]但从总体来看，20世纪50年代初期，文字改革的重点放在汉字简化和拟定拼音文字方案上，推广普通话还没有作为文字改革的一项内容，只是进行了与汉字注音标准音有关的研究工作。1951年6月7日，中国文字改革委员会筹备会召开汉字注音、拼音问题座谈会，讨论汉字要不要注音等问题。经过讨论，会议赞成给汉字注音，并且以北京话为标准音。1954年，中国文字改革委员会成立大会上，在确定1955年文字改革任务时，把研究和推行标准音的教学列入了工作规划。

随着拼音化文字改革的推进，吴玉章等人认识到“为了根本解决文字改革问题，使汉字走上世界共同的拼音方向，需要做一系列的准备工作”；而在拼音化的各项准备工作中，“有一项最重要的工作，那就是逐步统一汉语的语音……使汉语语音在全国范围内有一个统一的标准，并且逐步扩大这个统一的标准语音的使用范围”。[③]“我们的文字必须改革，最后要走拼音化的道路。如果没有统一并且规范明确的语言，拼音文字就无从设计；如果不同时推行这种语言，拼音文字也难于推行。”[④]这样，

---

① 《全国文字改革会议文件汇编》，全国文字改革会议秘书处编印，1955年，第7页。

② 参见倪海曙：《拉丁化新文字运动编年纪事》（下），中国人民大学语言文字研究所1979年版，第365页。

③ 《全国文字改革会议文件汇编》，全国文字改革会议秘书处编印，1955年，第17页。

④ 现代汉语规范问题学术会议秘书处编：《现代汉语规范问题学术会议文件汇编》，科学出版社1956年版，第260页。

推广普通话的任务逐渐提上文字改革实际工作日程。

1955 年 5 月 7 日，中国文字改革委员会党组、教育部党组就召开全国文字改革会议给中央写了一个报告。在这一报告中，提出了推广标准语的问题："标准语的推广工作是十分必要的，并且必须从现在开始，大力推行。"刘少奇对该报告作出了"拟予同意"的批示。[①] 从该报告内容来看，这之前中央还没有普通话的提法。1955 年 5 月 6 日，刘少奇听取吴玉章关于文字改革工作的汇报后，提出了普通话的提法。他指出："汉民族要有统一的语言，学校要用普通话进行教学。可以考虑作出这样的规定：老师在一定时期内学会普通话。今后凡是不会讲普通话的，不能当教师。"[②]

此后，按照中央这一精神，文改会和教育部对"标准语"的提法做了改变。到 1955 年 10 月召开的全国文字改革会议时，正式通过了推广普通话的决议。对于为什么要推广普通话，会议一致认为推广普通话是适应全国人民迫切要求和我国社会主义建设需要的政治任务，这是加强汉民族政治、经济、文化统一的必要步骤，是全国性的带有战略意义的重大措施，也是进一步发展汉语和准备汉字根本改革的必要步骤。对于什么是普通话，会议也取得了一致的认识，即普通话是以北方话为基础方言、以北京语音为标准音的汉民族共同语。

到 1956 年 2 月 6 日，国务院向全国发出《关于推广普通话的指示》，对普通话的定义做了更全面、更周密的阐述。值得注意的是，这一指示在解释为什么要推广普通话时，没有再提为汉字的根本改革准备重要条件，只作了如下表述："由于历史的原因，汉语的发展现在还没有达到完全统一的地步。许多严重分歧的方言妨碍了不同地区的人们的交谈，造成社会主义建设事业中的许多不便。语言中的某些不统一和不合乎语法的现象不但存在在口头上，也存在在书面上。在书面语言中，甚至在出版物中，词汇上和语法上的混乱还相当严重。为了我国政治、经济、文

---

① 《建国以来刘少奇文稿》第 7 册，中央文献出版社 2008 年版，第 202—203 页。

② 参见费锦昌主编：《中国语文现代化百年纪事（1892—1995）》，语文出版社 1997 年版，第 203 页。

化和国防的进一步发展的利益，必须有效地消除这些现象。”[①] 这是一个重要的变化。

三、对文字改革的争议与中共中央的决策

文字改革是 20 世纪 50 年代中国文化领域最重大的运动。总体来说，这一改革受到工农兵广大群众的欢迎，在知识分子群体中却自始至终伴随着不同意见的争论。在“百家争鸣、百花齐放”的精神鼓舞下，这种争论到 1957 年整风运动的“大鸣大放”中达到高潮，甚至有人因为反对文字改革而被划为“右派”。

由于文字改革的根本方向是拼音化，在 20 世纪 50 年代初中期人们理解即是以拼音文字代替汉字，从而引起了广泛的讨论。一般说来，在知识分子中间，不同意拼音化者，主要有以下怀疑：（1）汉语是单音节孤立语，不能像欧美各国那样应用拼音文字；（2）汉字同音词太多，如改成拼音文字，会失掉文字的精确性；（3）害怕各地方言分歧，写出来的拼音文字不一致，会造成汉族文字的分裂；（4）汉字如果改为拼音文字，将使悠久的中国文化遗产受到损害。[②] 人们对汉字简化也有不少的怀疑和顾虑，大约有以下几种：（1）认为简化汉字是所谓“俗字”“别字”，不应提倡；（2）认为推行简体字会造成文字混乱，本来识字的人都要变成不识字的了；（3）认为简化汉字破坏了汉字传统；（4）认为简化的汉字不美观、不庄严。[③] 推广普通话也招致了一些怀疑。例如，有人认为北京音有许多地方不合理；有人说北京语音太难学了，连语言学家们的北京话都说不好，推广普通话谈何容易；还有一部分人觉得北京话以前叫作“官腔”，因此对学普通话有反感；还有一种误会，认为推广普通话是要消灭方言。

对于社会上对文字改革问题的种种误解和疑虑，中央和文改会进行

---

① 《国务院关于推广普通话的指示》，《人民日报》1956 年 2 月 12 日。

② 郑林曦：《汉字改革》，上海教育出版社 1959 年版，第 50—52 页。

③ 《胡乔木谈语言文字》，人民出版社 1999 年版，第 79—83 页；吴玉章：《关于汉字简化问题——在政协全国委员会报告会上的报告》，《人民日报》1955 年 4 月 7 日。

了认真研究，并在各种场合、通过各种渠道做了大量说明和解释工作。如 1955 年 3 月，在政协全国委员会报告会上，胡乔木、吴玉章都向大会报告了关于汉字简化问题的工作，都对汉字简化问题的种种意见做了回答。1955 年 10 月，在全国文字改革会议上，胡乔木等人对推广普通话的工作作了长篇阐释。1956 年 2 月，文改会发表《汉语拼音方案草案》，同时亦发表草案说明，对为什么要拟订汉语拼音方案、根据什么原则拟订、为什么要采用拉丁字母而不用注音字母或者另外创造一套汉字笔画式的字母、（草案）的拟订过程、拟订过程中有哪些重要的不同意见等问题做了详细解释。3 月，吴玉章在政协全国委员会常务委员会第十八次会议（扩大）上又做了《关于汉语拼音方案（草案）的报告》，向各界人士做了汇报。以上这些文件和报告同时发表在《人民日报》《光明日报》《中国语文》《拼音》《文字改革》等主要报纸杂志上，向全国人民和关心文字改革的各界人士通报说明文字改革工作的进展情况。

尽管如此，到 1957 年整风运动“大鸣大放”期间，对文字改革的意见仍不绝于耳。中国文字改革委员会于 1957 年 5 月 16 日、5 月 20 日、5 月 27 日邀请了语言学界、科学界等有关知识分子连续召开了三次“文字改革问题座谈会”，广泛征求党内外人士对文字改革工作的意见；各报刊也发表了大量关于文字改革的文章。总体来看，赞成文字改革的意见很多，发表批评意见的人也不少，尤其是对汉字是否要拼音化的问题，争议比较激烈，有人发表了比较尖锐的意见。如有人指出：“我对文字改革的理由不了解，因此我不能盲目地同意文字改革。文字改革的文献虽然很多，可是从这些文献中就找不出足以令人信服的汉字必须拼音化的理由。”他认为汉字难认、难写、难打字等都不是汉字必须拼音化的理由，“汉字存在这样久，就汉字本身而言，它是不会发展成拼音文字的。汉字的存在就是文字并不都要发展成为拼音文字的例证”[①]。还有人指出：世界各国文字有两种体系，一种是东亚的中国形意文字体系，另一种是西欧的罗马拼音（拉丁字母）文字体系。“二者互有短长，无所谓轩轾优劣，更无庸是彼而非此。”“今之主张废除汉字，以拼音文字来代替的，主观

① 《文字改革问题座谈会记录》，《拼音》1957 年第 7 期。

上是为扫除文盲，普及文化；而客观上，则是自己毁灭祖国历史与文化，消灭民族意识，正是殖民主义者对被征服的国家所走的道路，至堪令人痛心的！”①

对简化汉字提出意见的也很多。例如，北京大学教授翦伯赞 1957 年 5 月 16 日在第一次文字改革问题座谈会上肯定了汉字简化的倾向，但也指出“进行文字改革的时候就不能一味从减少笔划着想，还要想到因减少笔划而引起的对字义的影响”。应该说，这种意见还是比较严谨的。但有些对简体字的批评意见就是吹毛求疵性的了。如有人指出简体字的一大缺点是不利于书写，“老汉字虽然笔划繁多，但可以草体化，一经草化，就可以变成形体简单的书写体。而简体字多半不能草体化，必须一笔一划地书写正楷字。许多简体字一经草化，就真要变得‘面目全非’”；“现在书报文件已实行横排横写，简体字却不利于横写”，甚至担心“由于新简字的启示，自由造字的风气更盛行起来了。结果各人写的字便只有自己认识，使文字失去交际作用”。② 实践证明，这种担心是毫无必要的。

也有人对文改会的汉字整理和简化工作做了批评，如考古学家、古文字学家陈梦家认为已公布的简化字方案，主要的缺点在于“公布以前的手续和方式”，“简字方案公布得太快，没有多找专家，也没有走群众路线”，“没有考虑好就以国务院的名义公布了”；提出“是不是可以考虑作一些根本的改变”，“希望将这个方案暂行撤回，重作慎重考虑”。③ 也有人对文字改革作了武断的不切实际的评价。如章伯钧 1957 年 5 月 21 日在中央统战部举行的座谈会上说：文字改革“只由少数热心分子作了讨论”；罗隆基也说：“毛主席是赞成拼音化的，这样让大家讨论就很难发表意见了。”④

1957 年整风运动中关于文字改革的各种“鸣放”意见引起了中央和文改会的重视。一方面，对当时批评、攻击文字改革工作的少数人的不

---

① 王重言：《对于废除汉字改用拼音文字的商榷》，《文字改革》1957 年第 10 期。

② 赵太侔：《关于汉字简化问题》，《文字改革》1958 年 5 月号。

③ 陈梦家：《慎重一点“改革汉字”》，《文汇报》1957 年 5 月 1 日；陈梦家：《关于汉字的前途》，《光明日报》1957 年 5 月 19 日。

④ 《统战部邀请民主党派和无党派民主人士继续座谈》，《人民日报》1957 年 5 月 22 日。

实之词，进行了严厉批评，甚至将个别人定性为右派[①]。另一方面，中央采取了一种谨慎的态度，认真听取了周围知识分子和群众的反对意见，尤其是反对汉字拼音化的意见，对文字改革的长远性和当前文字改革的任务做了详细说明。这在1958年1月10日周恩来在中国人民政治协商会议全国委员会举行的报告会上所作的《当前文字改革的任务》的报告中有充分反映。

这一报告开门见山地规定了文字改革的主要任务就是“简化汉字，推广普通话，制定和推行汉语拼音方案”[②]。对于当时人们对这三大任务所提出的各种模糊认识和不同意见，周恩来在报告中运用马克思主义的立场、观点和方法，摆事实，讲道理，进行了耐心地说服和解释。如关于简体字，报告肯定了汉字的简化方向，但也指出具体工作中确实还有考虑得不周到的地方，少数简字简化得不恰当、在使用中证明有缺点，有待于进一步改进或者保留原来的繁体。关于制定和推广汉语拼音方案，报告明确说明了汉语拼音方案的用处，“是用来为汉字注音和推广普通话的，它并不是用来代替汉字的拼音文字”。这就消除了人们对拼音文字代替汉字的误解。

对于争议比较大的文字改革的拼音化方向问题，中央采取了“搁置争议”的态度，把文字改革的任务划分为“当前”与“将来”两个阶段，努力做到求同存异。报告说：至于汉字的前途，它是不是千秋万岁永远不变呢？还是要变呢？它是向着汉字自己的形体变化呢？还是被拼音文字代替呢？它是为拉丁字母式的拼音文字所代替，还是为另一种形式的拼音文字所代替呢？这个问题我们现在还不忙作出结论。但是文字总是要变化的……至于用什么方案，现在不忙把它肯定，关于汉字的前途问题，大家有不同的意见，可以争鸣，但这不属于当前文字改革任务的范围。[③]至此，国家层面的汉字拼音化问题搁置下来，拼音方案最终成为一个帮助汉语学习的得力工具。

---

① 陈梦家等因文字改革问题上的过激言论被划为右派。

② 据胡乔木说明，这三项任务“是经毛主席提出，周总理在政协扩大会上宣布的”。参见《胡乔木谈语言文字》，人民出版社1999年版，第276页。

③ 参见《建国以来重要文献选编》第11册，中央文献出版社1994年版，第22—37页。

从整个报告来看，中央对文字改革问题循循善诱，可谓用心良苦。这个报告既是对此前文字改革工作的总结，也是对以后文字改革工作的部署。自此，简化汉字、推广普通话、制定和推行汉语拼音方案就构成中国文字改革的内涵，奠定了新中国文字改革的框架，此后 30 多年的文字改革工作都是从这三方面展开的。

四、评价

（一）新中国文字改革是对半个世纪以来文字改革的继承与发展

近代以来的中国文字改革思潮和实践，自清末切音字运动、民国初年的注音字母运动，到五四时期的国语罗马字运动和简化汉字运动，再到 20 世纪 30 年代开始的拉丁化新文字运动等，可谓此起彼伏。但总体来看，由于政府并不热心，这些探索大多没有走出知识分子的圈子，在社会上推广不多。

新中国成立后，中国共产党对文字改革高度重视，成立专门机构，组织团结文字改革各方力量，才使有志之士半个世纪以来所从事的文字改革工作从有组织领导的群众运动，转变为顺应民心、依靠专家的国家行为，并取得了举世瞩目的成绩。也正因为有中国共产党高屋建瓴、全盘规划，才使新中国的文字改革系统总结了前人经验，集各种探索之大成，形成了比较完善的文字改革方案。

例如，国语罗马字者把北京话定为标准国语，强调国语统一；拉丁化新文字工作者则反对国语统一运动，强调各地方言拉丁化。在中共中央的指导下，吴玉章等拉丁化新文字工作者修正自己的主张，将推广普通话纳入了文字改革体系。再如，对注音字母这种传统的笔画式注音工具，中央领导人和文改会高度重视，一度探索将其继承发展为汉语拼音方案，但由于种种困难不得不放弃。但后来的拉丁字母拼音方案改变了原有不标声调的缺陷，吸收了注音字母“平、上、去、入”的标调符号，同时避免了国语罗马字标调条例繁乱的缺点，从而使汉语拼音方案比史上任何一个方案都更加完善。对汉字的简化更是吸取了传统简体字的精华。据统计，简化方案中80%以上的简体字都是在20世纪50年代以前就已经流行或存在的。其中，源自先秦的68字，占13.05%；源自秦汉的共96字，占18.43%；源自三国、两晋、南北朝的共32字，占6.14%；源自隋、唐、五代的共29字，占5.57%；源自宋、辽、金、元的共82字，占15.74%；源自明、清、太平天国时期的共53字，占10.17%；源自民国的共60字，占11.52%；中华人民共和国公布的（1949年至1956年，包括1949年以前在解放区通行的少量“解放字”）共101字，占19.38%。[①]

（二）文字改革是一场以广大人民群众利益为出发点的巨大社会变革

中国共产党自诞生之日起，始终代表着中国最广大人民的根本利益。文字改革更彰显了中国共产党这一伟大本质。

文字是表达思想和交流思想的工具，与民主权利的运用有直接关系。不懂文字的人们既不能用文字来表达思想和跟别人交流思想，又不能阅读文件和书报，这就使运用民主权利受到一定限制。新中国成立后，实现了人民当家作主，面对蓬勃兴起的社会主义改造和社会主义建设运动，广大人民群众热情高涨，渴望学习知识和文化，以提高为国家、为社会服务的本领。而要使文盲、半文盲迅速地掌握使用文字，不能不正视传统繁体字的难认、难记、难写、不易掌握的问题。为了广大劳动人民比较容易地掌握文字工具来学习文化技术，更充分地运用民主权利而大力推行文字改革，这是中国共产党领导新中国文字改革的初衷和出发点。以毛泽东为代表的中共领导人，对传统文化有着深厚的感情，就毛泽东本人而言，他一生都在使用繁体字，却倡导“文字必须改革，要走世界文字共同的拼音方向”，并“首先进行汉字的简化”。这正说明文字改革，绝不是从中国共产党领导人或一部分人的个人喜好出发的，而确实是从广大人民群众利益出发而采取的决策。

文字改革方案的制订更是尊重人民群众习惯，吸取广大人民群众智慧。例如，汉字简化工作，大到“约定俗成、稳步前进”简化方针的确

---

① 参见李乐毅：《80%的简化字是“古已有之”的》，《语文建设》1996年第8期。

立，小到某一个字偏旁的选取、笔画的省减等，都力求照顾群众中普遍应用的现实。如首先采用群众所创造并且为群众已经习惯使用的简体字，同时运用群众习惯使用的简化方法（例如同音代替、草书楷化和减省笔画等）来创造一部分新的简体字。汉字简化方案的制定，不仅凝聚了专家学者的心血，也渗透着普通群众的智慧。

对如何正确理解文字改革，1957 年就有语言学家指出："文字该不该改革，不决定于五百万知识分子对汉字的感情，而决定于六万万人的利益。""文字改革本来不是为着现在已认识方块字的知识分子，而是为着现在还不认识字和将来要认识字的千百万劳动人民和我们的子孙万代。"[①]还有人指出："单就已经认识汉字用惯汉字的人着想，改不改都无所谓。可是咱们小学里每年有大量的新入学的儿童，咱们中间又有大量的文盲。为这两大批人着想，汉字就非改革不可……汉字改革是关涉到多数人利益的一件大事。有些人不赞成汉字改革，找出种种理由，可是他们往往忽略了多数人利益这一点。在社会主义的社会里忽略多数人利益，这是不妥当的。"[②]当前我们评价文字改革，也绝不能从个人便利出发，从个人喜好出发。

（三）文字改革是社会主义建设事业的有机组成部分

文字是掌握文化不可缺少的武器。没有文化就很难提高科学和技术水平，社会主义建设大业无疑会受到一定限制。正因如此，有计划、有步骤地改革中国文字，以使广大人民群众迅速地学习使用汉字，就成为一项十分重要的政治任务。1955 年 10 月，陈毅在全国文字改革会议上指出：不能从文字改革本身来看文字改革问题，"应该把它和完成三个五年计划和我国建设社会主义工业国家联系起来"。

实践表明，新中国文字改革的政策与实践是成功的。首先，文字改革大力推进了扫盲运动进程。20 世纪 50 年代，就有"简化字扫盲一亿人"的说法。文字改革的开展，促进了工农群众文化水平的提高，对推

---

① 《1957 年文字改革辩论选辑》，新知识出版社 1958 年版，第 198 页。

② 叶圣陶：《谈汉字改革》，《文字改革》1957 年第 8 期。

进新中国的各项建设作出了不可磨灭的贡献。其次，我国文字改革在世界上产生了深远的影响。随着我国国际地位的提升，简体字随着中华文化在全球获得了广泛深入的传播，联合国从2008年起使用的中文一律用简体字；新加坡、马来西亚等国家也采用简体字作为学习和使用汉语的规范用字。50多年来，《汉语拼音方案》在推广普通话、语文教育、新闻出版、编序和检索、编制型号代号、邮电和其他通信、信息处理、专名拼写、我国少数民族的文字改革、对外汉语教学等方面都得到了广泛的应用，是须臾不可或缺的工具。联合国秘书处从1979年6月15日起采用汉语拼音作为在各种拉丁字母文字中转写中华人民共和国人名和地名的标准。1982年8月，国际标准化组织（ISO）通过决议采用《汉语拼音方案》作为在文献工作中拼写有关中国的专门名词和词语的国际标准。

（四）时代造就的局限性

从文字改革三大任务的确定过程来看，中共中央对文字改革的长期性、复杂性有充分认识，最终采用稳妥的方式，即在简化汉字的同时，创立汉语拼音方案作为辅助。这从根本上是应该肯定的。但在具体工作中，由于处于社会主义建设突飞猛进的时代，也由于20世纪50年代中期政治环境的影响，文字改革不可避免地烙上了时代的局限性。

如文字改革过程中存在学术问题政治化处理。20世纪50年代关于文字改革的不同意见，基本上都属于学术争鸣。但由于当时整个政治环境的制约，学术批评与政治攻击相混淆，有一些人因对文字改革的激烈批评，而被错误地当作反对政治改革被划为右派，遭受了迫害。如前所述，陈梦家在1957年旗帜鲜明地表示不赞成实行简化字，也反对实行汉字的拉丁化。“反右派”运动开始后，陈梦家即以“反对文字改革”的罪名被打成右派，并被定性为“章罗联盟反对文字改革的急先锋”，受到迫害。“文化大革命”爆发后，陈梦家受到连续的批判和斗争，于1966年9月3日自杀，直至“文革”结束之后冤案才得以平反。这种政治氛围，窒息了学术的研究，不利于文字改革的进行。

再如，文字改革中存在急于求成的毛病。自1953年开始中国进入社会主义工业化和社会主义改造新时期。由于急于摆脱“一穷二白”的局面，在这一过程中尤其是在社会主义改造基本完成后，开始滋长了盲目乐观和急于求成的情绪。这种情绪在当时的文字改革工作中也得到鲜明体现。如1956年1月《中国语文》杂志发表社论《为完成语文工作的三大任务而奋斗》就提出："社会主义的高潮的到来要求我们语文工作者把工作做得又多、又快、又好、又省。""在这个高潮中，我们应该适当地扩大我们的事业计划并加速完成促进文字改革、推广普通话和实现汉语规范化这三大任务。"这种急于求成的情绪，导致有的问题考虑不周，尤其是简化汉字方面，存在很多不尽如人意之处。这种偏颇给20世纪五六十年代进行的这项重要的文化建设工程带来这样那样的不足，影响了某些简体字字形的科学性。正因如此，促进汉字的规范化、标准化成为改革开放新时期乃至21世纪语言文字工作的一项主要任务。①

［原载《党史研究与教学》2009年第6期］

---

① 例如，2009年8月，教育部公布《通用规范汉字表》征求意见稿，其中就根据现实需要，恢复了"剋、锺、蘋、濛、噁、硃"这6个繁体字，以及"仝、邨、昇、陞、堃、喆、甦、淼、犇"等51个异体字。

中共与少数民族文字的创制和改革

中国共产党自成立之初便奉行民族语言文字平等的政策，新中国成立后，为了切实贯彻这一政策，并帮助少数民族发展文化教育事业，中国共产党领导开展了帮助少数民族创制与改革文字的工作。在中央及地方有关部门的组织下，20世纪50年代为壮、苗、布依、彝、黎、哈尼、傈僳、侗、佤、纳西等民族创制了拉丁字母形式的文字方案，为拉祜族、景颇族、傣族改进了原有文字；50年代末、60年代初为维吾尔族、哈萨克族设计了拉丁字母形式的改革方案；70年代对凉山地区的传统彝文进行了整理和规范，并为土族创制了拉丁字母的土文；90年代又为羌族等少数民族创制了拉丁字母新文字方案。这些文字工作，作为新中国成立后党的民族工作的重要组成部分，对促进少数民族地区经济、文化建设的发展和少数民族文化、社会生活水平的提高都发挥了重要作用。但是，由于有些新创文字的推行经历了比较曲折的过程，尤其是21世纪后新创文字的推行和使用出现了严重滑坡，导致社会上有人对新中国创制和改革民族文字这一政策提出了质疑。系统梳理中国共产党领导少数民族文字创改工作的历程，总结其中的经验教训并给予正确评价，对于当前进一步推进少数民族语言文字工作有着重要的现实意义。

一、少数民族文字创制和改革任务的提出和中国共产党的认识

坚持民族平等和语言平等是马克思主义民族纲领的重要内容[①]，中国共产党自成立之日起，就将尊重、保护少数民族的语言文字作为自己的奋斗目标和施政纲领。如1931年10月20日，第一次全国苏维埃代表大会通过的《宪法大纲》规定：不分民族、宗教“苏维埃法律面前一律平等”，“苏维埃政权更要在这些民族中发展自己的民族文化和语言”。大会还宣告：“苏维埃共和国必须特别注意落后民族与自治区域内生产力的发展与文化的提高，必须为国内少数民族设立完全应用民族语言文字的学校、编辑馆与印刷局，允许在一切政府的机关使用本民族的语言文字。”[②]到抗战时期，中共又提出帮助少数民族发展自己的语言文字，如1938年11月6日，毛泽东在六届六中全会上指出：“允许蒙、回、藏、苗、瑶、夷、番各民族与汉族有平等权利……不但不应强迫他们学汉文汉语，而且应赞助他们发展各族自己言语文字的文化教育。”[③]到全国解放前夕，1949年9月通过的《中国人民政治协商会议共同纲领》第五十二条规定：“各少数民族均有发展其语言文字、保持或改革其风俗习惯及宗教信仰的自由”[④]，可以说是对整个新民主主义革命时期党的民族语言文字政策的总结。在实践中，民主革命时期，中国共产党开展的少数民族语言文字工作，基本侧重于鼓励各民族运用自己的语言文字开展各项工作，发展少数民族语言文字教育等，没有提出对少数民族文字本身进行改革的任务。

新中国成立后，伴随着文字改革任务的提出，少数民族文字工作开始受到重视。1949年10月，中国文字改革协会成立，吴玉章在大会上

---

① 如列宁指出：“谁不承认和不维护民族平等和语言平等，不同一切民族压迫或不平等现象作斗争，谁就不是马克思主义者。”参见列宁：《关于民族问题的批评意见》（1913年10—12月），载《列宁全集》第24卷，人民出版社1984年版，第130页。

② 《民族问题文献汇编》，中共中央党校出版社1991年版，第166、170页。

③ 《中共中央文件选集》第11册，中共中央党校出版社1991年版，第619—620页。

④ 《民族政策文献汇编》，人民出版社1953年版，第1页。

指出了“加强少数民族语言文字的研究”的设想，他说：“中国的少数民族有些尚无文字，我们应当有系统地研究这些民族的语言，进而研究他们的文字的改革和创造，帮助他们的语文教育的发展。”[①] 帮助少数民族创制和改革文字的任务，是1951年正式提出来的。新中国成立后，为了深入了解少数民族的情况和需要，宣传共同纲领中的民族政策，传达中央人民政府对各民族的关心，1950年7月至1952年7月，中央先后派出四个民族访问团，分别到西南、西北、中南、东北内蒙古少数民族地区进行访问，了解少数民族语言文字情况就是访问团的任务之一。在访问中，访问团了解到许多少数民族没有自己的文字，有的虽然有自己的文字，但比较简单，这使他们的文化教育受到很大限制。如1951年5月西南访问团的报告指出：“西南各少数民族，除藏族和僰（泰）族有比较能通行的宗教文字外，彝族有爨文，拿喜有东巴文，水家有水书（亦称反书），都是用于经典的文字；苗族、栗粟、倮黑、卡瓦、山头等族，有基督教传教士制造的拼音文字；回族（宗教上用阿拉伯文和波斯文）和民家、仲家等族通用汉文；其余各少数民族，多半没有文字。”[②] 同年11月中南访问团的总结报告也指出“中南少数民族多只有自己的语言，没有文字，文化教育受到很大的限制”[③]。根据这种情况，西南访问团向中央提出了对少数民族文字进行发展、创制和改革的建议。“目前对藏文和僰（泰）文等，应加以发展；对基督教传教士制造的文字，应加以改进；对只有简单文字或没有文字的民族，应根据其民族语言，创造新的文字。”[④]

如果说新民主主义革命时期中国共产党还没有条件也无暇顾及少数民族文字问题，那么人民政权的建立，使党在解决民族问题上的工作重心由开展民族民主革命转变到实现经济社会发展；改变少数民族落后状态的迫切需要，使党认识到推进少数民族文字创改工作的必要性；加上

① 吴玉章：《文字改革文集》，中国人民大学出版社1978年版，第25页。

② 《民族政策文献汇编》，人民出版社1953年版，第46页。从20世纪50年代开始，我国开展了民族识别工作，同时根据本民族的意愿，对一些少数民族的族称进行了更改。如云南普洱专区的僰族识别为傣族，丽江坝的拿喜即纳西族，水家改为水族，栗粟即傈僳族，倮黑更名为拉祜族，卡瓦改称为佤族，山头是景颇族旧称，民家改为白族，仲家识别为布依族。

③ 《民族政策文献汇编》，人民出版社1953年版，第60页。

④ 同上书，第46—47页。

苏联等国的相关经验，少数民族文字创改工作很快提上新中国建设的日程。

首先，新中国成立后，实现少数民族地区经济社会发展成为党的民族工作的中心任务。人民民主政权的建立，使我国各民族之间关系的实质发生了根本变化，从过去压迫与被压迫的关系改变为民族平等互助的关系，解决民族问题的工作重心由开展民族民主革命，帮助各少数民族从民族压迫制度下争取解放，转变为实现经济社会发展，帮助他们彻底实现民族平等。为了实现这一任务，人民民主政权在全国迅速推行了民族区域自治和民族民主联合政府，从法律上制度上使民族平等的权利得到保障和实现。但是由于历史上遗留下来的各少数民族政治上、经济上和文化上的落后状态，使各少数民族在享受民族平等权利时，在事实上受到很大限制，从而仍然存在“事实上的不平等”。

正因如此，《共同纲领》所规定的民族政策中，即指出“人民政府应帮助各少数民族的人民大众发展其政治、经济、文化、教育的建设事业”[①]。新中国成立后中共中央多次阐述了这一主张，如 1950 年 10 月 1 日周恩来强调“尽可能地帮助各少数民族发展其政治、经济和文化建设事业”,“为逐步改善和提高各民族的经济、文化、生活水平而努力”；同日，政务院副总理董必武也宣布，人民政府准备有重点地推动各少数民族地区经济和文化卫生事业的发展。1951 年 12 月，中央人民政府民族事务委员会主任委员李维汉代表中央阐述我国民族政策时，明确指出：“中华人民共和国的民族政策，不仅在于保障各民族在政治、经济、文化以及社会生活各方面的平等权利，而且在于帮助各少数民族发展其政治、经济和文化教育的建设事业，使能逐步地改变其落后状态，逐步地达到事实上的平等。”而要改变各少数民族政治、经济、文化上的落后状态，首先就是要改变其文字落后状态，“有一个迫切的问题，即帮助尚无文字而有独立语言的民族创造文字的问题”，“希望同志们提出意见，供中央考虑此项问题的参考”。[②]

---

① 《民族政策文件汇编》第 1 编，人民出版社 1958 年版，第 1 页。

② 同上书，第 49—50 页。

其次，许多少数民族的文字落后状态急需改变。我国少数民族的人口，虽然仅占全国总人口的6%，但是他们居住的地区约占全国总面积的60%，而且这些地区的很大部分富有工业资源或处在国防线上。因此，帮助少数民族发展经济和文化，对我国经济建设和国防建设具有极重大的意义。但是，由于许多少数民族没有文字或有文字而不完善，少数民族地区的发展进程也就受到了一定的限制，遇到了不少的困难。

新中国成立之初，我国有21个少数民族有自己的文字[①]，其余的没有文字。具体有以下几种情况：一是有比较通用的本民族文字的，如蒙古、回、藏、维吾尔、哈萨克、乌兹别克、俄罗斯、朝鲜、傣、满、锡伯等民族。二是有本民族的文字但并不通用的，有彝、纳西、苗、景颇、傈僳、拉祜、佤等民族。这些民族的文字要么是19世纪末20世纪初西方传教士为便于传教而创制的拼音文字，要么是少数巫师掌握的传统文字，不容易为人民大众所掌握，所以需要改革。三是有独立语言却没有本民族文字者，有壮、布依、侗、白、瑶、黎、东乡、柯尔克孜、土、羌、高山、撒拉、塔吉克、保安、裕固、鄂伦春、鄂温克、怒、独龙、仫佬、毛难、仡佬、土家、阿昌、布朗、赫哲等。总体上看，"全国少数民族人口约四千万人，有通用文字的民族人口约一千四百万至一千六百万人，而没有文字或没有通用文字的民族约有一千八百万至二千四百万人"[②]。这种少数民族文字与其拥有独立语言很不适应的情况，成为发展其文化教育以至于政治、经济等建设事业的严重阻碍。

从政治方面看，没有文字的少数民族地区虽然绝大部分已经实行了民族区域自治，但是他们的自治机关不能用自己的语言文字执行职务，从而影响了民族区域自治政策的充分性。从经济和社会方面看，没有文字使少数民族地区的社会改革和经济建设受到很大影响，在贵州，苗族代表反映，"没有文字给社会主义改造带来了很多困难。如有的农业生产合作社里采用数豆粒儿、打木刻、在墙上画线条的办法记工，有时把1.5个工误为10.5个工，有时把15个工误为105个工。有的社员全家对不

---

① 《民族语文政策法规汇编》，民族出版社2006年版，第467页。

② 《民族政策文件汇编》第2编，人民出版社1958年版，第100页。

清账，同会计对账也对不清”。布依族代表也说：“由于没有文字，农业社不得不画圆圈儿、刻线条儿或用包谷粒和各种颜色的豆子来记工记账，日子久了，符号一多，就弄不清楚；或包谷和豆子被老鼠吃了，无法清点，就要引起社员们的争吵和不团结。”[①] 一些少数民族如壮族、布依族、侗族、水家族、瑶族都曾经使用过汉字和汉字的变体表达自己的语言，但都没有成功。因为文字是语言的书写形式，汉字不可能表达少数民族的语言。这样，在新中国成立并拥有语言文字平等的权利后，许多少数民族都迫切要求拥有“自己的文字”来改变所面临的落后状态。

在 20 世纪三四十年代，我国的语言学家对少数民族语言文字做过一些初步调查，并为一些民族拟定了文字改革方案。如语言学家罗常培于 1942—1944 年 3 次到达云南大理，在那里调查研究了傈僳语、白语、独龙语、怒语、纳西语，后来又调查了傣语、景颇语、载瓦语、浪速语等，并在改进和创制少数民族文字方面做了很多实践工作，他于 1943 年改正了英国传教士韩孙（O.Hanson）拟定的山头语拼音文字，另拟了拼音方案；拟定了滇西摆彝语方案，还与芮逸夫、赵毓英等修正了英国传教士傅能仁（F.O.Frozer）造的傈僳文。[②] 但是，国民党统治时期实行民族压迫政策，语言学家的这些工作不可能得到政府支持予以推行。只有新中国成立，人民民主政权才真正关心各少数民族利益，为帮助少数民族进行文字改革提供人力、物力等各种保障和支持，少数民族文字的创制与改革才成为可能。

最后，苏联为少数民族创制文字的经验为我国进行少数民族文字创改工作提供了参考。新中国成立后，全国迅速掀起了学习苏联的热潮，“我们要进行伟大的国家建设，我们面前的工作是艰苦的，我们的经验是不够的，因此，要认真学习苏联的先进经验”[③]。在这种形势下，苏联推行少数民族文字改革的经验成为中共中央非常重视的内容。苏联有 100 多个少数民族，很多民族没有文字，文盲分布非常广泛。1921 年 3 月通过

---

① 傅懋勣：《创制和改革少数民族文字的重要意义和工作情况》，《人民日报》1956 年 12 月 16 日。

② 参见罗常培：《国内少数民族的语言系属和文字情况》，《人民日报》1951 年 3 月 31 日。

③《毛泽东主席在人民政治协商会议第一届全国委员会第四次会议上的指示》（1953 年 2 月 7 日），《劳动》1953 年第 2 期。

的俄共（布）第十次代表大会决议即提出，要大力帮助非俄罗斯族人民提高经济和文化水平，以使他们赶上走在前面的俄国中部地区[①]；“苏联文化革命的任务，以及实现列宁斯大林民族政策的任务，首先都需要消除苏联各民族的文盲，因为这个缘故，也就需要给苏联很多没有文字的民族创立民族的文字，同时还需要改进一些难学的古体文字”[②]。因此，十月革命胜利后，苏联即开启了为少数民族创制文字的工作，用拉丁字母为无文字的少数民族设计方案，或用拉丁化文字代替一些民族原有的阿拉伯文字。到 1932 年，苏联已经为 40 多个只有语言没有文字的少数民族创制了文字，大多数新创文字进入小学教育和识字教育之中，为扫除文盲、帮助少数民族提高教育文化水平作出了很大贡献。

苏联在创制拉丁化文字方面取得的成功，对周边许多国家如蒙古、土耳其等国产生过很大的影响，因此新中国也极为重视其经验。20 世纪 50 年代初，我国曾多次派遣一些语言学专家到苏联访问，学习经验。1954 年至 1957 年又聘请苏联俄罗斯联邦社会主义共和国教育科学院通讯院士谢尔久琴柯教授为中国科学院和中央民族学院的语言学顾问，并协助我们创制、改革少数民族文字。

综合考虑以上因素，中共中央及时将帮助少数民族推进文字改革提上日程。1951 年 2 月，政务院决定“在政务院文化教育委员会内设民族语言文字研究指导委员会，指导和组织关于少数民族语言文字的研究工作，帮助尚无文字的民族创立文字，帮助文字不完备的民族逐渐充实其文字”[③]。随之在北京成立了少数民族语言文字研究指导委员会。少数民族文字的创制与改革，由此拉开了序幕。

二、中国共产党的重视与少数民族文字创改工作的推进

第一部《中华人民共和国宪法》以及后来历次修订的《宪法》都规定：

---

① 《苏联民族问题文献选编》，社会科学文献出版社 1987 年版，第 45 页。

② ［苏］谢尔久琴柯：《关于创立民族文字和建立标准语的问题》，刘涌泉等译，民族出版社 1956 年版，第 28 页。

③ 《民族政策文件汇编》第 1 编，人民出版社 1958 年版，第 19 页。

各民族都有使用和发展自己的语言文字的自由。1984年颁布实施的《中华人民共和国民族区域自治法》第十条也规定："民族自治地方的自治机关保障本地方各民族都有使用和发展自己语言文字的自由。"从法律上明确了少数民族使用和发展自己语言文字的自由必须得到尊重和保障。

中共中央和中央人民政府对于帮助少数民族创制和改革文字十分重视，多次将其作为党的一项重要工作内容予以阐述和强调。如1956年9月，中国共产党第八次全国代表大会的政治报告指出："对于没有文字的少数民族，应当帮助他们创造文字。"① 同时，周恩来在《关于发展国民经济的第二个五年计划的建议的报告》中提出："不论在少数民族聚居、杂居或者散居的地方，他们的民族平等权利、宗教信仰自由、风俗习惯和语言文字，都应该受到尊重。对于那些还没有文字或者文字尚不完备的少数民族，应该积极地帮助他们创制和改革自己民族的文字。"②1958年5月5日，刘少奇在中国共产党第八届全国代表大会第二次会议上的报告中，明确提出为了适应技术革命的需要，必须同时进行文化革命。根据当时情况确定的文化革命内容主要有五点，其中第二点就是"完成少数民族文字的创制和改革"③。

为切实推进少数民族文字工作，中共中央和中央人民政府做了大量的实际工作，为相关工作的顺利开展奠定了基础，提供了各种保障。

（一）设立少数民族文字工作的指导、组织机构

1951年10月12日，政务院文化教育委员会成立少数民族语言文字研究指导委员会，其任务是："（1）指导并组织有关机关、团体及个人进行少数民族语文的调查、研究及文字的创制、改革和充实等工作；（2）商讨并拟定有关机关工作的分工及合作的办法。"④ 委员会成员大多是少数民族语言文字方面卓有成就的专家，如罗常培、陆志韦、费孝通、夏康农、季羡林、黎锦熙、翁独健、曹伯韩、刘春、郑之东、傅懋勣、

① 《建国以来重要文献选编》第9册，中央文献出版社1994年版，第78页。

② 同上书，第207—208页。

③ 《建国以来重要文献选编》第11册，中央文献出版社1995年版，第304页。

④ 《民族语文政策法规汇编》，民族出版社2006年版，第503页。

马学良、方与岩、左恭等，由邵力子担任主任委员，陶孟和、刘格平任副主任委员。为了更好地开展工作，中央人民政府民族事务委员会主任委员李维汉也参加了该委员会的领导工作。随着各项工作的深入，少数民族文字工作创制与改革进入实施阶段，需要进一步分工。1954 年 5 月 20 日，政务院在《中央人民政府政务院文教委员会民族语言文字研究指导委员会及中央人民政府民族事务委员会关于帮助尚无文字的民族创立文字问题的报告》的批复中决定：撤销政务院文教委员会民族语言文字研究指导委员会，帮助少数民族创制文字的具体工作（包括语言调查、文字设计工作等）由中国科学院语言研究所负责[①]，少数民族文字方案的确定和工作中的其他问题，由中央人民政府民族事务委员会负责；对于已确定的文字在各民族学校教育中进行试验和推行的工作，由中央人民政府教育部负责；各有关民族地区的人民政府，领导本地区的文字的试验和推行工作[②]。

地方上也相继成立了民族语言文字工作的指导机构，如 1954 年 7 月广西省桂西壮族自治区壮族文字研究指导委员会成立（1957 年改为广西壮文工作委员会），1956 年 7 月广东省黎族苗族自治州语文研究指导委员会成立，1956 年 8 月四川省语文工作指导委员会成立，1956 年 10 月云南省少数民族语文指导工作委员会成立。

（二）确立少数民族文字创制工作的“自愿自择”原则

1954 年 9 月 20 日，第一届全国人民代表大会第一次会议通过的《中华人民共和国宪法》第三条规定：“各民族都有使用和发展自己的语言文字的自由。”[③] 不同的民族，在语言文字的社会背景和实际使用需求方面存在很大差异，因此帮助少数民族创造文字，首要的一条就是要考虑本民族的需要和意愿。其次，本民族群众对文字的选择也存在不同意见，因此在解决文字问题的措施上不能搞“一刀切”，创制新文字还是选用现有

① 1956 年 12 月 29 日，中国科学院又专门成立了少数民族语言研究所，承担文字工作的调查研究和方案设计等工作。

② 《民族政策文件汇编》第 2 编，人民出版社 1958 年版，第 103 页。

③ 《建国以来重要文献选编》第 5 册，中央文献出版社 1993 年版，第 497 页。

文字，只能根据本民族的意愿和社会的实际需求来决定。尊重本民族的意愿，不仅符合马克思主义的思想原则，而且符合语言文字发展的基本规律。因为一种文字一旦被群众掌握，群众就会对之产生感情，会帮助群众迅速提高文化水平。基于这种认识，《中央人民政府政务院文教委员会民族语言文字研究指导委员会及中央人民政府民族事务委员会关于帮助尚无文字的民族创立文字问题的报告》提出："对于没有文字或没有通用文字的民族，根据他们的自愿自择，应在经过一定时期的调查研究之后，帮助他们逐步制订一种拼音文字，或帮助他们选择一种现有的适用的文字。"①

（三）确立创制和改革少数民族文字方案的具体工作程序

为了切实做好各少数民族创立和改革文字方案的工作，1956年3月10日，国务院下发《关于各少数民族创立和改革文字方案的批准程序和实验推行分工的通知》，就这项工作的批准程序和批准以后在实验推行时候的分工专门作了明确规定。第一，关于各少数民族创立和改革文字方案的批准程序，规定：（1）中国科学院少数民族语言研究所负责作出创立和改革文字方案的初步设计。由省、自治区人民委员会审核，并广泛征求本民族各界人士的意见，经过充分协商讨论取得同意以后，提出意见，报中华人民共和国民族事务委员会审查。经确定后，由省、自治区人民委员会公布作为实验推行的方案。（2）上述方案经过一定时期实验推行，由负责推行的各有关部门作出总结，送交原设计机关，再加必要的修改后，重送民族事务委员会复审，然后由民族事务委员会报请国务院批准。（3）各民族地区在制订和推行自行设计的文字方案的时候，也按照上述程序办理。第二，各少数民族创立和改革文字的方案，在经过批准确定之后进行实验推行的时候，实验推行工作统一归国务院第二办公室管理。在学校中的实验推行工作，如编写实验推行课本，选定实验学校进行教学等，由教育部负责；在一般的社会文化事业及编译出版方

① 《民族政策文件汇编》第2编，人民出版社1958年版，第101—102页。

面的实验推行工作，由文化部负责。[①]

（四）确立了少数民族文字方案的字母

原有少数民族文字的结构形式，可分为三类，即拼音文字、音节文字（没有字母、一个字代表一个音节）、表意文字（包括原始的象形字和小部分形声字）。新创少数民族文字，采取何种字母形式探索是与当时我国文字改革紧密相关的。20世纪四五十年代，世界范围内出现了文字拉丁化倾向，我国的文字改革基本顺应了这一趋势，1956年2月公布的《汉语拼音方案（草案）》就是采用了拉丁字母[②]。在少数民族文字方案的设计过程中，许多民族提出了其字母形式能和汉语拼音字母一致的要求。如1955年12月在北京举行民族语文科学讨论会的时候，四川彝族代表说："汉语拼音方案究竟什么时候做出来？对新彝文方案的确定，虽然已经是迫不及待了，但是我们也非常希望我们彝族的拼音文字能和汉语拼音方案的字母形式一致。如果汉语拼音字母能在几个月以内做出，我们还可以等一下。"[③]

考虑到尊重少数民族的民族自愿，同时考虑到少数民族文字字母形式与汉语拼音方案一致有诸多便利，如便于少数民族和汉族互相学习语文，便于少数民族语言和汉语互相丰富，也益于各少数民族互相学习语文、互相丰富语言，因此，1957年12月国务院批准了《中国文字改革委员会关于讨论壮文方案和少数民族文字方案中设计字母的几项原则的报告》，规定少数民族创制文字应该以拉丁字母为基础；原有文字进行改革，采用新的字母系统的时候，也应该尽可能以拉丁字母为基础；少数民族语言和汉语相同或者相近的音，尽可能用汉语拼音方案里相当的字母表示等。国务院总理周恩来1958年1月10日在政协全国委员会举行的报告会上专门就这一点作出了深入解释。他说："我国共有五十多个民族，其中有许多民族还没有自己的文字，另外一些民族虽然有文字，但是也需要改进……这些兄弟民族创造和改革文字的时候，应该采用什么

---

① 《民族语文政策法规汇编》，民族出版社2006年版，第32页。

② 详见拙文：《中国共产党与新中国文字改革》，《党史研究与教学》2005年第5期。

③ 傅懋勣：《汉语拼音方案对发展少数民族语言和文化的意义》，《人民日报》1956年3月20日。

字母作为基础呢？能不能就用汉字作为各民族文字的共同基础呢？过去曾经有人这样试过，没有成功，证明这条路是走不通的。如果几十个民族大家各搞一套字母，这不仅对于各族人民之间的互相学习和交流经验是个障碍，而且印刷、打字、电报的设备势必各搞一套，对于各民族今后在文化教育方面的发展极其不利。许多兄弟民族都表示这样的愿望，就是要同汉族在字母上取得一致，以便于交流文化、学习汉语和吸收汉语的名词术语。前几年，汉语采用什么字母还有些举棋不定，使一些兄弟民族创造和改革文字的工作也受了影响。现在西南地区已经有十几个民族创造了拉丁字母的民族文字，但是他们还是不大放心，因为我们的方案还没有最后定案……汉语现在既然决定采用拉丁字母作为拼音字母，那就应该确定这样一条原则：今后各民族创造或者改革文字的时候，原则上应该以拉丁字母为基础，并且应该在字母的读音和用法上尽量跟汉语拼音方案取得一致。”①

以上种种政策与措施，既为顺利开展少数民族文字的创改工作奠定了组织基础，确立了整体指导思想，又明确了具体工作程序和方案的设计原则，从而使少数民族文字的创制与改革工作局面迅速展开，取得了一系列成就。

一是自1956年起，帮助僮族［1955年12月桂西僮族自治区公布《僮族文字方案（草案）》］，苗族［1956年10月贵阳苗族语言文字问题科学讨论会通过《苗语东部方言文字方案（草案）》《苗语中部方言文字方案（草案）》《苗语西部方言文字方案（草案）》］，布依族［1956年11月贵阳布依族语言文字问题科学讨论会通过《布依文方案（草案）》］，彝族［1956年12月成都彝族语言文字问题科学讨论会通过《凉山彝族拼音文字方案（草案）》］，黎族［1957年2月11日黎族语言文字问题科学讨论会通过《黎文方案草案》］，哈尼族、傈僳族、景颇族（载瓦支系）、佤族、纳西族（1957年3月云南省少数民族语言文字科学讨论会通过这五个民族的新创文字方案草案），侗族［1958年8月贵阳侗族语言文字问题科学讨论会通过了《侗文方案（草案）》］，土族［1979年9月青海互

① 《建国以来重要文献选编》第11册，中央文献出版社1995年版，第30—31页。

助土族自治县创制《土文方案（草案）》，1986 年国家民族事务委员会批准试验推行]，羌族[1991 年 8 月四川省人民政府批准《羌族拼音文字方案》]13 个没有文字或文字极不完备的少数民族创制了拉丁化拼音文字。

二是帮助傣族（1954 年将原有 4 种傣文改为西双版纳和德宏 2 种傣文，并予以改进）、景颇族[景颇支系，1957 年 3 月云南省少数民族语言文字科学讨论会通过改进原有文字的《景颇文书写规则（草案）》]、拉祜族[1957 年 3 月云南省少数民族语言文字科学讨论会通过改进原有文字的《拉祜族文字方案（草案）》]修订改进原有文字，并改革了滇东北苗文（1956 年 10 月贵阳苗族语言文字问题科学讨论会通过改革方案）、规范彝文[1975 年四川省委批准老彝文的改革方案《彝文规范方案》，国务院 1980 年批准推行]，还帮助维吾尔、哈萨克两个民族改革了文字系统[1959 年 12 月新疆维吾尔自治区通过《维、哈新文字方案（草案）》，把原来的阿拉伯字母文字改为拉丁字母文字]。

这些少数民族文字方案中，壮文于 1957 年经国务院批准正式推行，改进的老彝文于 1980 年由国务院批准正式推行，苗文、布依文、黎文、哈尼文、傈僳文、景颇载瓦文、佤文、纳西文、侗文等经国家民族事务委员会批准试验推行，土文、羌文等经国家民族事务委员会批准试点推行，凉山新彝文、新维吾尔文、新哈萨克文等经试验推行后被废止。

三、如何认识少数民族文字的创制与改革

作为中国共产党实施民族平等、团结、进步政策的一项重要内容，少数民族文字的创制与改革，在许多方面发挥了积极作用。但是，由于在试行、推行过程中，一些少数民族对新创方案并不习惯，从而使新创文字方案半途而废，恢复使用老文字。由此，少数民族文字的创制与改革，招致了一些质疑。甚至有人批评少数民族创造文字不利于少数民族的进步，不利于祖国的团结。[①] 因此，全面而正确地认识和评价这项工作，

① 参见王均：《新时期的语文工作和少数民族语文政策》，《贵州民族研究》（季刊）1987 年第 3 期。

非常必要。

（一）少数民族文字的创制与改革是民族平等权利的体现，对促进少数民族地区的发展大有裨益

由于没有文字，文盲和半文盲占了少数民族人口中的绝大多数。据统计，20 世纪三四十年代，全国有 22 个少数民族人口的文盲率在 95% 以上。即使文盲率较低的朝鲜、蒙、乌兹别克等民族的文盲率也在 40%—60%。[①] 这种状况不仅严重制约着当地的政治、经济、文化等各方面建设，而且使少数民族平等权利的充分实现受到很大限制。让少数民族掌握文字工具来学习文化技术，更充分地运用民族平等权利，大力帮助其创制发展自己的文字，是中国共产党帮助少数民族创制改革文字的初衷和出发点。可以说，为少数民族创制和改革文字是民族平等权利的体现。实践证明，新创民族文字在发展教育、保留文化遗产等方面发挥了重要作用。

首先，新创改的少数民族文字在 20 世纪下半叶新中国扫除少数民族成人文盲中发挥了重要作用。在不通汉语的少数民族成年人中直接用汉文扫盲遇到很大困难，不但进度慢，效果也很差，结果是年年扫盲又复盲。将少数民族文字用于成人扫盲教育，效果大为不同。因为民族文字作为记录民族语言的符号，基本上是文字与口语相符，对少数民族而言易学、易懂、易用，有着比用汉语文直接扫盲不可取代的优越性。因此，自 20 世纪 50 年代起，新创文字就被广泛使用于少数民族地区的成人扫盲教育活动中，并取得了重要成果。例如，1957—1958 年，广西曾在壮族聚居的农村中大力进行壮文扫盲工作，参加学习的达 200 万人；据 1986 年底统计，有 53 个县市 50 多万人参加壮文扫盲学习，其中 25 万多人达到脱盲标准。[②]50 年代苗文已深入人心，学习苗文在苗族地区已经形成热潮。1981 年黔东南苗族侗族自治州恢复试行苗文，农村苗文扫盲面达 15 个县、1190 个村、1435 个班，参加学习苗文的 44726 人，巩

① 孙百才、孙善鑫：《我国发展少数民族教育的重大举措与主要经验》，《西北师范大学学报》（社会科学版）2009 年第 1 期。

② 《中国少数民族文字》，中国藏学出版社 1992 年版，第 141、145 页。

固率80%，脱盲人数29339人。[①] 在云南，用佤文在农村扫盲开展得也比较早，1958年在不到半年的时间里，就有2000多位青壮年学会了佤文。1980年在佤族地区恢复佤文扫盲后，仅沧源县1981年至1987年举办佤文扫盲班508个，学员14538人，脱盲2709人。[②] 各民族的实践证明，新创民族文字由于“文字形式与本民族语言相一致，易写、易记、易认”的特点，少数民族群众学习起来的确要比学习汉语文容易得多，是一种比较理想的扫盲教育模式。而且，少数民族群众熟练掌握新创文字以后，再通过新创文字拼注汉字读音的方法进行汉语文扫盲，可以有效促进汉语文扫盲，这要比直接采用汉语文扫盲容易得多。

其次，新创民族文字运用于学校教育，对发展民族教育，培养少数民族人才发挥了巨大作用。改变少数民族地区的落后状态，首先需要大量的人才，培养人才的关键在教育。为了发展少数民族的文化教育，早在1951年，经政务院批准的《关于第一次全国民族教育会议的报告》就指出：“关于少数民族教育中的语文问题，会议规定凡有现行通用文字的民族……小学和中学的各科课程必须用本民族语文教学。有独立语言而尚无文字或文字不全的民族，一面着手创立文字和改革文字；一面得按自愿原则，采用汉族语文或本民族所习用的语文进行教学。”[③] 在实践中，新创民族文字进入学校教育，在民族学校普遍开设民族文字课程，是在改革开放后实行的。例如，1983年，新傈僳文开始进入学校，怒江州教育局决定，小学一二年级以学新傈僳文为主，适当加无线电电子部队汉语文；三四年级以汉语文为主，适当加授新傈僳文。到20世纪90年代初，使用新傈僳文教学的学校108所，学生2052名。这些学校学生流动少，升学率高，学生家长都很高兴。[④] 很多地区的实践表明，民族文字进学校后，对提高小学入学率、巩固率、升学率及开发儿童智力，大面积提高农村小学教育质量起了很大作用。例如，80年代初期成立的哈尼文、汉语文双语文试点学校广吗小学和同乡其他小学比较，成绩明显高于没

① 《中国少数民族文字》，中国藏学出版社1992年版，第163页。

② 同上书，第206页。

③ 《民族政策文献汇编》，人民出版社1953年版，第73页。

④ 《中国少数民族文字》，中国藏学出版社1992年版，第119页。

有使用哈尼文教学的学校。[①]

最后，少数民族文字有益于传承发展少数民族文化。丰富多彩的少数民族文化是祖国文化宝库的重要组成部分。语言文字作为文化的载体，少数民族群众运用自己的语言文字记录整理了大量的民间文学、艺术资料。例如，有些农村布依文扫盲班的学员们，学习掌握了布依文后，自发收集整理了很多民间文学资料。罗甸县已整理了3种集子：《罗甸县布依族谚语谜语集》第一集、《罗甸县布依族短篇故事集》第一集、《罗甸县布依族诗歌集》第一集，3种集子共11余万字；云南省安宁县用苗文收集整理了滇东北《苗族芦笙组曲集》，得到国外有关专家的高度评价。[②]贵州侗族文艺工作者利用侗文收集即将失传的民间文学资料20多万字，与省民委共同编印侗文版的《侗族传统文学选编》和《养鸡》等书籍，还配合黔东南州民族医药研究所收集整理流传于天柱县侗族地区的侗医侗药验方，[③]促进了侗族传统文化的继承和发扬。随着少数民族文字的推广使用，少数民族的文化得到较好的保护和发展。

此外，新创民族文字在新闻、出版、文艺等社会领域也得到一定应用，发挥了不可替代的社会功能，取得了较好的社会效果，为推动少数民族地区的社会经济发展作出了重要贡献。它还有利于推行民族区域自治制度和满足少数民族当家作主的需要，充分体现了中国共产党的民族平等和语言平等政策，具有深远的历史意义和重大的政治意义。

（二）少数民族文字的创制与改革，既是一项严肃的政治任务，又是一项严谨的科学工作

新中国成立初期，少数民族从被奴役的状态下解放出来，在政治上做了主人。为适应少数民族群众的需求，我国实现了在政治领域具有中国特色的民族区域自治政策，赋予聚居的少数民族管理本民族内部事务的自治权。创制和改革少数民族文字，既是这种自治权在文化教育领域的具体体现，又是行使这种自治权的必要条件。因此，创立、改进和改

---

① 《中国少数民族文字》，中国藏学出版社1992年版，第213页。

② 同上书，第153、187页。

③ 海路、李芳兰：《侗族新创文字的历史沿革》，《贵州民族研究》2010年第6期。

革各民族的文字首先是作为“一件严肃的政治任务”[①]来实施的。

与此同时，民族文字的创制与改革是一项专业性极强的工作，因此从一开始中国共产党就非常注重其科学性。从领导组织机构来看，如前所述，民族文字的创改工作从方案的设计到方案的确定、试验和推行分别由不同的机构来负责实施，方案设计由中国科学院语言研究所（少数民族语言研究所）承担，方案的确定由中华人民共和国民族事务委员会负责，已确定方案的试验和推行则由教育部负责，不同的部门各司其职，保证了该工作的专业性。从方案的设计程序来看，设计的前期工作是大规模的语言调查和普查，如1956年抽调了700多名专业人员组成7个少数民族语言调查工作队，到16个省市的少数民族地区进行语言普查，广泛征求少数民族各阶层人士包括少数民族中的知识分子、干部、普通群众，还有上层人物、宗教界人士等对文字问题的意见，基本上弄清了各少数民族的语言文字情况和各自的需求，并为需要创制文字的民族选择基础方言标准音提出意见等；在此基础上设计的文字方案，先在有关省、自治区召开的民族语言科学讨论会上进行充分的讨论，着重对基础方言标准音的选择、字母的设计和正字法规则等问题进行深入研究。在各地民族语言科学讨论会上通过的文字方案，上报中华人民共和国民族事务委员会批准。经民族事务委员会批准的文字方案，先在有关民族地区选择若干点进行试验，通过实践检验文字方案中存在的问题，总结经验，进一步提高文字方案的质量，然后才予以正式推行。截至目前，除1957年12月壮文方案由国务院批准在壮族地区推行外，其他新创制文字方案仍在试验推行，有的夭折，有的则已历半个世纪的时间，由此可见党和国家在少数民族文字创制问题上的审慎、科学和严谨态度。

（三）辩证地看待新创民族文字在试行、推行过程中遇到的问题

在新创文字的试行、推行中，景颇文、拉祜文和德宏傣文，由于基本保持原有文字的形体和结构，改动不多，群众易于接受，效果较好。

---

① 《民族政策文件汇编》第2编，人民出版社1958年版，第106页。

西双版纳傣文，由于改动较大，影响了传统文化的继承和发展，1986年自治州决定恢复使用原有傣文。新维吾尔文和新哈萨克文，曾于1976年全面使用，1982年又恢复原有文字，新文字仅作为一种拼音符号予以保留。在四川凉山，新彝文经过20多年的实验教学，不为群众所欢迎，1980年经国务院批准，终止推行新彝文，而推行经过整理和规范的老彝文；1987年，云南省也决定在云南的彝族中推行经过规范的老彝文。根据实践中的这些情况，1991年6月19日，国务院批转《国家民委关于进一步做好少数民族语言文字工作报告的通知》，明确表示“对少数民族文字的改革和改进，应遵循语言本身的发展规律，尊重本民族多数群众的意愿，慎重、稳妥地进行”，“对五十年代创制和改进的民族文字，试行效果好、受多数群众欢迎的，按规定程序上报批准推行；效果不够理想的，要认真总结，改进完善；效果不好、多数群众不受欢迎的，应尊重群众的意愿，不要勉强试行”；“对没有文字的民族是否创制文字的问题，既要尊重各民族使用和发展自己语言文字的自由，又要考虑有利于民族之间的交往和该民族政治、经济、文化的繁荣发展，慎重、妥善地处理”，“提倡没有文字或没有通用文字的民族选择一种现有的适用的文字；已选用汉文或其他民族文字的，应尊重本民族的意愿，予以肯定”。[①]20世纪90年代中期以后，由于试行的新创民族文字未被国家批准为正式文字，一些地方政府部门对新创文字试行工作的支持力度有所下降。这种情况，使社会上有人对新中国创制和改革民族文字这一政策提出了质疑，甚至否定新创文字的历史作用。

如前所述，民族文字的创制与改革是民族地区的一项基本建设，对加强民族团结、维护民族地区的社会稳定都发挥了积极作用；而且文字的创制与改革遵循了严谨、科学的原则和程序，绝大多数新创文字方案都有科学依据，本身没有多少毛病；[②]其推行之所以没有达到理想目标，既与一些民族对原有文字的感情有关，也与个别文字方案设计和推行过程中出现的失误密不可分。

---

① 《民族语文政策法规汇编》，民族出版社2006年版，第90页。

② 王均：《新时期的语文工作和少数民族语文政策》，《贵州民族研究》1987年第3期。

首先，我国民族语文政策中的一些错误做法影响了新创文字在少数民族中的使用。1954—1957 年，我国聘请了苏联专家谢尔久琴柯协助我们创制、改革民族文字，谢尔久琴柯照搬苏联经验提出的一些理论在当时产生了重要影响。例如，谢尔久琴柯认为，使用统一的文字既可以促进近亲的部落语言或部族语言融合，促进同一语言的不同方言土语走向统一，还可以促进近亲部落或部族统一为一个社会主义部族或社会主义民族。“有一些语言虽然有方言的分歧（有时是十分严重的分歧），通常还是给它们在一种方言的基础上创立统一的文字。统一的文字和统一的标准语，能促进民族的最大限度的团结，促使它变为统一的社会主义民族，或者变为统一的社会主义部族。”① 以此论点为指导，1956 年 11 月，我国制订了“壮布文字联盟”方针，为贵州省布依族设计了文字方案，以促进布依语融合于壮语。在我国南方少数民族“大杂居、小聚居”的分布状况下，布依语与壮语虽是近亲语言，但分布于不同的行政区域，两地民族也没有经济、文化上的直接往来，二者不可能融合为一个共同语；而且这种半壮半布、非壮非布的人造“混合书面语”既不能代表活着的口语，又不是传统的书面语；既不能用它来进行口头交际，记录活着的民间口头文学，也不能用它来学习历史文献，提高历史文化知识，所以布依族人民不喜欢、不愿意学习。到 1981 年 11 月不得不放弃“文字联盟”方案，另拟订了一个独立的《布依文方案（修改草案）》，并于 1982 年春开始在贵州省的布依族地区试验推行。可以说，“壮布文字联盟”方案这种违背我国民族实际的“文字”，严重影响了新创民族文字的声誉。

到“文化大革命”时期，少数民族语言“落后论”“无用论”甚嚣尘上，要求在少数民族中推行所谓的“直接过渡”，要求少数民族直接学习汉语文。除了蒙、藏、维、哈、朝五种文字外，其他少数民族文字都被取消；民族语文机构被撤销，民族文字报刊被停办，民族文字文献资料被烧毁，民族语文专业人员被迫改了行。新创制的少数民族文字的试验

① ［苏］谢尔久琴柯：《关于创立民族文字和建立标准语的问题》，刘涌泉等译，民族出版社 1956 年版，第 215 页。

和推行工作被迫中断。“左”的错误对新创民族文字的推行形成了极大的干扰。

其次，文字作为记录语言的工具和符号，具有很大的稳定性。对民族文字的使用、改革和创制，都应当遵循其本身的规律，尊重使用者的意愿、感情和习惯，中国共产党在少数民族文字改革之初就充分认识到了这一点，从而确立了自愿自择的根本原则。前述新维吾尔文和新哈萨克文、新彝文的推行和中止，都是中央人民政府充分尊重了少数民族的意愿而出现的结果。有的新文字之所以没有被一些少数民族接受、认可，除了上述“左”的错误干扰外，很大程度上是由于他们本民族的传统文字在人民群众中有着深远的影响，虽然这些文字并不完善，但已经在长期使用过程中为人民群众所习惯。虽然文字也随着社会的发展而不断发生变化，但这种变化要根据实践的需要，而不能人为地操之过急。

最后，21 世纪不再鼓励新创少数民族文字，很大程度上是因为少数民族本身对自己的传统语言文字和文化的态度发生了变化。对少数民族来说，他们对语言文字的选择问题，是争取民族平等的问题，但是在新阶段，他们更加重视语言文字的实用价值。随着改革开放的深入和市场经济的转型，少数民族地区的双语交流不断增多，一些少数民族群众、干部从经济利益和实用价值的角度出发，在日常生活、生产中更多选择使用汉语、汉字。这种做法在很大程度上也影响了新创少数民族文字的推广和使用。

总之，中国共产党帮助少数民族创制、改革文字，始终坚持从实际出发，实事求是，始终根据少数民族的实际需要来制定和调整政策。如果以此时政策的变化否定彼时政策之制定及其成绩，那不是历史唯物主义的态度。

［原载《中共党史研究》2013 年第 7 期］

后 记

这本论文集所收入的17篇文章，主要是2011年我调入中国社科院当代中国研究所以后公开发表的研究成果。这17篇文章分为三个主题：第一个主题为“党和国家领导人论新中国史”，这里面的3篇文章源于理论研究室所承担中国社科院马克思主义理论学科建设与理论研究工程“党和国家领导人论国史”以及“批驳历史虚无主义”的项目。第二个主题为“新中国史研究的理论与方法”，所收的4篇文章多是理论研究室2012—2014年创新项目“中华人民共和国史研究的理论与方法”的阶段性成果，浅陋拙见反映了当时对于史料、研究方法等问题的思考。第三个主题为“新中国社会建设史”，所收入的10篇文章主要是关于新中国社会史领域的一些研究成果，农村扶贫开发、教育公平建设、就业等研究内容多贯穿社会主义建设时期和改革开放时期，体现了自己对于新中国史研究如何正确处理改革开放前后两个历史时期关系的思考，也是对于注重宏观与微观相结合进行整体史研究范式的尝试。

借着对一篇篇文章的整理，对以往研究的问题进行了再度思考，对当初文章的写作表达进行了重新审视，感慨良多。“理无专在，而学无止境也”，唯努力谨慎无以致前行。

王爱云

2020年3月10日